인권사회학의 도전

인권사회학의 도전

인권의 통합적 비전을 향하여

마크 프레초 | 조효제 옮김

교양인
GYOYANGIN

| 일러두기 |

1. 본서는 다음 저서를 우리말로 완역한 책이다. Mark Frezzo. 2015. *The Sociology of Human Rights*. Cambridge: Polity Press.

2. 역자 주는 모두 각주로 처리했다. 원저에는 각주가 없다.

3. '머리말', '들어가며', '결론'에 해당되는 부분은 원저에 〈토론을 위한 질문들〉이 나와 있지 않지만 다른 장과 균형을 맞추고 학습자의 편의를 위해 추가로 질문을 수록했다.

인권에 관한 질문들

인권에 관해 흔히 받는 질문이 있다. 몇 가지만 들어보자. "권리와 권리가 충돌하면 어떤 권리가 이기는가." "흉악범의 신상을 공개하는 것이 뭐가 문제인가." "인권은 결국 자기 이익 찾기가 아닌가." "정부만 바뀌면 인권이 하루아침에 다 좋아질 줄 알았는데……." "인권을 침해하는 나쁜 가해자를 속 시원하게 처벌할 방법은 없는가." "문제가 있으면 법을 만들어 딱 해결하면 되지 않겠는가." "복지권을 너무 많이 보장하면 경제에 나쁜 영향이 있다는데." "연대권이 집단의 이름으로 개인을 억압하는 논리로 사용되지 않을까." "왜 요즘 여성 인권을 그렇게 많이 강조하는가." "인권이 절대적으로 중요하다고 하면서 왜 권고니 교육이니 하는 미적지근한 대책밖에 없는가."

이런 질문에 대해 전통적인 인권관을 지닌 사람들의 반응은 크게 두 가지일 것이다. 하나는 그 질문들이 반인권적 입장 또는 인권에 회의적인 입장에서 나왔다고 보고 비판하거나 무시하는 것이다. 또 하나는 권리의 실질적 내용에 초점을 맞춰 질문에 단호하게 대처하는 것이다. 그런 질문에 일리가 있지만 법이나 제도를 제대로 지키지 않아서 생긴 문제라고 간단히 정리해버리는 것이다. 권리의 '완벽한' 성격을 강조하고 '불완전한' 세상 현실을 개탄함으로써 질문을 '돌파'하는 것이다. 이런 대답 앞에서 질문자는 흔히 절반의 충족감과 절반의 미흡함을 동시에 느끼곤 한다. 인권을 놓고 질문과 응답이 이런 식으로 귀결되는 것을 나는 흔히 보았다.

왜 그런 것일까. 여러 이유가 있겠지만 사회학적인 시각이 결여된 답변이어서 절반의 답답함이 남는 것이 아닐까 한다. 그런 질문을 하는 사람들은 인권의 절대적 가치라는 규범을 몰라서 그런 질문을 하는 게 아니다. 인권이 그토록 절대적인 원칙인데도 왜 현실 속에서 인권이 고르게 발현되고 일관성 있게 실현되지 않는 것일까라는 질문을 하는 것이다. 원론적 차원에서 절대 가치인 인권을 거듭 강조하는 것만으로는 채워지지 않는 어떤 본질적 측면을 질문하고 있다고 생각된다.

다시 말해 '왜' 절대 가치로 인정되는 인권이 현실에서 언제나 그런 식으로만 실현되지는 않는 것인지, '왜' 어떤 조건은 인권 실현에 더 친화적이고 어떤 조건은 인권 실현에 적대적인지, 인권을 성취하기 위해 맥락과 문화를 따지는 것이 '왜' 필요한지를 묻고 있는 것이라 볼 수 있다. 이런 질문들은 오늘날 인권 담론이 매우 확장되어 있는 한국 사회에서 더욱 중요해졌다. 많은 사람들이 법적 규범이나 사법적 관점에서 인권이 준수되는지 아니면 위배되는지를 따지는 것이 당연하다고 생각한다. 이런 시각을 비판적으로 보는 사람들은 '법적 논리에 인권이 장악되었다

(legal grip)'고 지적한다.

뒤에서 상세하게 설명하겠지만 바로 이 지점에 인권을 사회학적 시각으로 파악해야 할 필요성이 있다. 물론 인권의 실현에는 법적 논리가 중요하지만, 다른 모두 사회 현상과 마찬가지로 인권 역시 인간 사회의 변동과 진화와 움직임을 반영하는 현상임을 기억해야 한다. 이 점이 《인권 사회학의 도전―인권의 통합적 비전을 향하여》가 우리에게 주는 통찰이다. 또한 사회학적 관점이 있어야만 앞에서 든 질문들에 설득력 높은 유연한 설명―일종의 전략적 의사소통―을 제공할 수 있다.

규범적 접근 방식과 설명적 접근 방식의 균형

그런데 인권을 사회학적으로 탐구하는 작업은 까다로운 질문에 전략적 의사소통 방식으로 응답하는 차원을 넘어선다. 더 중요한 점은, 인권이 무엇이고 어떻게 하면 인권을 실현할 수 있는가라는 본질적인 질문에 답하는 데도 사회학적 관점이 필수적이라는 사실이다. 인권을 학문으로 다루는 두 시각, 즉 '규범적 접근 방식'과 '설명적 접근 방식'을 예로 들어보자.

우선, '규범적 접근 방식'은 법, 조약, 제도, 선언, 조례의 형식으로 성문화되어 있는 인권이 현실에서 얼마나 준수되거나 지켜지지 않는지 그 결과를 따지며, 인권이 지켜지지 않는 경우에 어떻게 바로잡을지에 큰 관심을 기울인다. 인권 규범의 원칙에 따라 현실의 일탈을 평가하고 사건의 옳고 그름을 판단하는 것이다. 인권을 다루는 기존의 학문적 접근 방식—사법적 접근이 바탕에 깔린—은 주로 이런 경향을 반영했다.

반면 '설명적 접근 방식'은 규범적 접근 방식에 더하여 "전 세계의 인권과 관련된 논의, 분쟁, 경쟁, 투쟁과 사상, 정책, 법률, 제도와 조직, 관행 등을 모두 합친 총체성"에 관심을 기울인다. 즉, 인권을 둘러싼 모든 움직임을 넓은 의미에서 '인권의 기획'으로 상정하고, 그 총체성의 동학(動學)과 역학(力學)과 과정을 탐구하는 것이다. 이런 접근 방식을 취하는 대표적인 학문이 사회학과 인류학이다. 마크 프레초의 《인권사회학의 도전》은 인권사회학을 최초로 본격적으로 소개하는 저서라 할 수 있다.

저자는 인권사회학에 다음과 같은 특징이 있다고 강조한다. 인권의 본질, 범위, 적용을 둘러싼 합의는 인권에 관한 연구, 토론, 대화, 협상, 그리고 투쟁의 과정에서 비롯되므로 '유동적'일 수밖에 없다. 따라서 인권사회학은 성문화된 인권 규범의 해석과 적용을 넘어 인권 규범의 사회적 토대와 전제 조건과 사회적 영향을 다룬다. 인권사회학으로 접근하면 인권은 단순히 법·제도적 기준을 현실에 적용하는 규범 실천에 국한되지 않고, 규범에 관한 지식의 형태, 일련의 제도, 다양한 실천 양식이 서로 영향을 끼치고, 관계를 맺으며 변화하고 발전해 나가는 사회적 구성물로 볼 수 있다.

인권사회학은 무엇을 연구하는가

그렇다면 인권사회학은 구체적으로 무엇을 연구하는가.

첫째, 권리에 대한 요구가 애초에 일어나거나 혹은 일어나지 않는 상태와 환경—인권의 그라운드 제로—이 무엇인지를 찾는다. 이것을 프레초는 '권리 조건'이라 부른다. 사람들이 자신의 사회적 고통과 불만을 인권의 이름으로 불러내는 행위는 막막한 진공 상태에서 발생하지 않는다. 고통스럽다고 해서 자동적으로 '권리'의 외침이 나올 수 있는 것은 아니다. 선행 조건이 있어야 한다. 요즘 인권 담론이 크게 성장한 한국 사회에서 '인권'을 호명하는 것이 아주 자연스러운 일처럼 생각될지 모르겠다. 그러나 이런 현상은 비교적 최근의 일이다. 사회적 고통을 '권리'의 문제로 이해하고 권리의 이름으로 호명할 수 있으려면 이미 대중이 어렴풋하게라도 인권에 대해 인지하고 있어야 하고, 권리를 보장할 수 있는 정치적, 법적, 사회적 환경이 어느 정도 갖춰져야 한다. 권리에 대한 불만도 그런 불만을 제기할 수 있는 '비빌 언덕'이 있어야 나오기가 수월하다. 또한 인권을 주장할 수 있도록 지원하는 인권 운동과 시민 사회의 우군이 있어야 한다. 더 나아가 인권이 사회 운동의 마스터프레임이 되어 있으면 인권 주장이 더 용이해진다.

또한 사람들이 고통과 불만을 인지하고 그것을 권리 침해의 문제로 인식하게 되는 정치적·경제적·사회적·문화적 조건도 중요하다. 예를 들어 집값이 폭등하여 전셋집을 구하기 어려워지면 사람들은 '주거권이 침해당했다'라고 불만을 품게 된다. 집주인과 세입자 사이에 권리라는 개념에 초점을 맞춘 갈등이 빚어지기 쉬운 조건이 만들어지는 것이다. 여기서 말하는 권리 조건이 마치 독립변수처럼 인권에 직접 인과적 영향을 끼치는 것은 아니다. 하지만 권리 조건이 호전되거나 악화되면 사회적 고통이 발생할 '개연성', 그리고 그 고통을 인권으로 인식할 '개연성' 이 크게 달라진다.

인권의 개연성을 좌우하는 주요한 권리 조건으로 역사적·구조적·경제적 조건, 이데올로기적 조건, 국제정치적 조건, 사회심리적 조건, 민주주의의 질적 조건 등이 있다.(조효제. 2016.《인권의 지평》) 권리 조건은 인권이 개선되거나 악화되는 근본 조건을 이룬다. 따라서 인권에 대해 피상적 해결을 넘어 깊은 차원에서 개입하려면 이런 권리 조건 자체를 변혁하거나, 적어도 통제할 수 있는 방안을 찾는 편이 원칙적으로 제일 좋다. 보통 인권에서 많이 다루어지지 않는 영역이 바로 권리 조건에 관한 부분이다.

기존의 인권 담론에서는 권리 조건에 관한 관심이나 연구를 인권의 영역에 포함하는 시각이 부족했다. 이런 영역에 '인권 운동'이 개입해야 한다고도 생각하지 않았다. 막연하고 거시적이고 추상적인 문제라고 치부하는 태도가 일반적이었다. 그 정도로 큰 차원의 문제는 일반 사회 운동 영역 혹은 정치에서 다룰 문제이지 인권에서 다룰 문제는 아니라고 보았다. 인권 담론에서는 법·제도적 규범성을 따지는 경향, 다시 말해 '규범적 접근 방식'이 대세였기 때문이다. 그러나 권리 조건을 거론하는 것 자체가 '가해자-피해자 구도'를 중심으로 삼아 인권을 보는 관점, 즉 형사사법적 관점이 바탕에 깔린 인권 패러다임을 넘어서 인권을 더 넓은 지평에서 상상한다는 뜻임을 기억해야 한다. 프레초는 권리 조건을 밝히는 데 주로 '정치경제-발전사회학' 연구가 큰 기여를 할 수 있다고 강조한다.

이 점을 질병과 건강에 비유해보자. 개인이 아프면 병원에 가서 의사로부터 치료를 받는다. 이는 마치 개인의 권리가 침해되었을 때 경찰이나 법원이나 국가인권위를 통해 가해자의 잘못을 가리고 피해자의 권리가 구제받는 것과 비슷한 구도다.

그런데 국민 전체가 신종 코로나바이러스의 잠재적 위협을 받으면 어떻게 되는가. 또는 지역에 따라 주민들의 수명과 건강도가 달라지는 문제는 누가 해결할 수 있을까. 이때에는 방역 기관, 보건 정책 당국, 불평등 문제의 사회 정책적 해결이 필요하다. 이는 마치 인권이 개선되거나 악화될 수 있는 근본 조건을 다루는 '권리 조건'을 따지는 것과 비슷하다. 그동안 인권 담론에서는 개인이 아프면 병원에 가듯 인권을 개인의 권리 침해, 개인 간의 차별과 혐오 문제로 보는 경향이 많았다. 인권 침해가 일어나기 쉬운 구조적 조건이 무엇인지, 차별과 혐오가 발생하는 경제 사회적 상황이 무엇인지에 대해서는 주의를 기울이지 못했다. 이러한 점들을 도외시하고 개별 인권 침해에만 집중하거나 법률을 제정하는 방식으로만 접근해서는 인권 침해의 근본 원인을 건드리지 못하는 결과가 초래된다. 이에 더해 구조적 조건에 대한 거시적 개입을 함께 고민해야만 한다. 인권사회학에서 '권리 조건'은 바로 이런 문제까지 볼 수 있는 시각과 도구를 우리에게 제공한다.

둘째, 권리를 침해당한 당사자, 사회 운동 조직, 인권 비정부 기구, 지역 사회 단체, 인권 전문가, 유엔 기구, 국가 인권 기구, 인권에 우호적인 공무원과 정치인이 인권 문제를 제기하고 그 해결을 위해 노력하는 것을 프레초는 '권리 주장'이라 부른다. 이런 집단을 넓은 의미의 '인권 동맹'

이라 부를 수 있다. 인권 동맹은 국제 인권 문헌, 즉 '인권 정전(human rights canon)'을 인용하고 활용하면서 특정한 사회적 쟁점을 공식적 인권 의제로 격상해 해결하기 위해 노력한다. 그 과정에서 인권 정전의 유용성과 한계가 드러나는데, 그 한계를 보완하거나 새로운 권리를 도입하려는 노력도 중요하다. 대중이 직접 자신에게 영향을 끼치는 인권 논쟁에 참여해야 한다는 점도 '권리 주장'에서는 중요한 원칙이다. 인권과 관련된 사회학 연구에서 많이 다루어 왔던 분야가 바로 '권리 주장'에 대한 생각이었다.

'권리 주장' 과정을 밝히기에 적합한 사회학의 연구 분야는 '사회 운동론'이지만 그 외에도 여러 이론을 활용할 수 있다. 우선, 권리를 침해당한 사람이 자신의 요구를 새로운 권리 규범과 일치하는 방식으로 정렬하는 '프레임 이론'이 권리 주장 연구에서 중요하다. 또한 권리를 침해당한 이들이 자신의 목적을 추구하기 위해, 자원과 조직과 역량을 동원하는 능력을 연구하는 '자원 동원 이론'을 들 수 있다. 또한 정부나 의회 또는 국제 기구 내에 인권에 우호적인 세력이 있는지 여부와 그들의 영향력, 그리고 그 결과로 조성된 정치적 기회 또는 권리를 침해당한 사람과 공권력 사이에 이해관계가 일치하는지 조사하기 위해 '정치 과정론'을 활용할 수도 있다.

셋째, 마크 프레초는 인권 동맹의 권리 주장 활동으로 인해 국가 차원에서 입법이나 정책에 변화가 일어나는 것을 '권리 효과'라고 부른다. 이때 단순한 정책 변화가 아니라 '인권'의 이름으로 법이나 제도나 정책이 변해야 한다. '권리 효과'는 궁극적으로 권리를 침해당한 당사자에게 어떤 긍정적인 권력의 변화가 일어났는지를 따진다. 이러한 변화를 통해 인권 피해자가 자력화되고 요구가 충족되면 일단 권리 주장의 효과가 발생했다고 볼 수 있다.

권리 주장을 연구하기에 적합한 학문인 '정치사회학'은 새로운 권리 주장이 국제, 국가, 지역 차원에서 정책적 처방에 어떤 영향을 끼쳤는지, 그리고 유엔이나 각국에서 최근에 인정된 권리로 인해 국제, 국가, 지역 차원에서 사회적 행위자들의 역량이 늘었는지 줄었는지, 그리고 권력 블록, 정당, 입법 과정 등을 조사한다. 모든 단계의 정치 과정에서 권력과 자원이 어떻게 배분되었는지를 따져 권리 주장의 실제 효과를 검증하는 것이다.

그러나 권리 주장의 결과로 권리를 침해당한 어느 집단에 긍정적인 권리 효과가 발생하더라도 다른 집단에는 그 효과가 미치지 않거나 심지어 그들의 권리가 억압되는 경우도 있다. 어떤 제도를 도입했지만 사각지대가 생겨서 소외되는 사람이 생기는 사례가 적지 않다. 만일 이런 일이 발생할 경우 이들은 새롭게 인권을 요구하기 시작하고 그 요구는 새로운 권리 주장의 선행 조건을 형성하는 계기가 되기도 한다.

예를 들어 투표권은 백 년 전만 해도 사람들이 목숨을 걸고 요구해 쟁취한 권리였다. 그러나 오늘날 선거로 이루어지는 대의민주주의는 거대한 자본과 이익집단과 미디어의 수중에 사로잡혀 있다. 시민들은 몇 년에 한 번 하는 투표로 권력을 완전히 통제할 수 있다는 믿음을 버린 지 오래다. 따라서 투표권이 여전히 중요하긴 하지만 투표권을 넘어서는 방식으로 주권재민 원칙의 확장을 요구하는 민주주의 권리 ─ 참여민주

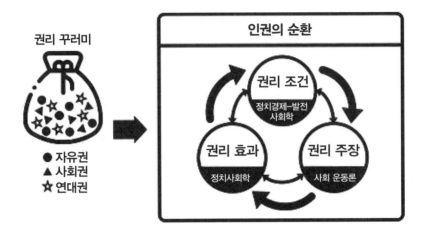

권리 꾸러미

● 자유권
▲ 사회권
☆ 연대권

인권의 순환

권리 조건
정치경제−발전
사회학

권리 효과
정치사회학

권리 주장
사회 운동론

주의와 직접행동 민주주의를 포함한 ― 가 민중의 새로운 요구 사항이 된 것이다.(에이프릴 카터. 2007.《직접행동》. 조효제 옮김)

'권리 조건-권리 주장-권리 효과'는 이런 식으로 계속 이어지는데, 이러한 연쇄 과정을 프레초는 '인권의 순환' 또는 '권리의 순환'이라고 부른다. 권리 순환은 엘리트들이 주도하는 규범 원칙에 의해 아래로 내려오거나, 비엘리트들의 요구에 의해 위로 올라가거나, 지리적 공간대를 가로질러 옆으로 퍼져 나가거나, 역사의 시간을 거슬러 뒤로 되돌아가기도 한다. 예를 들어 20세기 후반부 세계 인권 운동의 한 특징인 이행기 정의(과거사 정리)는 권리의 역사적 후방 순환을 보여주는 좋은 사례이다. 따라서 권리 순환 이론은 인권이 지속적으로 변화와 진화를 거듭하는 구성체임을 극명하게 입증한다.

인권 사회과학의 기여

이 책은 인권을 사회학적으로 분석하는 법을 다루지만 저자는 사회과학의 거의 모든 분과 학문이 인권의 '설명적 접근 방식'에 활용될 수 있음을 보여준다. 예를 들어 페미니즘, 젠더-섹슈얼리티 연구, 탈식민이론, 문화사회학, 환경사회학, 경제사회학, 법사회학, 조직사회학, 이주사회학, 인종과 에스니시티, 도시사회학, 건강과 의료사회학, 장애학, 범죄학, 정치학, 국제관계학, 비교정치학, 인류학, 지리학, 역사학, 평화학, 비교역사학, 역사사회학, 통계사회학, 사회정책학, 사회복지학, 사회심리학 등이 있다. 오랫동안 사법적 모델에 기반을 둔 규범적 접근 방식이 인권을 이해하는 주류적 관점이었다면, 이제는 범사회과학적, 설명적 접근 방식으로 인권을 이해하고 연구하고 실천하는 장을 대폭 확장할 때가 온 것이다.

《인권사회학의 도전》에서 얻을 수 있는 통찰

그렇다면 《인권사회학의 도전》에서 우리가 배울 수 있는 핵심적 통찰은 무엇인가.

우선 인권의 총체성(holism), 역사성(historicism), 전 지구성(globalism)을 명료하게 개념화함으로써 인권을 입체적으로 파악할 수 있는 시각을 얻을 수 있다. 법, 제도, 기준만을 중심으로 삼아 인권을 파악하는 것이 아니라(그것도 중요하긴 하지만), 인권 관련 법과 제도와 기준이 만들어지는 역사적·경제적 조건과 과정, 인권의 해석과 실천에 정치적·경제적·사회적 권력이 끼치는 영향, 인권 담론을 끌어가는 사회적 행위자들의 선택과 결정, 인권 논쟁의 사이클인 '공론화-억제-비가시화-보류-재점화-수정'을 추동하는 기회의 창의 열림과 닫힘 등을 연구하는 방법을 배울 수 있다.

다음으로, 인권이 다른 모든 인간사와 마찬가지로 역사와 사회 속에 뿌리를 내린 살아 있는 유기적 구성체임을 알 수 있게 해준다. 권리는 영구불변의 고정된 실체가 아니라 그 의미, 맥락, 시대적 계기, 타당성 등이 해석학적으로 열려 있는 개념으로 봐야 한다. 이것을 비유로 말하면 이렇다. 인권은 원칙과 추상적 차원에서는 확고한 정언명령처럼 제시된다("모든 사람은 불가침의 존엄성을 타고 났다."). 그러나 이런 원칙에도 불구하고 인권이 시대-장소-맥락에 따라 상상되고, 이해되고, 제도화되고, 실행되는 방식은 사회적으로 구성된다. 예를 들어 인권이 법과 제도로 만들어졌을 때는 잠시 딱딱한 고체 형태를 띠지만, 어떤 역사적 계기를 맞거나 조건이 변하면 마치 젤리처럼 형태가 변하고, 다시 제도화를 통해 고체로 굳어지기도 한다. 인권은 이런 변화를 무한 반복하는 유동적이고 맥락적이고 환류적이고 논쟁적인 특수한 실천 개념이다.

또한 이 책은 인권의 순환 이론을 통해 인권을 역사적 감수성으로 이해할 수 있게 해준다. 우리가 어떤 사회적 고통을 인권으로 호명하면서 권리 주장을 하여 마침내 권리 효과의 단계에 도달했다고 치자. 인권 문제가 드디어 해결됐다고 환호하는 순간, 기쁨도 잠시, 또 다른 모순과 차별과 사회적 고통이 눈에 들어오기 시작한다. 직전에 실현된 인권은 어느새 공기와 같이 당연한 것처럼 여겨지고(그러므로 중요성이 크게 느껴지지 않고), 새롭게 나타난 문제만 가장 심각한 문제인 것처럼 부각되곤 한다. 눈앞의 불의와 차별을 예리하게 지각하는 감수성이 '당대적 감수성'이라면, 시대의 흐름으로 인권의 변화와 발전을 통시적으로 인식하는 감수성은 '역사적 감수성'이라 할 수 있다. 인권 옹호자들은 당대의 감수성과 역사적 감수성을 모두 볼 줄 알고 이해할 수 있어야 한다. 이들 두 차원의 감수성이 분리되어 한쪽만 옳다고 주장하면 세대 간·성별 간·집단 간 갈등으로 이어지는 경우가 종종 발생한다. 이런 현상은 인권의 발전에 큰 비용을 초래하기 쉽다.

인권의 순환, 즉 '제도화된 불만의 사이클'이 상시적으로 돌아가는 사회에서는 인권의 종착점 같은 것은 존재하지 않으며 존재할 수도 없다. 한 가지 문제가 해결되면 또 다른 불만이 곧이어 눈에 보이는, 끝없는 투쟁 과정이 있을 뿐이다. 이 때문에 인권이 잘 보장되는 어떤 최종 상태, 일종의 역사적 종언 같은 '인권 세상'을 낭만적으로 제시하는 식의 서사는 인권의 실제 작동 방식과 거리가 멀며, 사람들에게 비현실적 인권관을 주입할 수도 있음을 명심해야 한다.

권리 주장이 당대에 권리 효과를 낳지 못하고 세대를 넘어 길게 이어지는 경우도 많다. 역사에서는 권리 주장에 참여했던 당사자들이 그 결과를 보지 못하고 후대 사람들이 나중에 그 결실을 거두는 경우가 허다하게 발견된다. 격세유전적인 인권 현상도 간혹 나타나곤 한다. 지금 현재 어떤 문제와 싸우고 있는 사람은 자신이 잘 인지하지 못한다 하더라도 과거에 전개되었던 권리 주장-권리 효과의 성과 위에서 오늘의 문제와 씨름하고 있을 가능성이 높다.

바로 이런 점 때문에 인권 공동체의 구성원들은 시간적 시야를 길게 잡는 역사관을 지닐 필요가 있다. 인권은 투입된 노력이 곧바로 산출물로 나타나는 자판기 같은 것이 아니다. 만일 인권을 손쉬운 해결책을 즉각 제공하는 도구처럼 생각한다면, 그런 식으로 해결할 수 있는 미시적이고 즉각적이고 단기적인 쟁점만 인권 문제로 규정하고 그런 식으로만 인권 운동을 전개할 가능성이 커진다. 심리학자 에이브러햄 매슬로의 말처럼 "망치를 가진 사람에게는 모든 사물이 못으로 보인다." 그렇게 되면 인권이 본질적이고 근본적인 문제에는 별 관심이 없는 눈앞의 문제 해결용 기술적 담론으로 전락할 위험마저 있다.

《인권사회학의 도전》은 보편주의와 문화 다원주의에 관한 인권 담론의 해묵은 논쟁을 풀 수 있는 시각도 제공한다. 과거에는 이 두 가지를 상호 길항 관계로 파악하여 보편주의=인권, 문화다원주의=반인권 같은 단순 논리로 설명하던 때가 있었다. 이 문제를 '해결'하기 위해 수많은 연구가 이루어졌다. 그러나 이 책은 두 입장 모두 타당성이 있다는 전제에서 출발한다. 한편으로 인권의 전 지구적 규범성을 인정하고(보편주의), 다른 한편으로 모든 인간 집단이 자신의 고유한 문화적 필터를 통해 세계를 파악한다는 인식론을 인정한다(문화 다원주의). 문화 다원주의는 신자유주의 지구화 시대에 자본에 의한 전 세계 문화의 위계적·상업적 동질화에 맞설 수 있는 유력한 방패라 할 수 있다.

따라서 국제적 합의의 차원에서 제시되는 '보편 규범'이라 해도 그 규범을 현실에서 실천하려면 모든 나라, 모든 문화권의 자체적인 문화 필터를 통해 걸러져야만 한다는 상식적인 진리를 인정해야 한다. 문화 필터 중 대표적인 것이 언어이다. 언어 외에도 역사적 경험이 반영된 인식 성향, 필수 욕구의 선호도 등이 보편 규범을 로컬 차원에서 '번역'하여 실천할 수 있도록 해준다. 문제를 이렇게 보면 문화 다원주의는 보편주의에 반대되는 것이 아니라 보편주의적 이상이 현실에서 실현될 수 있도록 도와주는 필수불가결한 매개물이라 할 수 있다. 반대로 보편주의는 문화 다원주의가 국수주의에 빠지지 않고 세계시민주의를 지향할 수 있도록 인도하는 북극성 같은 기능을 수행한다.

이 책이 인권 담론에 주는 또 하나의 통찰은 인권의 '인식 공동체' 내에서 비엘리트가 엘리트와 동등하게 중요한 역할을 수행한다고 보는 관점이다. 지금까지는 유엔을 중심으로 한 국제 인권 공동체에서 확정한 인권의 공통 기준을 불변의 국제 인권 규범으로 간주했고, 각국의 인권 현장에서는 그것을 자신들의 맥락에 맞는 방식으로 '받아쓰기만' 하면 된다고 생각해 온 경향이 있었다. 인권의 실행을 주로 엘리트들이 주도하는 하향식 순환 과정으로 파악했던 것이다.

그러나 저자에 따르면 국제 인권 문헌의 규범적 기준이 중요하긴 해도 그것은 고정불변한 것은 아니며 더더구나 인권 전문가들의 전유물은 아니다. 전 지구적으로 보면 개도국 남반구에서 나온 인권 담론, 국내에서 보면 비엘리트의 인권 요구가 기존의 인권 규범에 끊임없이 새로운 문제 의식과 새로운 관점을 제공한다. 그러한 '아래로부터의' 관점이 상향식으로 국제 인권 규범의 재해석과 재발명을 추동하면서 인권을 발전시킨다. 이런 설명은 인권 규범을 사회학적으로 해석하는 전형적인 관점이며, 인권을 동태적 적응과 진화가 거듭되는 '과정적' 담론으로 보는 관점이라 할 수 있다.

마지막으로 이 책은 인권을 개별적인 권리들의 기계적 총합이 아닌 유기적인 통합체로 볼 수 있는 시각을 제공한다. 이 책의 부제를 '인권의 통합적 비전을 향하여'로 정한 이유가 바로 여기에 있다. 프레초는 인권의 통상적 분류 방식인 세 가지 세대별 범주론을 계승하면서도 그것을 사회학적 통찰로 승화시켜야 한다는 입장을 제안한다. 인간 사회의 현실에 비추어보면 어떤 개별 권리도 독자적으로 존재하지 않는다. 인권은 '관계적'으로 서로 기대어 있기 때문이다. 또한 어떤 사회 문제도 단일한 권리만으로는 해결할 수 없다. 잘 풀리지 않는 사회 문제일수록 중층적인 모순이 모여 있는 어떤 고질적인 '응축점'에서 발생하곤 하기 때문이다.

저자는 사회 문제의 중층성을 해결하기 위한 방안으로 '인권 꾸러미'라는 새로운 개념을 선보인다. 여러 범주를 가로지르는 권리들을 헤쳐 모아서 보통 사람들에게 진짜 필요한 핵심 욕구를 몇 가지 권리 꾸러미―건강 장수 권리, 인격의 온전한 발달 권리, 평안할 권리―로 재구성해보자는 창의적 아이디어다. 권리 꾸러미는 상황에 맞춰 새롭게 구성할 수 있는 융통성이 있으므로 빈곤 같은 사회 문제를 정책적으로 해결하려는 노력을 하는 데 대단히 유용한 개념적 자원이 된다. 또한 궁극적으로 평화(Peace), 인권(Human rights), 지속 가능한 발전(Development)이 'PHD 패러다임'이라는 통합적 비전 속에서 함께 나아갈 때 우리가 바라는 '최소한의 좋은 삶'이 만인에게 보장될 수 있을 것이다.

이 책에 소개된 세 가지 권리 꾸러미는 저자가 제안한 목록일 뿐 최종적인 것은 아니다. 한국에서도 우리 실정에 맞는 영역별 권리 꾸러미를 만들어본다면 인권 정책에 큰 도움이 될 것이다. 예를 들어 참여적 공론화 과정을 통해 '여성 인권 꾸러미'를 구성할 수도 있다. 이때 1세대 시민적·정치적 권리 중에서는 여성의 정치적 진출, 여성과 여아에 대한 폭력과 차별의 근절을, 2세대 경제적·사회적 권리 중에서는 여성의 경제적 지위, 고용과 승진과 처우 평등, 건강과 재생산권을, 3세대 문화적·환경적 권리 중에서는 젠더와 섹슈얼리티에 대한 문화적 고정관념과 억압 타파, 환경 재난에서 젠더 고려, 권리에 기반한 발전 등을 중심으로 꾸러미를 채울 수 있을 것이다. 이런 노력이 인권을 통합적으로 발전시키는 구체적 모습이기도 하다. 앞으로 한국 사회의 인권 운동이 여러 분야에서 독특한 권리 꾸러미 구성 운동으로 진화하기를 바라는 마음이다.

인권사회학자를 기다리며

옮긴이는 마크 프레초의 저서를 대학원의 인권 수업에서 활용하면서 이 책이 한국의 인권 인식 공동체에 속한 구성원들과 인권에 관심 있는 일반 독자들에게 소개되면 좋겠다는 생각을 오랫동안 해왔다. 하지만 바쁜 일정 때문에 직접 번역을 할 엄두를 내지 못하고 있었다. 그러던 중 최근 사회과학 분야에서 인권과 관련된 석·박사 논문들이 점점 더 많이 나오는 현실을 접하게 되었다. 한국인권학회장으로서 전국의 인권 연구자들을 만나는 자리에서도 비슷한 이야기를 자주 들을 수 있었다. 인권은 그것을 학문적으로 연구하더라도 현실의 개선과 직접 관련이 있는 정책적 함의가 대단히 강한 영역이다. 그래서 인권에 관한 사회과학 분야의 관심에 부응하고, 인권의 정책적 기여에 도움이 될 책을 소개해야겠다는 의무감이 생겼다.

그런 점에서 인권을 사회(과)학적으로 탐구할 때 반드시 고려해야 할 접근 방식과 연구 프레임을 소개한 프레초의 저서를 번역하기로 결심했다. 특히 이 책은 인권을 연구하는 데 사회학적 연구 방법을 단순히 차용한 정도가 아니라, '인권사회학'이라는 새로운 학문 분야의 내적 특징과 고유한 성격을 일반 이론으로 제시한 선구적인 연구서라는 의미를 부여할 수 있다. 이 책의 이론을 인권의 개별 쟁점 영역에 활용하여 분석하고 실천적 함의를 찾아본다면 인권 운동의 시각이 넓어지고 인권의 현실 적용성도 크게 높아질 것이라 믿는다.

내 저서와 역서를 많이 출간해 온 교양인 출판사가 이번에도 이 책에 적극적인 관심을 표하고 성원해주었다. 《인권사회학의 도전》이 인권의 설명적 접근 방식을 다룬 책이라면, 아래의 책은 인권의 규범적 접근 방식을 다룬 책이다. 두 권을 함께 읽으면 서로 보완이 되고 흥미로운 대비점도 찾을 수 있을 것이다(샌드라 프레드먼. 2009. 《인권의 대전환―인권 공화국을 위한 법과 국가의 역할》. 조효제 옮김).

모든 인권 사회(과)학 전공자들에게 연구의 출발점이 될 수 있는 표준적인 입문서이자, 일반 독자들에게 인권에 관해 새로운 관점을 제시해줄 훌륭한 안내서를 한국어로 소개할 수 있게 되어 개인적으로 흡족한 심정이다. 하지만 이 책은 친절한 문장이나 표현으로 씌어 있지 않다. 독자들에게 정확한 텍스트 산출물을 전달하기 위해 옮긴이의 책임하에 원문의 의역, 미세한 편집, 문장의 분절 또는 순서 조정, 설명 추가 등을 한 곳이 꽤 있다. 내가 번역한 원고를 세미나 시간에 읽고 오타를 잡아주고 토론에 임해준 성공회대 대학원의 김민성, 정재영 학생에게 고마움을 표한다. 이 책이 사회(과)학의 렌즈로 인권을 연구하는 모든 학문 후속 세대에게 꼭 필요한 통찰과 영감의 원천이 되기를 진심으로 바란다.

2020년 초봄

항동골에서 조효제 드림

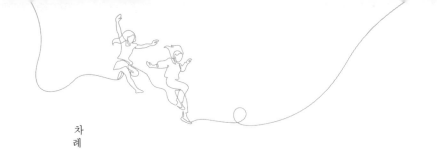

차
례

사회학적 인권 연구의 배경

이 책을 어떤 용도로 활용할지 생각하면서 이야기를 시작하면 좋을
것 같다. 이 책의 근본적인 목적은 독자들에게 지구화 시대에 인권을 체
계적으로 사고할 수 있는 지적 도구를 제공하는 것이다. 인권에 관한 질
문은 국가 관계와 국가 정책뿐만 아니라, 우리 일상생활에서도 중요한
의미가 있다. 인권을 현실 세계의 문제와 분리해서 추상적으로 연구하는
일이 불가능하지는 않겠지만 어려우리라는 사실은 두말할 필요도 없다.
인권을 **생각하는** 방식은 우리가 인터넷, 텔레비전, 라디오, 신문, 잡지,
대화를 통해 접하는 전 세계, 국가, 지역의 뉴스를 해석하는 방식에 깊은
영향을 끼친다. 더 나아가 우리가 뉴스를 해석하는 방식은 우리가 이 세
계에서 행동하는 방식에 깊은 영향을 끼칠 수밖에 없다. 더 정확히 말해,
우리의 인권 인식은 국가 간 전쟁, 내전, 강제 이주, 인신매매, 폭력 범
죄, 극빈, 종교 박해, 문화 배제, 환경 파괴 같은 사회 문제를 겪는 타인
들에 대한 우리의 공감 능력에 크게 영향을 끼친다. 공감 능력이 인권의

중요한 토대가 되는 것은 인권 개념 자체가 인간의 **공통적인** 경험을 전제로 삼기 때문이다.

전 세계 각지에서 발생하는 각종 분쟁에 관한 끔찍한 뉴스가 너무 많아 북반구 시민들이 '온정 피로증'을 느낄 지경이 됐다는 식의 주장이 자주 되풀이된다. 이 책은 그런 현상이 사람들의 진정한 관심 부족이나 감정 마비 때문에 생겼다기보다, '저쪽'의 인권과 '이곳'의 인권을 연결해서 생각하기가 어렵기 때문이라는 전제에서 출발한다. 연구를 통해 많이 밝혀졌듯이, 지구화(globalization)는 전 세계 사람들을 더욱 긴밀하게 연결하는 경제적·정치적·사회적·문화적 통합 과정으로 볼 수 있다. 북반구 시민들은, 예컨대 북반구의 소비 유형, 초국적 '거대 국가'로서 유럽연합의 등장과 성장, 국민 국가 내부와 국민 국가들 사이의 문화적 갈등, 환경 훼손의 확산 같은 현상을 통해 전 세계 사람들이 서로 연결되어 있다는 점을 인지하지만, 정말 중요한 실제 인간의 권리에 관해서는 잘 알지 못한다. 그러나 전 세계의 여러 쟁점에 대해 북반구 시민들의 관심이 늘어나고 있다는 긍정적 신호도 있다. 예를 들어 분쟁 지역에서 군비 확대와 소년병의 증가, 인신매매와 성적 종속, 빈곤 지역의 자연 재해, 저임금 지역의 착취형 작업장, 부자 나라에서 저임금으로 혹사당하는 이주 노동자들, 즉 가사 도우미, 유모, 농업 노동자, 육류 처리공, 식당 근무자, 건설 노동자들의 처지, 문화의 동질화와 도처에 건설되는 대형 쇼핑몰, 그리고 대량 소비가 끼치는 환경적 악영향 같은 쟁점이다.

지금까지 열거한 문제들을 연결하는 사례 하나를 살펴보자. 북반구에서 소비가 늘면서 남반구의 노동과 환경 조건에 결정적인 악영향이 초래되었다. 소비재 생산 공장, 자연 자원 추출 지역, 생산·소비 과정에서 발생한 폐기물 투기 장소가 남반구에 집중되었기 때문이다.(McMichael, 2012년)* 해수면 상승과 기후 패턴의 변화—소비자들의 요구에 부응하기 위해 북반구에서 2백 년 이상 산업화를 지속해 온 결과인 전 지구적 기후 변화와 관련된—가 북반구보다 남반구에 더 악영향을 끼칠 것이라는 증거가 환경 과학에서 점점 늘어나고 있다는 사실이 더욱 우리의 주목을 끈다. 심지어 지진, 해일, 태풍, 홍수, 산사태 같은 자연 재해도 사회 인프라가 취약한 남반구에서 더 치명적이다. 남반구에서 나타나는 건설 환경의 결함—도로 함몰, 교량 손실, 단전과 전기 공급 불량, 부적합한 상수도 시설, 부족한 병원, 제한적인 대중교통 체계, 부실한 커뮤니케이션망—도 식민 지배로부터 현재의 채무 레짐에 이르기까지 전 세계 국민 국가들 사이에 누적된 불평등의 결과다. 이런 문제들은 북반구 '이곳'의 인권과 남반구 '저쪽'의 인권이 밀접하게 연결되어 있음을 보여주는 사례다. 여기서 우리는 고의적 또는 비고의적으로 발생한 남반구의 인권 문제를 해결하는 데 관심을 기울여야 할 뿐만 아니라, 가난하고 약하고 충분히 대표되지 못한 국가와 사회로부터 더 부유한 지역으로 인권 지식이 '역류'되는 현상에 더욱 관심을 기울여야 함을 알 수 있다. 이것은 그저 규범적인 주장이 아니라 **사회과학적인 의무**를 뜻한다.

이런 쟁점들은 우리가 얼마나 여러 국민 국가, 사회, 민족, 공동체, 그리고 생태 시스템과 연결되어 있는지, 그리고 우리가 어떤 세상에서 살

---

* 다음을 보라. 필립 맥마이클, 《거대한 역설: 왜 개발할수록 불평등해지는가》, 조효제 옮김, 교양인, 2013.

고 싶어 하는지—지구화 시대에 제일 중요한 문제가 된—더욱 근본적으로 성찰하기를 요구한다. 학자, 정책 결정자, 유엔 관리, 비정부 기구 직원, 활동가 들이 만들어낸 청사진에 따라 우리가 세상을 완전히 새롭게 재창조할 수 있을 것이라는 상상은 순진하고 비생산적이겠지만, 그렇다고 해서 긍정적 사고—운동선수와 예술가들이 '창조적 시각화'라고 부르는—의 중요성을 한마디로 딱 잘라 거부하는 태도 역시 옳지 않을 것이다. 그러나 그런 긍정적 사고는 현재 존재하는 사상 체계, 제도, 실천에 근거를 두어야 한다. 따라서 이 책은 독자들에게 더 나은 세상을 추상적으로 상상해보라고 장려할 뿐 아니라, 더 중요하게는 학자나 정책 결정자들과 활발한 토론을 벌이거나, 시민들에게 개인적 보호 권리*와 사회적 수급 권리를 부여하기 위해 국가 차원에서 법규를 마련하거나, 유엔 체제를 개혁하려 노력하거나, 새로운 전 지구적 거버넌스 조직을 제안하는 활동을 통해 현재 존재하는 사상 체계, 정책 틀, 제도, 조직들을 개선할 수 있는 현실적 조치를 고안해보도록 촉구한다.(Wilkinson, 2005년)

인권 정전을 다시 생각한다

이 책은 인권 정전을 다르게 생각하고, 다르게 적용하고, 다른 식으로

---

* 이 책에서 '보호 권리'는 정확히 말해 개인의 안전을 침해하는 외부의 개입으로부터 '보호받을 수 있는 권리' 즉 '피보호 권리'를 뜻한다. 그러나 통례에 따라 간략하게 '보호 권리'로 번역했다.

개혁해야 할 절실한 필요가 있다는 점을 인정하는 데서 출발한다. 현재의 인권 정전은 몇몇 국제 조약, 선언, 발표 따위로 구성되어 있으며, 암묵이든 명시적이든 인권을 세 범주—1세대 시민적·정치적 권리, 2세대 경제적·사회적 권리, 3세대 문화적·환경적 권리—로 구분하는 관습의 토대 위에 구축되어 있는 사상 체계이다. 많은 이들이 상찬하는 〈세계 인권 선언〉을 비롯하여, 정전을 구성하는 핵심 문헌들의 시대를 초월한 보편적 중요성은 뚜렷하지만, 인권 정전은 지구화의 경제적·정치적·사회적·문화적·환경적 압박을 받으면서 큰 하중을 받아 왔다. 오늘날의 인권 문제가 제기하는 요구에 인권 정전이 부응해야 한다는 비판에 대응하여, 인권 공동체에 속한 학자들과 구성원들은 세 범주의 인권이 서로 중복된다고 강조하기 시작했다. 이런 변화는 지구화 시대 인권의 성격, 범위, 적용 가능성을 둘러싸고 국민 국가, 민족, 문화의 상호 작용이 늘어나면서 생겨났다. 실제로 지구화—옛 질서를 몰아내고 새 질서를 수립하는 힘을 지닌—는 사회 운동 조직과 비정부 기구 동맹들이 개척한 새로운 불만과 **권리 주장**을 위한 환경뿐만 아니라, 국가 차원의 정책 입법으로 나타나는 새로운 **권리 효과**를 위한 환경도 창출했다. 하지만 인권 영역에 개입하는 정치사회학자들은 이렇게 경고할지도 모른다. 지구화가 사회 운동 조직의 행동과 새로운 권리 제안을 위한 새로운 환경을 조성했을 수는 있겠지만, 아직도 인권을 이행하고 집행하거나 혹은 그렇게 하지 못하는 것은 국민 국가의 몫으로 여전히 남아 있다고 말이다.

더 나아가, 풀뿌리 사회 운동 조직이나 그런 운동에 우호적인 정당의 엘리트 동맹이 선호하는 것보다 권리 주장의 결과가 예측하기 어렵고 명확하지 않은 경향도 함께 나타난다. 그리고 인권의 실제 성취가 되돌릴 수 없게 확고하지도 않다. 인권 발전이 안전 보장, 투표권, 표현의 자유 확대와 시민적 자유의 형태로 나타나든, 아니면 최저 임금, 사회 보장과 그 밖에 사회적 수급 자격의 형태로 나타나든 언제든 입법을 통해 다시 축소될 수 있는 흐름이 생겼기 때문이다. 물론 헌법에 새로운 권리를 추가한 나라들도 많다. 이론적으로는 이런 움직임이 권리를 중시하는 정책 결정을 강화할 것이라 예상할 수 있다. 그러나 실제로는 헌법 개정과 보완이 의회의 정책 승인이나 법원의 판결이나 사회 운동 조직의 행동에 어떤 결과를 빚었는지는 명확한 결론이 나지 않았다. 지금까지 헌법의 변화가 사회 정책을 수립하고 실행하는 데 어떤 영향을 끼쳤는지를 종합적으로 연구한 학자는 거의 없다. 앞으로 이런 연구가 나온다면 인권 사회학에 큰 도움이 될 것이다.

지구화 이후에도 인권의 이행과 집행과 보장에서 국가의 역할이 사라지지는 않았지만 지구화와 동시에 이루어진 커뮤니케이션 기술 발전(위성 텔레비전, 인터넷, 개인 컴퓨터, 휴대폰 등)으로 인해 인권 침해 소식이 더 널리 알려졌을 뿐만 아니라, 비서구권의 인권 개념도 더 많이 알려졌다. 남반구에서 만들어진 새로운 인권 사상, 그리고 불완전하기는 하지만 유엔에서 자주 제기되는 두 가지 쟁점, 즉 유럽의 식민 지배 역사의 유산과 국민 국가들 사이에 여전히 존재하는 경제적·정치적 불평등 문제는 기존의 인권 범주를 넘어선다. 이러한 새로운 인권 사상은 다른 문화와의 관계를 넘어서 우리가 살고 있는 지구와의 관계를 성찰할 수 있는 영감을 준다. 저명한 에코페미니즘 이론가이자 실천가이면서 인도 칩코 운동의 활동가이기도 한 반다나 시바(Shiva, 1988년, 1997년, 2005년)는 위에서 언급한 주제를 오래 연구해 왔다.* 이러한 지적 활동을 감안할 때, 인권에 관심이 있는 사람이라면 현재 통용되는 인권 범주에서 **배우는** 것도 중요하지만, 그 범주에 **의문을 제기**하는 자세도 반드시 필요하다.

　사회학은 원래 이론적 성향이 강한 학문이므로 기존의 인권 범주를 활용할 수 있는 도구와 그것들을 넘어설 수 있는 여러 도구를 동시에 제공한다. 뒤에서 살펴보겠지만, 현재 통용되는 인권 범주로부터 여러 의미를 유추하고 더 가다듬어 새로운 범주로 승화시키는 '내재적 비평(immanent critique)'은 인권사회학을 수행하는 데 건실한 토대가 될 수 있다. 또한 내재적 비평은 인권 공동체 구성원이 활용 가능한 새로운 인권 개념을 접하게 해준다. 필자는 이러한 인권의 새로운 개념이 오랫동안 중시되어 온 **개인을** 위한 시민적·정치적 보호 권리의 형태이든, 비교적 최근에 중시되기 시작한 **개인을** 위한 경제적·사회적 수급 권리의 형태이든, **집단을** 위한 문화적·환경적 법적 권한의 논쟁적인 형태이든 간에, 생산적 논의를 촉진하고 새로운 정책을 제안하는 데 도움이 되기를 바란다. 이런 정책은 국민 국가 차원의 이행 여부에 따라 여러 형태로 나타날 수 있는데, 그 정책들이 어떤 형태를 취하느냐는 정치 시스템과 문화적 구성 방식에 달려 있다. 이 책의 목적은 특정 정책을 제안하려는 것이 아니라 독자들로 하여금 어떻게 인권 침해를 줄이고 '더 정의로운' 사

---

* 다음을 보라. 마리아 미스, 반다나 시바, 《에코페미니즘》, 손덕수, 이난아 옮김, 창작과비평사, 2000.

회와 국가를 만들 것인가라는 질문을 둘러싼 생산적 **대화**에 참여하도록 촉구하는 것이다.

따라서 이 책은 정의로운 사회, 정의로운 국가, 정의로운 세계 시스템이 무엇인가에 대해서는 거의 언급하지 않을 것이다. 얼마나 넓게 혹은 좁게 '정의'를 규정할지를 결정하는 것은 독자의 몫이다. 정의의 의미를 적절히 논의하는 데 독자들에게 노벨 경제학상 수상자인 아마르티아 센의《정의의 아이디어(The Idea of Justice)》를 권한다.(Sen, 2009년)* 이 책은 존 롤스(Rawls, 1999년)의 유명한 저서《정의론(A Theory of Justice)》**을 비판하면서 정의 개념을 더 발전시킨 연구서이다. 센은 공정(fairness)으로 규정된 정의 개념을 제대로 이해하려면 추상적인 '정의로운 사회' 개념이 아니라, '더' 정의롭거나 '덜' 정의로운 제도와 정책과 관행을 비교 분석해야 한다고 주장한다. 이 책은 센의 용어를 그대로 사용하지는 않지만 센이 제시한 분석의 취지에 따라서, 정의를 인간의 복리(human welfare)와 연결할 것이다. 이런 식의 정의 개념은 경제, 정치, 사회, 문화, 환경 등의 영역을 가로질러 적용할 수 있다. 예를 들어 이 책에서는 빈곤이 순전히 경제적인 문제가 아니라 인간의 다양한 복리가 박탈된 문제라고 볼 것이며, 그러한 인간 복리의 박탈을 곧 여러 겹의 원인과 여러 측면을 지닌 **인권 문제**라고 규정할 것이다.

---

* 다음을 보라. 아마르티아 센,《정의의 아이디어》, 이규원 옮김, 지식의날개, 2019.
** 다음을 보라. 존 롤스,《정의론》, 황경식 옮김, 이학사, 2003.

인권의 사회학적 비전

이 책은 사회학이 지금의 세계에서 인권에 대해 일관되고 유용한 비전을 제시할 수 있다고 전제한다. 인종주의, 계급 구조, 성차별, 동성애 혐오, 그리고 구조적 폭력에서 비롯되는 불평등을 분석할 수 있는 학문이 바로 사회학이기 때문이다. 물론 사회학 외에도 인권 공동체가 활용할 수 있는 여러 학문적 관점이 있다.(Cushman, 2011년) 예를 들어 정치학에서 특히 국제관계학과 비교정치학, 인류학에서 특히 비서구 사회와 문화를 연구하는 분야, 그리고 지리학에서 특히 인간과 사회와 환경에 초점을 맞춘 분야 등 사회학과 인접한 사회과학 분과 학문도 인권을 이해하는 데 큰 기여를 해 왔다. 역사학자들도 나름대로 인권에 많은 관심을 기울여 왔다.(Moyn, 2012년) 그러나 여러 이유에서 사회학적 관점으로 인권을 설명하고 구체화하고 적용할 때 얻을 수 있는 장점이 많다. 사회학의 이론적 강점, 다양한 조사 방법, 그리고 불평등, 다양한 사회 문제, 권력 관계, 정체성 형성 과정을 용이하게 밝힐 수 있는 점이 그 장점이다. 사회학자들이 단순히 불평등과 사회 문제를 분석하기 위해서만이 아니라, 불평등을 줄이고 사회 문제를 해결하기 위한 국가 정책을 모색하기 위해 연구와 교육을 활용하는 일은, 꼭 그래야 한다는 법은 없지만, 대단히 흔하다. 예를 들어 사회학자들은 복지 국가와 개혁 방안, 보건 의료와 수급 범위 확대 방안, 교육과 교육 방식 개선 방안, 교도소와 범죄를 억제하는 대안적 방안, 그리고 처벌과 사회 복귀 방안 등을 논의하는 데 언제나 앞장서서 참여해 왔다. 경제적 불안과 빈곤, 예방 가능한 질병과 유해 환경, 부실 교육, 대규모 교정 시설 같은 문제는 우리 사회의 토대를 심각하게 위협할 뿐만 아니라, '좋은 사회'라고 하는 상식적인 관념에 위배되는 것이기도 하다. 그래서 불평등이나 사회 문제를 분석하는 데서 한 걸음 더 나아가 인권 자체를 연구하는 방향으로 자연스레 진화해 온 사회학자들이 많다.

이 책은, 반드시 그래야 하는 것은 아니지만, 학계의 통설에 따라 인권사회학을 **인권 논쟁과 인권 갈등의 이해관계를 밝히는** 사회과학적 작업으로 받아들인다. 물론 어떤 권리 투쟁의 핵심 쟁점과 이해관계가 무엇인지를 설명한다고 해서 반드시 어느 한 쪽 편을 들어야 한다는 뜻이 아닐 수도 있고, 단지 투쟁의 원인, 맥락, 잠재적 결과를 포착하기만 하는 작업일 수도 있다. 어쨌든 이런 점들을 염두에 두고, 이 책은 사회학 이론을 활용하여 다음과 같은 연구를 수행할 수 있다고 주장한다.

- 자신들의 주장을 대변하지 못하고 착취당하거나 주변화되었던 집단이 불만을 드러내고 힘을 합치기 시작하게 되는 경제적·정치적·사회적·문화적·환경적 정황.(**'권리 조건'**)
- 이 같은 불만을 사회 운동 조직과 동맹 세력들이 국가와 정치적 권위체에 구체적인 요구의 형태로 번역하여 제시하는 과정.(**'권리 주장'**)
- 이러한 권리 주장 덕분에 권리에 초점을 맞춘 정책, 법규, 제도들이 만들어졌을 때 나타나는 정치적·실제적 결과. 이 결과에는 사회적 행위자 사이의 권력 관계 변화가 포함된다.(**'권리 효과'**)

사회학적 인권 연구는 정치학, 인류학, 지리학의 연구 성과를 보완하는 면이 있으므로, 이 책은 인권 관련 분과 학문들이 인권과 관련된 지식을 **발견**하고 지식을 **창조**하는 이중적 역할을 한다는 점에 특별히 주의를 기울인다. 학문의 이러한 이중적 역할은 보통 인식론, 과학철학, 지식사회학, 사상사 등에서 다루는 문제로 여겨진다. 인권사회학은 자율적 신생 학문 영역이라는 특성이 있기 때문에 그 자체 내에 인식론적 요소를 품고 있다. 더 정확히 말하면 이 신생 학문 분야의 연구자는 인권이 언어로 표현된다는 점을 반드시 고려해야 한다. 예를 들어 인권에 관한 요구가 유엔의 국제 조약과 선언 등에서 특정한 언어로 **프레임**되는 방식, 정당의 정강 정책, 비정부 기구의 보고서, 사회 운동 조직의 발표문 등을 분석해야 한다.

인권사회학 연구자는 또한 철학적 쟁점도 깊이 따져봐야 한다. 예를 들어 인권을 이해하고 경험하는 다양한 방식이라든지, 인권의 토대가 **인간 본성**에 근거를 두는지 아니면 인류의 **축적된 경험**에 근거를 두는지 같은 문제도 다뤄야 한다. 이 책은 인권 주장을 표현하는 매개로서 언어의 역할에 관심을 두기는 하겠지만, 인권의 존재론적 쟁점에 관해서는 명확한 입장을 취하지 않으려 한다.

또한 이 책은 학자들이 인권 지식 증진에 기여한 활동에도 주목할 것이다. 인권사회학자들이 학문적 연구를 통해 유엔 기구들과 비정부 기구의 활동에 지적으로 공헌했기 때문이다. 하지만 학계가 인권에 관한 지식의 유일한 원천이 아니라는 점은 분명하다. 학자들은 인권 공동체에 참여하는 여러 그룹 중 하나에 불과하다.

실제로 인권에 관한 지식은 권리를 침해당한 당사자들, 사회 운동 조직, 일반 대중 등 여러 원천에서 생산된다. 인권사회학자들은 이 점을 염두에 두고 '사회적 학습(social learning)'이 어떻게 인권에 기여하는지 자세히 살펴봐야 한다. 여기서 말하는 '사회적 학습'은 권리를 침해당했거나 박탈당한 사람들, 지역 사회 단체와 사회 운동 조직이 일반적 인권 개념과는 다른 새로운 권리를 요구할 때 이 모든 사회적 행위자들이 새로운 깨달음과 지식을 터득한다는 개념이다. 사회적 학습을 할 수 있는 조건이 양호할 때는 사회적 학습을 통해 형성된 새로운 인권 지식이 지식 전파의 중간 매개자 역할을 하는 유엔 기구와 비정부 기구들에 전달되며, 이들은 다시 인권의 궁극적 책임 주체인 각국 정부에 새로운 권리를 위한 정책 변화를 시도하라는 압력을 가한다.

인권에 관한 사회적 학습을 제도권 내의 언어로 번역하고 여러 주체와 소통하는 과정은 몹시 복잡하고 모순적이며 정답이 정해지지 않은 과정이다. 왜냐하면 그 과정에는 다양한 주체가 개입하고, 여러 차원의 권력과 자원에 다양한 접근성 문제가 있으며, 서로 다른 지지 기반과 이념적 관점이 경합하기 때문이다. 인권 주창과 실행에 관련된 복합성과 모순성은 정책 결정자와 인권 운동가 모두에게 인권에 관한 논쟁과 좌절과 실망의 원천이 되곤 한다.

분과 학문과 인권의 지식

이제부터 대학 시스템 내부와 외부에서 지식을 공식적으로 형성하고 전파하는 데 학문이 수행하는 역할을 다시 살펴보겠다. 이 주제를 논의하기 위해, 어떤 면에서 모든 학문의 원조라 할 수 있는 철학, 그리고 사회학, 정치학, 인류학, 지리학 내에서 각각 하위 연구 영역을 이루기도 하는 역사학 같은 인문학의 분과 학문—설령 그것들이 인권의 이해에 크게 기여해 왔다고 하더라도—은 잠시 미뤄 두자. 그렇게 함으로써 우리는 각각 특유한 이론과 연구 방법론과 탐구 양식과 대중과 만나는 방식을 지닌 비교문학, 고전학, 예술사, 음악, 커뮤니케이션 등 인문학의 여러 분야가 언젠가는 인권의 인식 공동체에 학문적 기여를 할 것이라고 전제하면서 다음 단계의 논의로 나아갈 수 있을 것이다. 인문학과 사회과학 사이 최전방 경계에 자리 잡고 있는 역사학의 경우도 인권의 발전 과정을 규정하는 지적 논쟁, 외교적 쟁점, 정책 갈등 따위를 잘 설명해줄 수 있다.

그러나 인문학이나 역사학의 장점에도 불구하고, 사회과학은 그 자체로 강조할 만한 영역이다. 사회과학의 분과 학문들은 고위 공무원에게 (그리고 막후에서 실무 직원에게) 영향력을 행사하는 식으로 직접적으로든, 혹은 미국사회학회, 미국정치학회, 미국인류학회, 미국지리학회 같은 학술 단체를 통해 간접적으로든, 국가 차원의 정책 입안과 정책 수립에 기여할 뿐만 아니라 미디어를 통한 발표와 인터뷰 같은 방법으로 대중의 인식 형성에 기여한다. 이런 면에서 전미과학재단이나 사회과학연구협의회 같은 연구 지원 재단, 그리고 퍼블릭시티즌, 데모스, 브루킹스연구소, 후버연구소, 랜드코퍼레이션, 헤리티지재단 같은 싱크탱크 역시 정책 수립에 중요한 역할을 한다. 요컨대 근무하는 직원과 연구원들의 관계로 보면 대학, 싱크탱크, 정부 사이에 회전문식 교류가 이루어지는 것이 사실이다.

하지만 여기서 주의해야 할 점이 있다. 지금까지 말한 전문 단체들과 싱크탱크들은 서로 다른 지지 기반을 대변하고 서로 다른 이념 성향을 반영하면서 인권과 직접 연결될 수도 있고, 그렇지 않을 수도 있는 의제를 다루기 마련이다. 그렇다 해도 인권 공동체가 지향하는 목표에는 전문 단체와 싱크탱크들이 인권에 더 많은 관심을 두도록 유도하려는 의도도 있다. 특히 인권 공동체가 기존 인권 정책의 문제점을 검토하라고, 그리고 국가 차원에서 새로운 정책을 수립하라고 촉구하는 단계에는 더욱 더 그런 목표를 지향하게 된다. 특히 복지 개혁, 빈곤 경감, 교육 개혁, 교정 정책 개혁, 환경 복원 같은 영역에서는 사회과학적 연구가 대단히 유용하다고 알려져 있다. 따라서 다음 단계의 과제는 이런 쟁점들을 인권의 관점에서 개념화하는 것이다. 사회적 · 생태적 문제를 인권을 통해 규정할 수 있도록 사회과학자들과 싱크탱크 연구자들을 지원하는 것이 일반적 차원에서 인권사회학의 목적이자, 특히 이 책이 지향하는 목표가 되기도 한다.

다시 핵심 질문으로 돌아가자. 사회과학의 여러 분과 학문은 어떤 방식으로 지식의 생성과 분류에 기여할 수 있을까? 사회과학을 공부한 모든 관련자들이 —학부와 대학원 학생, 젊은 교수와 원로 교수, 출판인, 싱크탱크 관계자, 정부 공무원 등— 공통적인 교육 내용, 주요 학파의 학설, 표준적인 문헌 교재, 양적 · 질적 · 비교역사학적 조사 연구 방법론, 그리고 전문화에 따른 형식적 의례 등을 익힐 수 있다. 어떤 인식 공동체에 이러한 요소들이 포함되면 그 분과 학문은 고유한 특징을 갖춘 지식 체계로 인정받을 수 있다. 예를 들어 서구와 여러 비서구권의 모든 사회학자들은 마르크스와 뒤르켐과 베버를 사회학의 '창시자'라고 배운다. 학부와 대학원에 개설된 사회학 이론 관련 개론 수업에서는 반드시 이 사상가들과 이들이 창시한 사회학 전통을 주의 깊게 학습해야 한다. 오늘날에도 자본주의, 산업화, 소비 지상주의*, 도시화, 순응과 일탈, 범죄, 관료제와 법, 근대성과 합리주의, 서구의 역할, 국가(그 자체로 행위 주체이기도 하고, 경쟁하는 세력들의 경기장이기도 한)와 시민 사회의 관계 같은 주제들이 사회학에서 중요하게 다뤄지고 있다. 이런 연구 주제들은 자의적으로 선택한 것이 아니다. 이런 주제들을 보면 마르크스와 뒤르켐과 베버가 의도치 않게 훗날 사회학에서 인권을 연구하게 될 무대를 마련해 준 것이라 볼 수 있다. 그렇지만 마르크스와 뒤르켐과 베버의 저작들은 서로 무척 다른 이론적·방법론적 틀을 적용하지만 인권 자체를 지적 분석의 대상으로 다루지는 않는다.(Deflem and Chicoine, 2011년)

실제로 '마르크스-뒤르켐-베버 3인조'는 서구 학계 특히 미국 학계에서 학문적 권력 투쟁의 역사를 남기기도 했지만, 사회학 전공 학생과 교수들에게 갖가지 사회 문제를 탐구하기 위한 공통의 어휘를 제공하고 있는데, 이 점은 인권에도 깊은 의미가 있다. 물론 정치학, 인류학, 지리학에도 사회학과 마찬가지 이유로 이들 3인조의 이론적 기준 — 서로 중

---

* 'Consumerism'에는 소비자의 이해를 대변하고 지키기 위한 '소비자(보호)주의'라는 뜻과, 소비 욕구를 인위적으로 창출하고 부추기는 자본주의적 행태라는 뜻이 있다. 이 책에서는 주로 후자의 의미로 사용되므로 '소비 지상주의'로 옮겼다.

복되기도 하는—을 활용하곤 한다. 예를 들어 마르크스는 인류학(특히 계급 구조와 식민주의 연구자들에게)과 지리학(특히 빈곤과 저개발 연구자들에게)에서 중요한 역할을 하며, 뒤르켐은 범죄학과 형사법에서 결정적인 역할을 한다. 베버는 국가와 관료제의 작동에 관한 통찰을 제공함으로써 정치학의 신전에 올랐을 정도다. 그렇지만 오늘날의 사회학자들은 인권을 분석하기 위해 고전적인 '마르크스-뒤르켐-베버 3인조'의 구도를 뛰어넘을 수밖에 없었다.(Deflem and Chicoine, 2011년)

이 책은 원래 사회학이 그 자체로 어떻게 인권 지식 증진에 기여할 것인지를 밝히기 위해 기획되었지만, 학제 간 연구의 정신을 지지한다. 어떤 문제를 더 잘 진단하려면 분과 학문들이 협력해야 할 뿐만 아니라, 인간 삶의 조건을 개선하기 위해서라도 협력할 필요가 있다는 의견이다. 그렇게 하려면 사회학자들에게 다음과 같은 점을 촉구할 필요가 있다.

즉, 사회학자는 인권 관련 기구에서 활동하는 여타 사회과학자들과 협업해야 하고, 평화학과 정의학, 국제개발학, 여성학, LGBT(레즈비언, 게이, 양성애자, 트랜스젠더) 연구, 문화학, 환경학과 학제 간 연구 프로그램에도 참여해야 한다. 이런 학문적 협업은 현실 세계에서 인권을 실현할 수 있도록—인권의 실현을 어떤 식으로 규정하든 간에—방향을 맞출 때에 그 목적을 온전히 달성할 수 있을 것이다.

그러한 목적을 위해 필자는 인권 연구, 교육, 봉사에 대해 총체적 접근 방식(holistic approach)을 취한다. 달리 말해 학문 활동의 각 개별적 측면—논문을 출판하고, 학술 대회에서 발표하고, 교과를 가르치고, 학생을 지도하고, 학내에서는 커리큘럼을 개발하고, 학외에서는 학회 활동을 하는 등―이 다른 측면에 아주 깊이 영향을 끼치는 방식으로 연구가 이루어져야 한다는 뜻이다. 이 책은 주로 필자가 인권 공동체 ― 학자, 언론인, 정책 결정자, 활동가 등―의 기원, 진화, 미래 전망에 관해 연구해 온 결과를 토대로 삼아 집필한 것이다. 그러나 또한 이 책은 필자의 다른 활동 경험에서 비롯된 것이기도 하다. 그 경험에는 학부와 대학원에서 '인권사회학'을 가르치고, 여러 다양한 교육 과정―예를 들어 경제사회학, 빈곤, 지구화, 사회 운동, 법사회학, 평화와 정의 관련 사회학 등―에 인권 요소를 포함하고, 학부에서 평화학 커리큘럼을 개발해 운영하고, 학내 국제앰네스티* 그룹의 지도교수로 활동하고, 권리에 초점을 둔 사회학을 제도적으로 발전시키기 위해 학회 활동에 참여하고, 지구화 시대의 인권, 평화, 사회 정의 이슈에 대해 공개 강연을 해온 것 따위가 포함된다.

인권사회학의 분석과 주창 활동

인권 증진에 사회과학이 해온 공헌에도 불구하고 아주 조심스럽게 다뤄야 할 부분도 있다. 인권 영역에서 집필, 교육, 봉사 활동을 하는 연구자들은 더 나은 세상을 위한 규범적 제안에 관해 깊이 성찰할 수 있

국제앰네스티(Amnesty International) 1961년 영국 런던에서 창설된 명성 있는 국제 인권단체이다. 원래 '양심수'를 지원하기 위한 활동에서 시작해 주로 시민적·정치적 권리를 다루었지만, 지구화 시대를 맞아 변화된 인권 환경에 대응하기 위해 현재는 경제적·사회적·문화적 권리까지 폭넓게 다루고 있다. 이 책에서는 여러 권리의 상호 연관성과 권리 꾸러미를 설명하기 위해 국제앰네스티가 모든 종류의 권리를 다루는 사례를 여러 차례 소개한다.

는 기회가 있다. 그러나 인권사회학을 오래 연구해온 사람에게도 학문적 분석과 실천적 주장의 관련성은 복잡하고 어려운 과제다. 달리 말해 권리에 초점을 맞추는 사회학자들은 한편으로 연구 설계, 엄밀한 조사 방법, 경험적 자료 해석 같은 측면에서 사회과학의 학문적 절차를 준수하면서도, 동시에 인종주의, 일터에서의 착취, 성차별, 동성애 혐오, 외국인 혐오, 편견 행위, 괴롭힘, 차별, 배제, 폭력 같은 인권 침해에 따른 고통을 줄이기 위해 실천적 개입을 해야 하는 쉽지 않은 과제에 직면한다.(Frezzo, 2011년) 한 저명한 인권 연구서가 잘 보여주듯, 인권을 다루는 학문은 단순히 학제 간 연구만이 아니라, 이론과 방법론과 실질적 내용에서도 다원적이어야 한다.(Cushman, 2011년) 여기서 인권사회학자는 단일한 학문적 관점 또는 외길의 규범적 입장만을 취해서는 안 된다는 점을 알 수 있다.

실제로 엄격하게 사회과학적 학문성을 유지하는 것과 사회 정의—어떻게 정의하든—에 관한 관심을 조화시키는 과제는 사회학자에게 중대하고도 영원한 도전이다. 특정 사회 정책이나 입법을 위해 학문적 성과를 활용해온 사회학자도 있지만(Blau and Moncada, 2009년), 사회과학적 연구와 실천적 주장 활동을 분리해야 한다고 강력하게 주장하는 학자도 있다.(Deflem, 2005년) 사실 '분석 대 주창'에 관한 끝없는 논쟁은 미국사회학회에서 추진했던 공공사회학(public sociology) 프로젝트의 정당성과 효과를 둘러싼 논쟁을 되풀이한 것이다. 더 정확히 말해, 학문 활동과 주창 활동을 결합하고 싶어 하는 사회학자들은 공공사회학에 더 가까운 경향이 있다.(Blau and Iyall Smith, 2006년) 반면 연구 활동과 실천 활동을 분리하고 싶어 하는 사회학자들은 공공사회학에 비판적인 경향이 있다.(Deflem, 2005년) 그 결과 인권사회학자들 사이에서 '분석이냐 주창이냐'라는 문제를 둘러싸고 상반되는 견해가 존재한다는 점을 중요하게 기억해야 한다. 또한 인권사회학은 이론으로나 방법론으로나 내용에서 **다원적**이라는 점을 명심해야 한다.(Cushman, 2011년) 아직까지 인권사회학 영역에서 결정적인 패러다임이 등장하지는 않았다. 권리 지향적 사회학자들이 **패러다임**을 명문화해야 하는지에 관해서는 아직 정설이 없기 때문에 이 책은 일정한 **접근 방식**을 공식화하는 과제에만 국한한다.

'분석-주창' 논쟁과 관련된 도전을 고려하여 이 책에서는 공공사회학 자체의 문제는 다루지 않는다. 여기서 필자는 조심스러운 입장을 취할 것이다. 한편으로 필자는 사회과학과 인권을 연결하면 양쪽에 큰 도움이 된다는 주장에 동의한다.(Claude, 2002년) 다른 한편 특정 정당의 정강 정책이나 특정 사회 운동의 프로그램과 적절한 거리를 두는 자세가 연구자에게 필요하다는 입장을 이해한다. 자연과학자이든 사회과학자이든 학자에게는 인간 복리를 위해 봉사해야 하는 책임이 있지만, 그와 동시에 인간 복리를 구체적으로 형성하는 데 활동가와 정책 결정자가 더 잘 수행하는 고유한 역할을 존중해야 할 의무도 있다. 더 구체적으로 말한다면, 인간 복리를 위해 새로운 정책과 새로운 법제를 요구하는 것이 활동가의 전문적 과업이기도 한 것이다. 그와 함께 인간 복리를 증진할 수 있는 정책을 입안하고 실행하는 것은 공무원의 과업이기도 하다.

따라서 이 책은 정부가 인권을 제도화하도록 특정 정강 정책이나 프로그램을 단순히 옹호하기보다 사회학자들이 일반적인 학문적 기준과 전문적 관행을 준수하면서 현재의 과제들을 해결할 수 있는 방안을 부각한다. 사회학의 지적 도구를 활용하면 어떤 특정한 권리 투쟁에서 무엇이 제일 중요한 쟁점인지—그것이 정치권력인지, 사회 활동에 대한 접근성인지, 사회 복지 프로그램인지, 문화 전통 보호인지, 자연 자원 통제권인지, 자연 환경 보전인지를—가릴 수 있다. 이런 식의 통찰은 인권 투쟁에 관련된 모든 이해 당사자들, 예를 들어 권리를 요구하는 사람과 동맹 세력, 정책 결정자, 일반 대중 모두에게 유용할 것이다.

보편주의

사회과학 연구에 규범적인 이상을 어떻게, 어느 정도까지 접목할 것인가에 대해 문제를 제기할 수 있는 방법은 무수히 많다. 인간의 규범적 가치와 사회과학 연구의 관계 설정에는 고정된 해법이 없으므로 다른 모든 접근 방식을 굳이 배제하지 않으면서도 이 책에서는 세 가지 '권리 꾸러미'라는 규범적 제안을 사회학적으로 분석하는 데에만 논의를 한정한다. 이것은 물권법(property law)의 학문적 영역에서 비롯된 '권리 꾸러미(bundle of rights)'라는 개념을 차용한 것이다.(Klein and Robinson, 2011년) 물권법 학자들은 부동산의 사용, 소유, 임대, 접근의 허용 또는 거부 등 서로 관련된 권리라는 의미로 '권리 꾸러미'라는 용어를 사용하지만, 인권사회학자들은 서로 분리할 수 없다고 가정할 수 있는 가까운 권리들의 묶음을 권리 꾸러미로 지칭한다.

인권사회학의 권리 꾸러미 개념에 따르면 각각의 권리 꾸러미는 일반적인 인권 범주를 가로지르면서 다음과 같은 보편적인 인간의 소망을 담아낼 수 있다고 본다. 첫째, 병 없이 건강하게 오래 사는 삶에 대한 소망, 그리고 가족, 친척, 동료, 공동체 구성원, 자기 민족도 이런 삶을 살았으면 하는 소망, 즉 '건강 장수 권리' 꾸러미가 있다. 둘째, 자신의 정체성을 발견하고 성장시키는 데 도움이 되는 충분한 정보, 교육, 훈련과 삶의 기회를 얻으려는 소망, 즉 '인격의 온전한 발달 권리' 꾸러미가 있다. 셋째, 전쟁, 강제 이주, 일상 범죄, 괴롭힘, 가정 폭력 따위가 없는 삶을 영위하려는 소망, 즉 '평안할 권리' 꾸러미가 있다. 이 꾸러미들은 보편적인 소망이라 할 수 있지만 문화적 맥락에 따라 각각 다르게 표현될 수 있다. 이 점은 계속해서 비슷하게 제기되는 '보편주의냐 문화 다원주의냐'라는 쟁점이 현실 세계에서 실제로 어떻게 나타나는지를 보여주는 좋은 사례다. 뒤에서 보겠지만 몹시 논쟁적인 보편주의 대 문화 다원주의라는 주제는 인권의 사회과학적 연구에 대단히 큰 의미가 있다.(Pearce, 2001년; Donnelly, 2003년)

인권 분야 인류학자들의 연구를 이어받아 사회학적 접근에서는 보편성 주장과 문화적 민감성 사이에서 균형이 필요하다는 신중한 자세를 유지한다.(Goodale, 2006년) 전 지구적 차원에서 인권 실행이라는 지속적인 진보를 이루기 위해서 우리는 전 세계적으로 구속력 있는 인권의 틀을 마련하려는 욕구로 볼 수 있는 보편주의와, 전 세계의 수많은 문화 전통을 보호하려는 욕구로 볼 수 있는 문화 다원주의를 어떻게든 화해시킬 필요가 있다.

이를 위해 우리는 인권 사상이 다양한 원천 ― 근대와 당대, 서구와 비서구, 세속과 종교, 정치 이념의 다양한 스펙트럼에서 상당히 넓은 부분—에서 비롯된다는 점을 인정해야 한다. 인권 사상은 역사적 시간대와 지리적 공간대를 가로질러 변화한다. 권리 꾸러미 개념은 지구화 시대에 어떻게 하면 보편주의와 문화 다원주의를 함께 수용할 것인가 하는 질문에 중요한 실마리를 제시한다. 따라서 이 책은 끊임없이 제기되는 하나의 질문, 이른바 인권의 서구 기원론으로 인해 인권이 비서구 문화권에는 적용되기 어렵다는 주장을 해결할 수 있는 방안을 제시한다. 흥미롭게도 인권 서구 기원론 같은 주장은 유럽 중심주의를 비판하는 사람들—서구의 고유한 사상을 비서구권에 강요하지 말라고 비판함으로써 뜻하지 않게 서구의 '혁신성'을 반대로 인정하고 마는—에게서도 간혹 발견할 수 있다. 이런 주장에 대한 적절한 응답은 서구의 인권 개념과 비서구의 인권 개념이 어떻게 사용되고 오용되는지를 정확히 포착하는 것이어야 한다.

그런 목적을 위해 이 책에서는 비서구 문화권이, 하나의 사회적 구성물로서 '서구' 개념이 등장하기 전, 유럽 계몽주의의 전성기, 유엔 체제의 창설과 확대, 그리고 여러 국가에서 대규모 국민 동원 현상이 나타난 최근 시기까지 언제나 인권 사상에 큰 기여를 해왔다고 주장한다.(Ishay, 2008년) 또한 이 책은 보편주의가 반드시 유럽 중심적일 필요는 없다고 주장한다.(Amin, 2010년)

실제로 이 책은 다음과 같은 수사적 질문을 하고 또 답변한다. 우리가 왜 유럽 중심주의자들에게 보편주의를 맡겨야 하는가. 솔직히 말하면 꼭 그렇게 해야 할 아무런 이유가 없다. 그렇더라도 우리는 보편주의를 이미 완성된 사실로 상상할 게 아니라 계속해서 추진해야 할 미완의 프로젝트로서 상상해야 한다.(Pearce, 2001년; Donnelly, 2003년) 앞으로 차차 알게 되겠지만 진정한 보편주의를 구축하려면 여러 문명 사이의 제한 없는 대화가 필요하다.

진정으로 전 지구적이고 비서구적이고, 옹호 가능한 보편주의를 찾기 위해 권리 꾸러미를 상상하고, 성찰하고, 토론하는 일은 그저 지적인 연습이 아니다. 그 과정은 현실 세계에서 자신의 현실 참여를 지향하는 방식이 될 수도 있다. 요컨대 권리 꾸러미를 발전시키는 것은 지금의 문제, 즉 국가 간 전쟁, 내전, 빈곤, 불평등, 착취, 문화 배제, 환경 파괴, 그리고 뉴스에 크게 보도되는 문제들에 개입하기 위해 사회학을 활용하는 방법이 된다는 뜻이다. 분명히 학자나 학생들은 각자 현실 세계를 개선하기 위해 사회학적 연구를 활용하는 자기만의 방법이 있을 것이다. 인권을 명분으로 삼아 개입하는 데에 소극적인 사람도 있을 수 있고 적극적인 사람도 있을 수 있다. 이 문제에는 여러 다양한 접근 방식이 있을 것으로 예상하는 편이 합리적일 것이다.

인권, 봉사 학습, 시민 참여

이 책은 미국의 대학 교육에서 봉사 학습(service learning)*과 시민 참

봉사 학습 교과목에 사회 봉사 활동을 통합한 학습 방법이다. 교육 목표의 하나로 잘 계획되고 조직된 사회 봉사 활동과 그 활동의 성찰적 분석을 통해 학습 성과를 배가하고 시민적 책무성을 기를 수 있도록 하는 학습을 뜻한다.

여(civic engagement)*에 관심이 늘고 있는 추세를 환영한다. 봉사 학습과 시민 참여는 공익을 위해 학문의 전문성을 활용하고, 지구화 시대에 적극적인 시민 정신을 학생들이 준비하는 활동이다. 봉사 학습 과목을 수강하는 학생들은 독서 자료를 읽고 토론 수업에 참여하고 보고서를 제출하는 것 외에도 지역 사회의 자원 활동에 참여해야 한다. 예를 들어 무료 급식소, 도시 텃밭, 병원과 진료소, 요양원, 지역 사회 센터, 청소년 클럽, LGBT 지원 그룹과 그 밖의 여러 활동에 참여한다. 봉사 학습의 교육적 의의는 공동체 봉사 활동을 통해 자신이 배운 바를 실천함으로써 더 깊고 지속적인 배움을 얻을 수 있다는 점이다. 한편 학생들은 강의실에서 배운 이론과 개념과 주제를 지역 사회 구성원들이 겪고 있는 실제 문제에 적용해볼 수 있다. 또한 학생들은 지역 사회 단체들과 함께 활동한 경험을 강의실로 다시 가져올 수 있다. 봉사 학습이 사회 문제와 정책 논쟁과 직접 관련 있는 사회과학 과목에서 제일 좋은 효과를 낸다는 점은 두말할 나위도 없다. 하지만 창의적인 교수들이 역사학, 철학, 예술, 음악 같은 학문에서도 봉사 학습을 적용할 수 있는 방안—예를 들어 초등, 중등 학생들에게 이런 분야를 가르치는—을 개발해 왔다. 이런 시도는 대학 시스템이 인권 교육과 실천의 현장이 된다는 면에서 무척 고무적이다.

과목의 필수 커리큘럼과 봉사 학습의 모든 단계에 인권과 관련된 요소를 포함하는 것은 얼마든지 가능하다. 그러나 인권에 대한 '관심'과

시민 참여 공동체의 공적인 문제를 해결하기 위해 시민이 개별적 혹은 집단적으로 공적 가치를 옹호하고 변화를 시도하는 모든 활동을 뜻한다.

특정 정당의 정강 정책 또는 특정 사회 운동 조직의 프로그램은 확실히 구분해야 한다. 이런 구분을 고려하면서 이 책은 인권 교육의 취지를 적극 수용하면서도 인권을 실현할 수 있는 길 중에서 어느 한 경로만 강조하지는 않을 것이다. 사실 인권 교육의 목표 중 하나는 전 세계로 인권을 확산시키는 데 **여러 가지** 방안이 있을 수 있음을 학습자에게 보여주는 것이다. 그 결과 인권 교육은 기존의 인권 정전을 중심으로 삼아 진행되는 경향이 있다.

이 책의 첫 번째 집필 목표는 아니지만 어쨌든 이 책은 사회과학을 전공하는 학사, 석사, 박사 학생들, 그리고 사회사업, 임상심리학, 간호학 등 전문직을 준비하는 학생들이 인권을 훈련할 수 있는 방법을 모색한다. 이 목표는 홈페이지와 온라인 코스, 현장 조사를 통해 인권 이론과 실천을 위한 각종 자료와 내용을 제공하는 비정부 기구인 인권교육협회(Human Rights Education Associates)의 사명과도 방향이 일치한다. 저명한 인권 NGO인 국제앰네스티 역시 인권 교육을 중요한 활동 사명으로 여긴다.

어쩌면 인권 교육이 학생들의 세계 시민 교육(global citizenship education)을 위해 최선의 도구를 제공할 수 있을지 모른다. 학생들에게 전 지구적 협치(governance)와 지역 차원의 협치, 보편주의 대 문화적 특수성, 공적 재화 대 사적 재화, 시장의 역할, 사회 프로그램의 목표, 문화적·환경적 다양성 보호의 중요성, 그리고 궁극적으로 정부와 시민 사회 구성원들로부터 어떤 것을 기대할 수 있을지에 관해 논쟁을 통해 생각하도록 격려하기 때문이다.

더 나아가 학생들이 봉사 학습 활동을 하면서 빈곤, 배제, 도시 쇠퇴, 가정 폭력, 괴롭힘, 차별, 환경 훼손과 여러 문제들을 해결하려고 노력하는 인권 관련 NGO, 지역 사회 단체들과 오래 지속적으로 관계를 맺을 수도 있다. 적어도 봉사 학습은 학생들에게 강의실에서 배운 내용을 실천으로 적용할 수 있도록 가르칠 뿐만 아니라, 공통의 목적을 위해 배경이 다양한 사람들과 함께 일하는 방법을 가르친다.

봉사 학습과 시민 참여는 대학뿐만 아니라 사회과학의 여러 분과 학문을 대변하는 학술 단체들의 폭넓은 지지를 받고 있다. 모든 학술 단체들은 정관에 윤리적 기준을 규정하고 있다. 이런 기준들은 연구 활동과 관련된 윤리뿐만 아니라, 지역 사회와 전체 사회 그리고 모든 인류를 도울 전문직으로서 의무를 다룬다. 원칙적으로 이러한 윤리 규정들은 인권과 관련된 사안으로 아주 쉽게 전환될 수 있다. 특별히 중요한 사례를 하나 들어보자. 1966년의 〈사회권 규약〉 15조에 나와 있는 과학과 기술의 혜택을 누릴 권리와 과도한 과학 연구와 기술 발전으로부터 보호받을 권리는 미국과학진흥협회(AAAS)의 사회 활동에서 중요한 근거이다. 사회학, 인류학, 지리학을 포함한 여러 사회과학 분과 학문들은 이 협회의 자연과학 분야에 대응하는 '과학과 인권 프로그램'에 참여하여 활동한다. 〈사회권 규약〉 15조의 의미를 학문적으로 분석한 책으로 《인권에 봉사하는 과학(Science in the Service of Human Rights)》을 참고하면 된다.(Claude, 2002년) 이러한 프로그램들은 그 본질상 과학적 절차와 엄밀성을 유지하기 위해 큰 힘을 기울이면서 사회 문제, 환경 훼손, 육체와 정신의 건강, 범죄, 국가 간 전쟁, 내전, 인도적 재난 사태와 인간 복리와 관련된 쟁점에 관한 연구를 장려한다.

다른 학문 분야의 연구자들과 마찬가지로 권리에 초점을 두는 사회학자들도 자신의 연구가 일반 대중에게 끼칠 영향에 대해 세심한 주의를 기울인다. 사회학자들이 참여한 학술 단체에서 인권 분야에 학문적으로 개입한 사례를 살펴보자. 가장 적합한 사례를 들자면, 전 미국을 아우르는 전문적 사회학자들의 단체로서 미국 최대 규모의 연례 사회학 학술 대회를 주최하고, 여러 종류의 전문 학술지를 발행하는 미국사회학회(ASA)는 2008년에 인권 분과를 창설했다. 전 세계 사회학자들의 모임인 국제사회학회(ISA)도 인권과 전 지구적 정의 연구 분과를 2006년에 창설했다. 미국사회학회와 국제사회학회는 독자적인 분과 학술 영역으로 인권사회학을 제도적으로 육성하기 위해 큰 노력을 기울여 왔다.

이 책은 여러 면에서 필자가 그간 이런 학술 단체에서 활동해 온 결과에 바탕을 둔다. 필자는 미국사회학회 인권 분과의 총무와 국제사회학회 인권과 전 지구적 정의 연구 분과 회기의 기획자로 일했을 뿐만 아니라, 미국과학진흥협회의 과학과 인권 프로그램을 위한 협의회 및 지도위원회의 위원으로 일해 왔다.

결론적으로 이 책은 권리에 초점을 둔 사회학의 통찰을 학생, 학자, 정책 결정자, 활동가, 일반 대중에게 확산하는 목적뿐만 아니라, 독자들이 인권에 관한 토론에 적극적으로 참여하도록 초대할 목적으로 기획되었다. 달리 말하면 이 책은 사회학의 통찰을 활용하여 독자들이 인권을 중심으로 삼아 형성된 인식 공동체에 합류할 수 있도록 도우려 한다.

토론을 위한 질문들

• 인권의 실제 사례를 들고 그 사례를 사법적 관점에서, 그리고 사회(과)학

  적 관점에서 각각 분석해보시오.

• 인권사회학에 내재된 인식론적 요소는 무엇인가.

• 보편주의와 문화 다원주의의 이분법을 극복할 수 있는 방법은 무엇인가.

들어가며

사회학으로 인권 생각하기

이 책은 학부와 대학원 학생, 학자, 정책 결정자, 활동가들에게 최근에 등장했지만 학계에서 빠르게 성장하고 있는 인권사회학의 이론과 실질적 쟁점을 소개한다. 철학자, 법학자, 정치학자들은 오랫동안 인권에 큰 관심을 기울여 왔지만, 사회학자들이 사회학적 렌즈를 사용해 인권의 사회적 기반과 함의를 조사하기 시작한 것은 최근에 들어서였다. 이런 이유로 이제 막 출발했다고 할 수 있는 신생 학문인 인권사회학은 이론, 방법론, 내용상의 지향 등에서 다원적인 성격을 유지하고 있다.(Cushman, 2011년)

하지만 인권사회학에는 특징적인 이론적 방향성이 처음부터 존재해 왔다. 1990년대 중반에 '몸의 사회학적 이론'으로 인권을 설명하려한 시도가 있었고(Turner, 1993년), 인권의 사회 구성주의 이론도 출현했다.(Waters, 1996년) 그 후 사회학적 도구를 써서 현대 세계에서 인권의 언어와 실천을 설명하려는 시도가 나와서 후속 연구의 시발점이 되었다.(Sjoberg 외, 2001년) 또한 인권을 형성하는 데 아프리카적 관점의 중요성을 강조하면서, '서구'와 '비서구' 사이의 인권 개념의 상반성을 마치 실제로 존재하는 것처럼 실체화하지 말 것을 촉구한 연구도 나왔다.(Pearce, 2001년) 마지막으로, 국민 국가들이 국제법을 만들고 실행하고 집행하는 과정과 관련된 법제화 논쟁과 갈등뿐만 아니라, 권리 주장에서 대중 동원의 역할도 사회학자들이 조사해야 한다고 주장하는 연구도 나왔다.(Hajjar, 2005년)

이런 주장들이 나온 직후부터 2006년 국제사회학회의 인권과 전 지구적 정의 연구 분과, 그리고 2008년 미국사회학회의 인권 분과에서 인권 사회학이 본격적으로 자리를 잡기 시작했다. 이 당시 사회학자들은 다른 학문의 학자들이 이미 축적했던 연구 결과를 보완할 목적으로 인권 규범과 정책과 법을 형성하고, 해석하고, 실행하고, 집행하는 데 영향을 끼치는 경제적·정치적·사회적·문화적 힘을 설명하려고 했다. 사회학자들은 인권이 인간의 고정불변한 속성이라고 보지 않고, 역사적 시간대와 지리적 공간대에 따라 크게 달라지는, 논쟁의 여지가 많은 주장이라고 개념화했다.

인권사회학이 시작될 때부터 다음과 같은 질문이 있었다. 즉, 역사 속에서 인권은 어떤 식으로 형성되고 축적되는가. 본질적으로 사회학자들은 진보의 필연성을 믿는 계몽주의 입장과 진보의 가능성을 의심하는 탈근대적 회의주의 사이에서 중간 정도의 지대를 모색한다.

한편 학자와 정책 결정자들이 매우 중요한 문헌으로 여기는 미국의 〈독립 선언문〉(1776년)과 프랑스혁명의 〈인간과 시민의 권리 선언〉(1789년)

이 나온 이래 전 세계적으로나 국민 국가 내에서나 인권이 꾸준히 형성되어 왔다는 점은 분명하다.(Lauren, 2003년) 다른 한편 인권이 자연이나 그 외의 어떤 초역사적 힘에 의해 직선적으로 형성되지 않았을 뿐만 아니라, 비서구 문화권—'서구'가 사회적 구성물로 확정되기 이전의 고대 세계와 현대 세계—이 인권의 발전에 기여한 바가 무척 크다는 점 또한 명백하다.(Lauren, 2003년)

현대의 인권 개념은 유럽이 자의식을 지닌 하나의 독립체로 등장하기 오래전부터 인간의 존엄을 강조했던 고대의 종교 전통에서 비롯되었을 뿐만 아니라, 유럽인에게 정복당하고 식민 지배를 강요당했던 비서구인들로부터도 크게 영향을 받았다.(Lauren, 2003년; Ishay, 2008년) 그 결과, 사회과학자들은 인권의 역사성에 깊이 주목하면서 동시에 서구 중심주의를 비판한다. 유럽 중심주의란 세계의 여러 지역이 유럽을 모델로 삼아야 한다고 주장함으로써 비서구인들이 인권의 원칙 형성에 기여한 내용, 예를 들어 과거 식민지에서 민족의 자기 결정권을 모색했던 공헌을 과소평가하는 관점이다.(Blaut, 1993년; Nandy, 1995년; Amin, 2010년) 어느 저명한 인권학자는 이렇게 지적한다. "제3세계 외교관들은 유엔 인권 프로젝트 역사상 가장 중요한 사건에 핵심적인 기여를 했다. 이들의 주장은 인권 보편성 논쟁의 방향을 전환했다. 제3세계가 투표권을 적극적으로 행사함으로써 가장 권위 있는 두 개의 인권법, 즉 〈사회권 규약〉과 〈자유권 규약〉의 형태가 결정되었던 것이다."(Burke, 2010년: 1-2)

요약하면 인권 정전은 오늘날 탈식민주의 학자들로부터 비판을 받기는 하지만, 2차 세계대전 이후 제3세계의 사회 운동, 각국 정부와 학자들의 영향을 반영하는 문헌이다. 이러한 통찰은 역사의 사소한 세부 사항이 아니라 순수하게 전 세계적이고 유럽 중심주의가 아니며 정당한 보편주의를 추구하는 데 중요한 의미가 있다. 이런 점을 다루려는 것이 이 책이 지향하는 주요 기능 중의 하나다. 정확한 용어 사용을 위해 다음 사실을 지적할 필요가 있다. 즉, 미국이나 서유럽이나 일본 등 부자 나라들로 이루어진 '제1세계', 그리고 소련과 동유럽의 위성 국가들이었던 '제2세계'로부터 탈식민 신생 독립국들을 구분하기 위해 1950년대에 널리 쓰이기 시작한 개념인 '제3세계'라는 용어가 이제 대다수 문헌에서 '남반구(Global South)'라는 용어로 대체되었다는 점이다. 이 책에서는 1945년 종전 직후 상황의 인권 개념을 기술할 때는 '제3세계'를, 오늘날의 인권 개념을 검토할 때는 '남반구'를 사용한다.

사회학자들은 학문적 훈련과 사회학의 성향 때문에 인권의 **사회적** 특성을 강조하는 경향이 있다. 인권이 인간의 생리적 특성 그리고/또는 타인과 어울려 살고 싶어 하는 사회적 특성—이 점은 사회학 문헌에서도 계속 다뤄지면서, 인권의 보편성에 잠재적으로 큰 영향을 끼치는 철학적 질문이기도 하다.—에 토대를 두고 있을 수도 있지만, 깨어 있는 정치인과 법조인들의 노력만이 아니라 보통 사람들의 조직된 투쟁을 통해서도 인권이 성취된다는 점 또한 분명하다. 다시 말해, 권리를 침해당한 당사자, 사회 운동 조직, 비정부 기구 같은 세력도 인권을 중심으로 해 형성된 인식 공동체에 참여한다는 뜻이다. 이런 측면에서 보면 미국에서도 인권의 이름으로 대규모 동원이 일어났던 수많은 사례가 있다. 사회학자들은 유색인종, 노동자, 여성, LGBT 공동체, 이주자, 장애인들의 투쟁에 주목하면서, 인권이 국가 차원에서 확립되었을 때 권리를 침해당한 당사자들이 국가를 비롯한 다른 집단과의 관계에서 어떤 방식으로 자력화되는지에 특히 관심을 기울인다.

이 책에서는 인권 운동이 사람들의 권리 주장을 증진하는 역할을 계속 논할 것이다. 그와 동시에 이 책은 인권 운동이 원하는 바를 언제나 성취하는 것은 아니라는 점, 그리고 인권 투쟁의 실제 결과를 국가 차원의 정책이라는 측면에서 평가하면 다소 모호하고 불안정하기도 하다는 점을 강조하려 한다. 따라서 어떤 특정 인권 운동이 어떤 법안을 '제정'하도록 했는지를 확인하기도 어렵고(여러 단계에서 정책적 중재가 개입하기 때문에), 정책이 시간이 지나도 지속될 수 있을지 예측하기도 쉽지 않다.

왜냐하면 모든 정책이 정책 동맹의 변화, 정치적 환경의 변화, 심지어 경제 상황의 변화로 인해 바뀌곤 하기 때문이다. 따라서 인권사회학자는 권리에 초점을 둔 투쟁으로 인해 국가 정책과 권력 관계의 변화라는 측면에서 영구적인 결과와 산출물을 야기했는지에 관해서 신중한 자세를 유지해야 한다. 이런 측면에서 볼 때, 사회 운동의 결과와 산출물에 관한 연구는 특히 인권 연구에서 유용한 자료가 된다.(Giugni, 1998년: Amenta 외, 2010년)

사회과학자들은 인권 관련 기관, 평화학과 정의학 관련 프로그램, 대학의 사회학과 등에서 근무하든, 또는 개인 역량으로 활동하든 간에, 인권이 사법 시스템뿐만 아니라, 공공 정책 결정, 사회 운동, 여러 사회들 사이의 규범 전파, 문화 양식의 보존, 자연환경의 보호에도 중요하다는 점을 점차 인식하고 있다. 초국적 기업, 국가의 중앙 정부와 지방 정부,

지역 사회, 가족, 개인 같은 사회적 행위자 사이의 관계를 규율하는 보호 권리와 수급 권리를 인권이라고 정의할 수 있다면, 이 책에서는 인권에 관한 사회학적 관점을 설명하면서 지금까지 인권의 분석에 발자취를 남겨 온 정치학, 인류학, 지리학 같은 사회과학의 공헌 위에서 사회학적 공헌을 보완하려고 한다.

근본적 질문

인권에 관한 사회학의 관점이 얼마나 유용한지를 예시하기 위해 이 책은 중요한 질문 두 개를 던진다. 첫째, 인권 영역의 학문과 실천에 사회학자들은 어떤 기여를 할 수 있는가. 이 질문에 대한 간명한 답변은 다음과 같다. 사회학자들은 인권의 규범, 법률, 조약, 제도, 실행의 기원과 진화와 미래를 분석하는 데 신선한 관점을 제시할 수 있다. 더 정확히 말해 사회학자들, 특히 정치경제-발전, 사회 운동, 정치와 국정의 내부 메커니즘, 법률 등에 관심이 있는 사회학자들은 대중이 불만을 표출하게 되는 상황을 의미하는 **권리 조건**(rights conditions), 사회적 행위자들이 인권 정전의 해석을 놓고 새로운 고안을 하거나 확산시키는 **권리 주장**(rights claims), 정치적 권위체가 권리 주장을 받아들여 정책이나 법을 제정했을 때 사회적 행위자들이 자력화되거나 그리고/또는 제약을 받게 되는 **권리 효과**(rights effects), 그리고 현재 존재하는 질서의 비판자들이 제안하고 옹호하는, 서로 연결된 권리들의 뭉치를 뜻하는 **권리 꾸러미**(rights bundles)를 잘 분석할 수 있는 능력이 있다. '권리 꾸러미' 개념은 취득한 토지에 따라오는 연관 권리들을 의미하는, 물권법 영역에서 차용한 새로운 개념이다.(Klein and Robinson, 2011년) 책의 후반부에서 이 네 가지 개념을 더 자세히 다룰 것이다.

논지를 분명히 하기 위해 간단히 말하자면, 정치경제-발전사회학*은 현대 자본주의의 작동 방식에 집중하는 분야이므로 '권리 조건'을 분석할 수 있는 조건을 갖추고 있다. 덧붙여서 문화사회학 역시 권리 조건의 분석에 기여할 수 있을 것이다. 조직 구조, 전략과 전술, 사회 운동 조직의 프레임 방식에 특히 주목하는 사회 운동론은 '권리 주장'을 검토하기에 유용하다.

권력의 블록, 정당, 입법 과정 등을 중점적으로 연구하는 정치사회학은 '권리 효과'를 탐구하기에 적합하다. 정치경제-발전사회학이나 사회 운동론 또는 정치사회학은 독자적인 관심사를 지닌 중요한 학술 분야이므로 반드시 인권만을 연구해야 할 의무는 없지만, 인권 연구를 위해 의미 있게 동원할 수 있는 학문들이다. 더 나아가, 세 가지 접근 방식을 함께 활용하면 '권리 꾸러미'라는 형태의 규범적인 제안을 할 수 있는 장점이 있다. 따라서 본 연구는 인권에 관한 관심을 부각하기 위해 정치경제-발전사회학, 사회 운동론, 정치사회학, 이 세 가지 접근의 잠재적인 연구 경향을 최대한 활용하려 한다.

경제적 불평등과 빈곤, 문화적 배제, 환경 훼손 같은 인권 문제를 해

---

* political economy/development sociology를 '정치경제-발전사회학'으로 번역했다. 통상 신고전주의 경제학에서는 '정치경제'를 주로 강단경제학을 넘어 경제 현실의 진단에 근거하여 정책적 처방을 제시하는 의미로 사용한다. 정치경제를 연구하는 사회학에서는 정치와 경제의 교차점에서 발생하는 변화의 동인, 행위 주체, 권력 변동, 그 효과 등을 다룬다.

결함으로써 혼란스런 지구화 시대에 필요한 변화에 부응하기 위해 고안한 구체적인 권리 꾸러미는 이 책에서 여러 번 예로 들겠지만 특히 6장에서 상세하게 다룰 것이다. 독자들도 지역, 국가, 전 지구적 차원의 문제를 스스로 평가한 바에 따라, 그리고 자기 가치관에 근거를 두고 자신이 생각하는 권리 꾸러미를 직접 고안해보면 좋겠다. 이런 제안을 하는 이유는, 한 사람의 교육, 직업, 사회적 지위, 시티즌십 또는 인종, 젠더, 성적 정체성과 무관하게 누구라도 인권의 인식 공동체에 참여하는 것 자체가 바로 인권이라고 전제하기 때문이다.

둘째 질문은 다음과 같다. 학제 간 연구 영역인 인권이 사회학에 학문적으로 어떤 도움을 줄 수 있는가. 사회학자들은 유엔 기구, 비정부 기구, 사회 운동 조직, 지역 사회 단체의 활동에 호응하여 빈곤, 제도적 인종주의, 성차별, 동성애 혐오, 외국인 혐오에서 비롯되는 사회 불평등, 문화적 배제, 환경 훼손 등을 '사회 문제'로 개념화할 뿐만 아니라, 이런 이슈들을 점점 더 '인권 문제'—경제적·사회적·문화적·환경적 권리에 관한 새로운 원칙적 규범을 위반하는 관행과 권력 구조의 문제—로 개념화하기 시작했다. 따라서 사회학자들은 이러한 규범들—인권, 다문화주의, 문화적 다원주의, 환경 정의가 서로 뒤얽힌 담론들—이 전 지구적 현실을 어떻게 구성하고 있는가 하는 질문에 관하여 학제 간 연구를 축적해 왔다.(Khagram 외, 2002년) 그 과정에서 사회학자들은 인권에 관한 규범이 진공 상태에서는 작동하지 않는다는 사실을 입증했다. 사회학이라는 학문 전체가 인권 연구의 방향으로 발전할 것인지는 더 두고 봐야 하겠지만, 인권에 대한 관심이 사회학의 전체 분야, 특히 사회 운동론, 정치사회학, 법사회학, 사회 이론 등에서 크게 늘어난 것은 분명한 사실이다.(Cushman, 2011년; Brunsma 외, 2012년)

인권의 초대

초대(invitation)라는 영어 단어는 라틴어의 인비타티오(invitatio)에서 비롯되었는데, 누군가를 친절하게 대하고 그 사람을 즐겁게 해준다는 뜻만 아니라, 누군가에게 어떤 고귀한 목표를 강력하고도 정열적으로 추구해보라고 자극을 준다는 뜻도 있다. 따라서 이 단어는 어원의 원래 의미와 라틴어 외의 다른 언어들로 표현되면서 진화된 의미를 덧붙이게 되었으며, 오늘날에는 '가치 있는 일을 고무하고 격려한다'는 뜻도 품게 되었다. 서구의 관습상, 사적인 모임이든 공적인 행사이든 초대를 할 때 원래는 제한된 청중만을 초대하는 경향이 있다.

그러므로 초대할 인원이 여러 요인에 의해 정해지는 건 무척 당연하다. 조합의 회원 수, 회사의 직원 수, 사회 관계망의 참여도, 지역의 거주민 수 등을 감안해서 초대 범위를 정하게 된다. 비서구권에서는 초대의 형태가 서구권과는 크게 다르다. 따라서 '초대'처럼 겉으로는 기초적으로 보이는 개념도 다양한 문화적 틀을 통해 다르게 볼 수 있어야 한다.

보편주의와 문화적 다원주의의 긴장을 해소해야 할 중요한 과제를 염두에 두고, 사상, 규범, 정책, 법규, 제도, 실천의 형태로 인권의 본질, 범위, 적용 가능성에 관한 집단적인 대화에 참여를 요청하기 위해 아주 넓은 범위의 청중에게 초대장을 보낼 수 있다. 실제로 193개 주권 국가에 거주하며, 다양한 문화적 의례에 참여하고, 수천 개의 언어를 사용하며, 수많은 종교적·정신적 전통에 속해 있으며, 극히 다양한 생태계에서 살고 있는 77억 인류를 모두 초대할 수 있다는 뜻이다.

이 책은 인종, 계급, 젠더, 성적 지향, 국적, 종교적 선호, 장애 또는 기타 개인적 특성과 무관하게 모든 사람들이 누릴 수 있어야 하는, 흔히 시민적·정치적 권리라고 부르는 '보호 권리(protections)'와 경제적·사회적 권리라고 부르는 '수급 권리(entitlements)'를 인권으로 규정한다. 그러면서 인권의 교의, 정책, 제도, 실천의 성공과 좌절, 약속과 한계에 관해 지속적인 문화 간 대화에 참여해 달라고 청하는, 자유 개방형 목표를 담은 초대장을 모든 사람들에게 보낸다. 따라서 이 책의 핵심 메시지는 이렇다. 즉, 정치학, 인류학, 지리학 등 사회과학 인접 분과 학문들의 기여를 보완하는 관점이라 할 수 있는 사회학적 관점은 인권에 관한 수많은 갈등과 투쟁에 독창적인 통찰을 제공할 수 있다는 것이다. 그와 동시에, 인권에 관한 갈등과 투쟁을 관찰해보면 사회적 행위자들이 어떤 행동에 나설 때 일종의 '지식'이 중요하다는 점을 알 수 있다. 따라서 갈등과 투쟁에 관련된 '지식'을 사회학적으로 분석하면, 사회 운동 조직과 국가의 관계, 대중 동원과 정책 산출물 사이의 중재 과정, 각국 정부의 행동에 영향을 끼치는 비정부 기구와 유엔 기구들의 역할을 새로운 시각으로 볼 수 있다. 이러한 이유로 인권의 사회학적 분석은 현 시대 전 지구적 협치에 관해 늘어나고 있는 연구 성과에 중요하게 기여할 잠재력이 있다는 결론을 내릴 수 있다.(Wilkinson, 2005년)

인권의 딜레마

전 세계적으로 인권이 상호 연결되어 있는 특성 — 지구화로 인해 인권 침해에 관한 대중의 인지도가 늘고, 인권 구제에 관한 대중의 논의가 증가한 현실 — 을 조명하려는 목적으로 쓰인 이 책은 무척 중요한 하나의 딜레마와 씨름해야 한다. 한편으로 인종, 계급, 젠더, 성적 지향, 국적, 문화, 종교적 귀속 또는 무종교, 나이, 장애 유무 같은 여러 정체성의 특징과 무관하게 모든 인류가 지닌 '속성' 또는 '특성'이라고 이해할 수 있는 인권은 그 개념 자체가 **전 지구적**인 것이다. 이 점은 유엔과 관련된 다수의 조약과 선언 — 전체적으로 **인권 정전**을 구성하는 — 에 반영되어 있을 뿐만 아니라, 더 중요하게는 전 세계 차원에서 인권의 확장과 감시와 집행을 추구하는 비정부 기구, 사회 운동 조직, 지역 사회 단체, 개인들의 활동에도 반영되어 있다.

다른 한편 지구화로 인해 경제적·정치적·사회적·문화적 통합이 늘어났지만 세계는 여전히 193개의 개별 국민 국가로 이루어져 있고, 각 나라가 자기 주권을 행사할 수 있는 별개의 정치적·법적 관할권을 보유하는 이질적 공동체라는 사실이다. 그 결과, 인권에 관한 법률을 입안하고 제정하거나 집행할 수 있는 — 또는 그렇게 하지 않을 수 있는 — 193개의 독자적인 시스템이 존재하는 셈이다. 국민 국가들 사이 심화된 상호 작용, 그리고 무역 정책의 자유화와 소비 지상주의의 확산으로 크게 늘어난 초국적 기업의 역할에도 불구하고, 개별 국민 국가는 강제력을 합법적으로 사용할 수 있는 독점자뿐만 아니라, 민사 재판과 형사 재판을 통한 사법권의 중재자로서, 그리고 흔히 시민적 · 정치적 권리를 위한 '보호 권리'와 경제적 · 사회적 권리를 위한 '수급 권리'의 제공자로서 상당히 큰 권위와 영향력을 유지해 왔다. 유엔은 193개 개별 국가로 이루어진 시스템이며, 유엔과 협의 지위(consultative status)가 있는 여러 비정부 기구들과 함께 유엔 전문가들도 개별 국가의 인권 정책에 상당히 큰 영향을 끼치긴 하지만, 국민 국가는 지금도 인권의 존중 혹은 위반에 관해 필요한 조치를 취하거나 혹은 취하지 않을 수 있는 중요한 행위자임에 분명하다. 요컨대 권리를 침해당한 당사자들, 비정부 기구 동맹, 그리고 유엔 기구들이 인권 이행을 위한 영향력을 발휘하려면 그것이 시민적 · 정치적 권리이든, 경제적 · 사회적 권리이든, 문화적 · 환경적 권리이든 간에, **국민 국가**에 새로운 입법이나 정책을 촉구하는 수밖에 없다.

이에 더해 문제를 복잡하게 하는 요소가 또 있다. 인권 규범은 설령 그것이 정책 결정자와 인권 주창자들로부터 넓은 의미에서 동의를 받고 있는 것처럼 보일 때도 다양한 문화권 내에서 여과 과정을 거쳐야 한다. 각 문화권은 인권 정전을 해석하고 권리 주장을 공식화하는 고유의 문화적 매트릭스가 있기 때문이다.(Khagram 외, 2002년) 따라서 우리가 생각할 수 있는 그 어떤 성격의 보편주의라 해도 문화적 다원주의의 현실을 진지하게 고려해야 한다. 이 점은 인권 공동체의 모든 구성원이 반드시 직면해야 하는 영원한 문제라 할 수 있다.(Pearce, 2001년) 뒤에서 보겠지만 '보편주의 대 문화 다원주의' 문제는 국민 국가 내에서 그리고 국민 국가들 사이에서 여러 방식으로 표현되는 사안이다.

인권 공동체

유엔, 비정부 기구, 정부 관리들이 흔히 사용하는 말이긴 하지만 '인권 공동체(human rights community)'라는 개념은 자세한 설명이 필요하다. 이 책이 인권 이론과 실제를 다루는 전문가들의 연구를 독자들이 직접 관찰하도록 초대할 뿐만 아니라, 인권 관해 상상 가능하고 타당성이 있으면서 바람직한 국가 정책과 전 지구적 협치가 과연 무엇일까라는 논의에 독자들이 적극적인 참여자가 되도록 초대하기 때문이다. 이런 점은 급격한 경제 통합, 그것과 연관된 자본, 상품, 정보, 문화적 인공물과, 목숨을 걸고 국경을 넘을 수밖에 없는 이들로 이루어진 현 지구화 시대에 특히 중요할 것이다.(Wilkinson, 2005년) 지구화와 관련하여, 해방적 잠재력의 관점에서든 점차 악화되는 불평등의 관점에서든 인권의 전망과 한계를 추상적으로 논의하는 것은 불가능하진 않겠지만 대단히 어려운 일이다. 달리 말해 지구화는 양면성을 지닌 현상이며, 이런 상황에서 갈등 관계에 있는 권력 블록과 지지 세력의 요구에 맞춰 인권을 적절한 형태로 구성할 수 있다는 뜻이다.

이런 면을 고려하면서 이 책에서는 다음과 같이 가정하여 논의를 진행하려 한다. 예를 들어 북반구와 남반구 사이, 국가 행위자와 비국가 행위자 사이, 엘리트와 비엘리트 사이, 대학이나 유엔이나 정부의 후원으로 국제 회의에 참석할 수 있는 사람과 그렇지 못한 사람들 사이에 권력의 격차가 존재하는 것은 분명한 사실이지만, 이 책에서는 일반적으로 개념화되는 것 이상으로 다양하고 불균등한 실체로서 '인권 공동체'를 가정한다. 따라서 학문적으로나 정책 결정에서 인권 공동체의 다양성과 내적 편차가 큰 현실을 공식적으로 인정하는 태도가 반드시 필요하다.

　더 나아가, 이른바 전문가가 아닌 사람들, 특히 활동가들은 그들의 전문성과 상관없이 인권 공동체의 구성원 자격을 당당하게 요구할 수 있어야 한다. 실제로 인권 공동체의 구성원으로 인정받는 것 ─ 예를 들어 인권 정보 접근성을 보장받는 것 ─ 자체가 하나의 기본권을 이룬다는 점에 대해서는 암묵적이긴 하지만 충분치 않은 합의가 존재한다. 앞으로 보겠지만 이런 권리는 인격의 온전한 발전으로 이어지는 교육권, 그리고 민주주의 권리 ─ 또는 최소한 의사 결정에서 대중의 참여를 보장받을 권리 ─ 와도 긴밀하게 연결되어 있다. 교육과 민주주의가 무엇인가 하는 문제는 전 세계 193개국 그리고 수천 가지 문화의 틀 속에서 서로 다르게 해석되긴 하지만, 인권에 관한 정보를 요구할 권리와 의사 결정 과정에 참여할 권리만큼은 거의 보편적으로 인정받고 있다. 이러한 인식을 바탕에 깔고 논의를 건전하게 진행할 수 있을 것이다.

　정치학의 내부와 외부에서, 그리고 국제 기구에 관한 연구와 국민 국가 간의 협력에 관한 문헌에서 중요하게 다뤄지는 '**인식 공동체**(epistemic community)'라는 개념에서 논의를 시작하면 인권에 관한 논의가 대학, 유엔 기구, 비정부 기구, 각국 정부 사이의 공간에서 어떻게 전개되는지 더 잘 이해할 수 있을 것이다. 국가 간 조직(IGO)을 통해서, 그리고 그런 조직과는 별개로 국민 국가들 사이에 나타나는 정책 조율을 놓고 한 저명한 연구자는 '인식 공동체'의 의미를 이렇게 설명한다.

한 영역에서 다양한 분과 학문과 다양한 배경을 지닌 전문가들로 이루어진 '인식 공동체'는 네 가지 특성을 공유한다. (1) 인식 공동체는 규범적이면서 원칙적인 일련의 믿음 체계를 공유하는데, 이는 그 공동체 구성원들의 사회적 행위에 대해 가치에 근거를 둔 판단 기준을 제공해준다. (2) 인식 공동체는 특정 영역에서 핵심적인 문제를 확인하게끔 해주는 인과관계에 관한 분석 관행과 신념을 공유하며, 더 나아가 가능한 여러 정책 옵션과 원하는 결과 사이에 존재하는 여러 차원의 연계성을 설명할 수 있는 근거를 공유한다. (3) 인식 공동체는 전문성의 영역 내에서 지식을 평가하고 확증할 수 있는, 간주관적이고 내적인 판단 기준이라 할 수 있는 공통의 타당성 개념을 공유한다. (4) 인식 공동체는 전문가들의 전문 지식을 활용하여 관심을 기울이는—인간의 복리가 확장될 것이라는 확신에서 비롯된—여러 문제와 관련된, 일련의 통상적 관행이라 할 수 있는 공통의 정책 활동을 공유한다.(Haas, 1992년:3)

위 글의 저자는 인식 공동체의 4대 핵심 요소—(1) 가치관: 인간 복리라는 기본 개념에 근거를 둔 공통의 가치관과 목적, (2) 인과 관계: 사회과학적 연구가 정책의 결과에 기여하는 방식에 관한 공통의 이해, (3) 타당성: 사회과학에서 타당한 판단 기준을 어디서 찾을 것인가라는 질문에 관한 공통의 이해, (4) 정책 활동: 특히 국가 차원에서 성공적인 정책 성과를 위한 공통 관심—를 확정한 후, 인권 공동체가 활동하는 방식에 관해 설득력 있는 설명을 제시한다. 그러나 인권 공동체는 필연적으로 북반구의 소외 계층과 약자만이 아니라, 남반구의 여러 거대하고 다양한 인구 집단 내에서 권리를 침해당한 당사자와 일반인들이 인권에 관해 삶에서 체득한 '사회적 학습(social learning)' 경험을 인권 안에 받아들인다. 세계 도처에서, 불이익을 당한 집단은 자신의 경험의 의미를 이해하려 하며, 자기 집단의 지도자와 지식인들의 중간 역할을 통해 외부와 의사소통을 시도함으로써 인권 사상이 진화하는 데 영향을 끼친다.

예를 들어 분리 정책과 착취와 차별의 상황에서 아프리카계 미국인들이 체득한 사회적 학습은 미국에서 시민권 개념이 형성되는 데 결정적인 영향을 끼쳤다. 이와 비슷하게, 수 세기에 걸친 식민 지배, 문화적 배제, 불공평한 토지 분배 등이 반영된 라틴아메리카 원주민과 농민 공동체의 사회적 학습은 라틴아메리카 대륙 몇몇 나라에서 최근 개정된 헌법에 반영되었을 뿐만 아니라, 북반구 사회 운동 조직의 철학적·이념적 인식 틀에도 영향을 끼쳤다. 후자의 경우, '월가를 점령하라' 운동*, 전 지구적 정의를 위한 동원, 경제 긴축 정책 반대 운동 등의 예를 들 수 있다. 수직적이고 위계적인 조직 형태가 아닌 수평적인 조직 형태, 직접민주주의형 의사 결정 과정, 토지와 공적 공간과 공장을 점거하는 운동은 사파티스타 연대 네트워크*와 세계사회포럼* 같은 조직을 통해 라틴아메리카에서 미국과 유럽연합으로 확산되었다.(Leite, 2005년)

따라서 이 책은 인권의 인식 공동체 주변에 포진해 있는 여러 다양한

'월가를 점령하라' 운동(Occupy Wall Street) 2011년 9월에 미국 월가에서 일어난 시위로, "우리는 99%다"라는 구호를 내걸고 사회적·경제적 불평등과 경제 정책에서 정부의 실책을 비판했다. 2008년 리먼 브라더스 파산으로 인한 혼란을 수습하기 위해 정부가 월가에 구제 금융을 단행했으나, 유력 금융 회사들이 성과금 잔치를 한 데 대한 반발로 운동이 촉발되었다.
사파티스타 민족해방군(Ejército Zapatista de Liberación Nacional) 1994년에 멕시코 남부 치아파스에서 결성된 좌파 성향의 군사 조직으로, 북미자유무역협정(NAFTA)이 원주민의 토지 경작을 보장해주던 헌법 27조를 폐지한 데 반대해 원주민 보호라는 목표를 내걸고 활동을 시작했다.

집단 간의 연계를 설명하는 데 인권 정전의 성격과 범위와 적용 가능성에 관해 현재 진행되고 있는 논의뿐만 아니라, 비서구권 비엘리트 집단이 인권에 공헌한 내용을 진지하고 지속적으로 다루려고 한다.(Gordon, 2004년) 하스(Haas)가 제안한 인식 공동체의 개념 정의에 비엘리트를 추가한 이유는 인권 활동의 메커니즘을 분석하는 데 사회과학적 요구가 있기 때문이기도 하고, 좋은 세상을 만들기 위해 인권을 활용하려는 규범적인 자극 때문이기도 하다.

인권 정전

정전(canon)이란 가톨릭, 동방정교회를 비롯한 여러 그리스도교 교단에서 종교의 가르침과 율법과 관습의 토대를 이루는 권위 있는 문헌과 교리를 뜻하는, 종교적 의미가 있는 용어이다. 또한 이 말은 서구 대학에서 가르치는 인문학의 여러 분과—특히 고전학과 자국 문학—에서도 학자와 학생이라면 마땅히 통달해야 한다고 여겨지는 표준 저작과 주제를 가리킨다. 인권사회학은 아직 신생 학문이어서 자체적인 정전 교재가 없지만, 인권의 인식 공동체에서 인권 정전이 어떤 역할을 해야 하는지를 설명할 수 있어야 한다. 다음 사항을 반드시 기억해야 할 것이다. "어떤 인식 공동체의 구성원들을 하나로 묶어주는 것은 특정한 형태의 지

세계사회포럼(World Social Forum) 2001년에 '또 다른 세상은 가능하다'라는 모토를 내걸고 브라질에서 처음 열린 시민 사회 단체 연례 회의로, 세계화에 반대하는 각국의 진보적 시민 단체, 비정부 기구들이 모인 포럼이었다. 선진국 중심의 국제 회의인 세계경제포럼(다보스포럼)에 대항한다.

식, 또는 특정한 형태의 진실이 옳으므로 그것을 어떤 문제에 적용할 수 있다고 믿는 공통의 신념 또는 신앙이다."(Haas, 1992년: 3, ff. 4)

정전은 인권 영역에서 오랜 시간 동안 **축적된 지식**을 유엔 조약이나 선언, 그리고 학자나 정책 결정자가 집필한 논평의 형태로 집약한 것이라고 보면 된다. 이런 점을 인권 공동체에 적용하면, 엘리트와 풀뿌리 활동가를 포함한 여러 사회적 행위자들에게 공통의 준거점을 제시하는 데 인권 정전이 결정적인 역할을 한다는 점을 알 수 있다.

사실상 인권 정전은 인권 침해와 구제 방안을 대략적으로 묘사하기 위한 '발견적 도구(heuristic device)'보다는 크고, 인권의 난제를 풀기 위한 종합적 사회과학 패러다임보다는 작은 개념이다. 두 가지 대척점의 한가운데 있는 인권 정전은 권리를 지닌 개인과 집단이 숙의와 논쟁을 할 때 사용하는 구문과 의미를 제공한다. 따라서 권리 청구인들─권리를 침해당한 당사자이든, 사회 운동 조직이든, 비정부 기구 대표이든, 그들의 요구를 지지하는 정당이든, 그들을 지원하려는 유엔 관리이든─은 자신의 관점과 이해관계에 도움이 되는 방향으로 정전에 속한 문헌을 해석하는 과업을 수행한다.

자연스러운 일이지만, 인권 정전의 범위를 좁게 제한하려는 집단도 있고, 인권 정전을 넓게 확장해 인권을 해석하려는 집단도 있다. 이런 경향성은 유럽 계몽주의의 서로 다른 계보에 그 뿌리를 둔다. 이에 따르면 한쪽은 원래의 문헌을 엄밀하게 해석하여 그것을 지키자는 관점이고 다른 한쪽은 현존하는 문헌을 바꿀 수도 있고 필요하다면 새로운 문헌을 추가할 수도 있다는 관점이다. 인권을 엄밀하게 해석하거나 확장적으로 보는 관점의 차이는 종교 집단에서 경전을 이론적으로 분석할 때나 법조계에서 헌법을 엄밀하게 해석할 때에도 유사하게 나타나곤 한다.

요약하자면 이 책에서는 하스가 정의한 인식 공동체 개념에 두 가지를 추가한다. 첫째, 인권에서 지식이라고 여겨지는 것을 정할 때, 학술 전문가나 정책 결정자 혹은 엘리트만이 아니라 일반 대중의 참여도 중요하다고 주장한다. 둘째, 인권에 대한 믿음─아주 엄밀하게 정의한 범위에 한정되지만─을 놓고 격렬한 논쟁을 벌일 때 인권 정전이 차지하는 핵심적인 위치를 깊이 있게 설명할 것이다. 둘째 항목을 보충하면, 인권 정전을 적절하게 해설하는 방식─종교학, 고전학, 비교문학 같은 인문학에서 통용되는 비판적 문헌 고찰 방법─이 인권을 둘러싼 논쟁을 해결하는 데 도움이 된다는 점을 이 책은 인정한다. 이런 점들을 염두에 두고 인권 정전에 속한 주요 문헌들을 살펴보자.

인권 정전의 주요 문헌

인권의 성공과 실패, 사용과 악용, 역사와 미래에 관한 토론에 참여하는 학자, 정책 결정자, 유엔 기구, 비정부 기구, 사회 운동 조직과 그 외 여러 참여자들에게 준거점이 되는 문헌의 모둠을 인권 정전(human rights canon)이라 한다. 인권 정전에는 한계가 있긴 하지만 이 책에서는 그것들을 자주 언급할 것이다.

관행적으로 세 문헌을 인권 정전의 일차적 표준으로 삼는다. 1948년의 〈세계 인권 선언(UDHR)〉, 1966년의 〈시민적·정치적 권리에 관한 국제 규약(자유권 규약, ICCPR)〉과 〈경제적·사회적·문화적 권리에 관한 국제 규약(사회권 규약, ICESCR)〉이 그것이다.* 두 규약은 인권의 공통 원칙으로부터 만들어졌지만, 각기 다른 범주의 인권을 발전시키기 위해 고안되었다. 〈자유권 규약〉은 개인들을 위한 보호 권리 또는 '소극적 권리'를 다루고, 〈사회권 규약〉은 개인들을 위한 수급 권리 또는 '적극적 권리'를 다룬다. 위의 세 문헌은 유엔 인권 규범의 제정자들이 이른바 〈국제 인권 장전(International Bill of Human Rights, IBHR)〉을 이루는 세 기둥으로 규정한 문헌이다. 〈국제 인권 장전〉이란 당시 유엔 관료들이 **상상했던** 국가 간 시스템—일정한 보편주의가 통용되는—의 이론적 토대, 나아가 각국의 헌법적 토대로 논의된 비공식적 명칭이었다.

그 후 어떻게 되었는가. 요점만 말하자면, 유엔 관리들은 〈국제 인권 장전〉이 전 세계, 특히 서구의 식민 지배를 겪었던 지역에서, 인권을 발전시키고 싶어 하는 모든 세력들에게 법적인 준거점이자 도덕적 나침반 역할을 해줄 것으로 기대했다. 역사적 설명이 이 책의 목적은 아니지만, 탈식민화의 모순과 미국 등 기타 강대국들의 전략적 이해관계와 냉전의 복잡한 상황으로 인해 〈국제 인권 장전〉의 원대한 기획은 좌절되었다고 할 수 있다.

실제로 미국과 소련의 냉전 대결—사회 보장 예산의 군비 전용, 군

---

* 한국은 1990년에 양대 규약을 비준했다. 그러나 〈자유권 규약〉의 〈사형 폐지에 관한 제2선택의정서〉와 〈사회권 규약〉의 개인 진정을 다루는 〈선택의정서〉에는 가입하지 않은 상태이다. 그 외에 〈인종 차별 철폐 협약〉은 1978년, 〈여성 차별 철폐 협약〉은 1984년, 〈고문 방지 협약〉은 1995년, 〈아동 권리 협약〉은 1991년, 〈장애인 권리 협약〉은 2008년에 각각 비준했다. 〈이주노동자 권리 협약〉과 〈강제 실종 협약〉은 아직 미가입 상태이다.

산 복합체의 증가, 핵무기 생산, '제3세계'에서 대리전 수행으로 나타났던 ― 로 인해 1947~1948년의 미국과 소련의 전시 동맹 해체에서 시작해서 1991년 소련 붕괴에 이르기까지 인권 의제는 왜곡되었다. 달리 말해 냉전은 인권 정전의 주요 문헌, 특히 미국과 서구 동맹이 선호했던 〈자유권 규약〉과 소련과 동유럽 국가들이 선호했던 〈사회권 규약〉의 해석뿐만 아니라, 민족 자결권과 발전권 ― 경쟁하는 초강대국들은 빈곤 국가의 내정에 계속 개입했었다. ― 의 해석에도 상당히 큰 영향을 끼쳤다. 요약하자면, 냉전으로 인해 인권을 전 세계적 차원에서 더 균등하게 실행하려던 유엔의 노력에 제동이 걸렸던 것이다.

그 결과, 학자들과 정책 결정자들이 세 문헌을 각각 별개로 여기는 경향이 생겼다. 그중에서 두 규약은 각기 다른 권리의 범주를 다루게끔 고안되었지만 서로 중복되는 부분이 상당히 많다는 사실을 알았으면서도 말이다. 요컨대 인권을 세대별로 구분하는 틀이 성문화된 까닭에 〈국제 인권 장전〉이 하나의 완결체로서 뿌리를 내리지 못하게 되었다. 또한 〈국제 인권 장전〉의 실패는 세대별 인권 범주 틀의 성문화에도 영향을 끼쳤던 것이다. 달리 말하면 1948년 〈세계 인권 선언〉이 제정될 당시에 이미 인권을 세 세대로 구분하는 초기의 개념화가 나타나고 있었다. 그리고 두 규약이 나온 1966년에는 세대별 인권 구분의 틀이 더욱 확실하게 자리를 잡았다. 인권의 세 세대의 구분 틀을 활용하되 인권의 통합적 비전을 다시 찾으려는 시도가 이 책의 집필 목적 중 하나인데, 이러한 통합적 비전은 권리에 초점을 둔 인식 공동체 내에 처음부터 포함되어 있었지만 지구화 시대에 들어서 더욱 큰 주목을 받게 되었다. 그 이유는 나중에 설명하겠다.

유엔 총회의 요청으로 제정된 〈세계 인권 선언〉, 〈자유권 규약〉, 〈사회권 규약〉은 연이은 역사적 사건들—1차 세계대전, 민족주의와 군국주의의 발흥을 억제하지 못했던 국제연맹의 실패, 대공황, 2차 세계대전, 그리고 홀로코스트 등—에서 교훈을 얻고자 한 시도였다고 해석할 수 있고, 그 후의 탈식민화, 신생 독립 국가 수립, 그리고 비서구권 국가들의 발전의 바탕을 준비하는 움직임이었다고 해석할 수도 있다.(Glendon, 2002년)

지금의 시각으로 이 문헌들을 읽어보면 1945년 수립된 유엔이 당시에 직면했던 세 가지 딜레마를 너무나 생생하게 느낄 수 있다. 첫째, 전 세계 안보에 심각한 위협이 된 핵무기 경쟁과 여러 차례의 대리전을 촉발한 근본 원인이었던 미국-소련의 경쟁을 어떻게 규제할 것인가 하는 딜레마가 있었다. 둘째, 주로 북반구에 있는 부유하고 강력한 국민 국가들, 그리고 주로 남반구에 있는 가난하고 허약한 국가들과 식민지 영토 사이의 격차를 어떻게 줄일 것인가 하는 딜레마가 있었다. 셋째, 국가 주권과 문화 다원주의의 요구와 인권의 보편적 요구 사이에서 어떻게 균형을 맞출 것인가 하는 딜레마가 있었다.

첫째 딜레마는 소련 붕괴와 1991년경 냉전의 종식으로 사라졌지만, 둘째와 셋째 딜레마는 유엔 총회와 안전보장이사회와 여러 기구들에 지금까지도 큰 부담으로 남아 있다. 이 세 가지 논의에 개입한 모든 당사자들이 인권 원칙의 토대 위에서 자기 주장을 내세웠던 점이 흥미롭다. 이 사실은 인권 정전의 범용성과 지속성을 입증한다.

이처럼 〈세계 인권 선언〉, 〈자유권 규약〉, 〈사회권 규약〉 세 문헌은 인권 정전의 주된 요소이므로 사회학자들은 이 문헌들을 깊이 연구할 필요가 있다.* 문헌의 생성과 이행을 가능하게 했던 **사회적 조건**의 흔적이 그 문헌들에 남아 있기 때문이다. 예를 들어, 미국에서 흑인과 여성들의 사회 운동이 등장하기 시작했던 2차 세계대전 전후 시대의 맥락에서 〈세계 인권 선언〉이 선포되었을 뿐만 아니라, 비서구권에서 탈식민 운동이 활성화되던 시점에 선언이 제정되었다는 사실은 의미심장하다.(Anderson, 2003년) 이 문헌의 이행은 불완전하고 들쑥날쑥했지만, 우리는 그 문헌들을 **사회학적으로** 분석할 필요가 있다. 달리 말해 우리는 이 문헌들의 사회적 토대와 영향력을 자유롭게 연구할 수 있어야 한다. 이 책은 바로 이런 점을 독자들에게 전하고자 한다. 규약에 서명한 당사국들은 서로 상충하는 전략 목표를 추구하고 서로 경합하는 이념을 수용하는 국가들이었으므로 〈세계 인권 선언〉, 〈자유권 규약〉, 〈사회권 규약〉을 준수하겠다는 의지가 서로 달랐다. 국제앰네스티(Amnesty International)나 휴먼라이츠워치* 같은 국제 인권 NGO들이 잘 보여준 것처럼, 이 문헌들을 제정한 사람들이 원했던 수준만큼 국민 국가들(또는 그 안에 사는 사회적 행위자들)이 철저하고 일관성 있게 인권을 존중했던 것은 아니다. 인권 정전의 기준과 달리 인권의 미흡한 실제 이행이 이처

---

* 다음을 보라. 조효제, 《인권을 찾아서: 신세대를 위한 세계 인권 선언》, 한울아카데미, 2011.
휴먼라이츠워치(Human Rights Watch) 1978년 헬싱키워치라는 단체로 출발했으며, 초기의 활동 목표는 소련권 국가들이 〈헬싱키 협정〉의 정신에 따라 시민적 권리를 보장하는지 여부를 감시하는 것이었다. 현재는 전 세계로 활동 범위가 확대되었으며, 활동 반경도 고문과 가혹 행위, 잔혹한 처우, 대인 지뢰, 아동 권리, 여성 권리, LGBT 권리 등으로 늘어났다.

럼 인권 영역에서 활동하는 학자와 실천가들에게 되풀이해서 나타나는 실망의 원천이라 할 수 있다.

1945년 이후 인권 레짐을 성실하게 이행해 온 나라들이 많지만 자기들이 내세운 가치관을 완벽하게 실천한 나라는 없었다고 해도 과언이 아니다. 일반적인 방식으로 비교했을 때 다른 나라들보다 인권을 더 잘 준수했다고 평가받을 수 있는 나라는 있겠지만, 인권에 관해 완벽한 국가는 없다. 활동가, 정책 결정자, 학자들은 전 세계 모든 나라의 인권 현황을 다루는 국제앰네스티의 연례 보고서를 정기적으로 참고한다. 국가들이 인권을 불충분하게 이행하고 부실하게 집행한다는 사실을 감안한다면 이런 질문을 할 수 있을 것이다.

즉, 〈세계 인권 선언〉이나 〈자유권 규약〉 또는 〈사회권 규약〉을 그저 종잇조각에 불과한 것으로 치부해야 하는가. 아니면 국민 국가의 이러저러한 한계에도 불구하고, 이런 문헌들이 지금까지 나름대로 중요한 역할을 해 왔다고 볼 수 있는가. 이 문헌들은 그저 추상적인 진술을 담은 자료가 아니다. 이 문헌들은 유엔의 권위에 힘입어 가난하거나 소외되고 취약한 처지에 놓인 사람들의 삶을 개선하려고 노력했을 뿐만 아니라, 국민 국가 내부와 국민 국가들 사이에 존재하는 권력 분포를 바꾸려고 노력하는 비정부 기구, 사회 운동 조직, 지역 사회 단체, 개별 활동가들에게 인권의 기준이 되었다. 실제로 이 문헌들은 일반 대중 세력에 영감을 주어 자신의 불만을 인권이라는 형식으로 내세울 수 있게 해주었다.

이 책에서는 이런 불만이 인권의 이름으로 분출되는 과정을 상세하게 설명할 것이다. 그러나 인권의 이름으로 수많은 불만이 표출되더라도 그것이 언제나 국가가 시행하는 정책의 형태로 결실을 맺지는 못한다는 것 또한 사실이다. 현재까지의 연구에서는 많이 나오지 않았지만, '권리를 주장하는 운동' 대 '국가 차원의 사회 정책을 통한 권리 실현'의 관계가 복잡하고 모호하다는 사실은 인권사회학의 연구 주제에서 앞으로 더욱 크게 부각되어야 한다. 이 쟁점은 사회 운동론과 정치사회학이 수렴될 수 있는 중요한 지점을 보여준다. 이 책의 결론 장에 나오는 향후 사회학적 연구 목록에서 이 쟁점을 다시 다루겠다.

인권과 정책과 법

인권 규범의 형성과 확산은 우리가 흔히 선언이나 조약을 도덕적·정치적 나침반이라고 부르듯이 대중 동원이라는 측면에서는—이념적 성향이든, 플랫폼 구축이든, 권리 주장이든—아주 잘된 일이지만, 그것은 언제나 모순과 결함과 후퇴로 점철되어 왔다.(Khagram 외, 2002년) 이 점은 크게 놀랄 만한 일이 아니다. 인권 문헌의 해석이 복잡할 뿐만 아니라, 사회 운동 조직이 요구하는 권리 주장에 대해 정책 결정자와 엘리트들이 얼마나 공감할지 예측하기 어렵기 때문이다. 더 나아가, 특정한 운동이나 동맹 덕분에 특정한 인권 관련 법률이나 인권에 호의적인 공공 정책이 나왔다는 점을 확증하는 것이 불가능하지는 않겠지만 대단히 어려울 수 있다.

예를 들어, 실업자, 고용 불안자, 저임금 노동자 같은 대중의 압력만으로 미국의 뉴딜 시기에 각종 경제적·사회적 권리에 관한 법률들이 **통**

과되었음을 확실히 입증하기는 쉽지 않다. 당시 미국에서 특히 루스벨트 행정부, 그리고 일반적으로 민주당은 대중의 잠재적인 불만을 우려했을 뿐만 아니라, 대공황이 미국의 자본주의 경제 시스템 자체를 위협하는 점도 몹시 우려했던 것이다.(Levine, 1988년) 따라서 민간 자원 보존단(1933~1942년)과 취로 사업청(1935~1941년)이 진행한 공공 사업이 노동자와 사용자의 욕구에 공통적으로 부합된다고 보았고, 그 결과 대중-엘리트 간의 동맹이 형성될 수 있었다.(Levine, 1988년)

이와 비슷한 사례로 목적, 전략, 전술, 프레임 방법이 모두 달랐던 여러 사회 운동 조직과 정책 결정자와 엘리트를 포함한 무척 복잡한 운동 연합으로 구성되었던 미국의 민권 운동이 1964년의 〈민권법〉과 1965년의 〈선거권법〉을 **직접적으로 낳았다고** 명백히 입증하기는 쉽지 않다. 특히 린든 B. 존슨 행정부, 그리고 일반적으로 민주당은 남부 흑인들을 차별하는 〈짐 크로 법(Jim Crow Law)〉* 폐지, 대중 시설과 공공 장소에서 흑백 분리 철폐, 남부의 흑인을 비롯한 여러 소수 민족들을 위한 시민적·정치적 권리의 제도화를 지지할 이유가 많았다. 요컨대 뉴딜 정책과 민권 입법 등의 사례를 보면 하나의 원인이 아니라 다중적 원인을 고려하는 설명이 필요하다는 사실을 알 수 있다. 최근 등장하고 있는 사회 운동의 결과와 산출물에 관한 연구 성과를 보면, 어떤 정책이 입안되려면 국가를 넘어서, 그리고 국가 내에서 여러 힘이 복잡하게 얽혀서 이루

짐 크로 법 미국 남부의 여러 주에서 19세기 말부터 20세기 초 사이에 제정되었던 일련의 인종 차별 법률들을 일컫는다. "평등하지만 분리한다"는 원칙을 내걸고 교육 기관, 공공시설, 대중 교통 등에서 인종분리적 처우를 합법화했다. 1965년 최종 폐기되었다.

어진다는 점을 알 수 있다.(Giugni, 1998년; Amenta 외, 2010년) 지금까지 말한 점들은 인권을 연구하는 사회학자에게 중요한 단서를 제공한다.

인권 정전이 다양한 행위자들에게 기준이 된다는 점을 한 번 더 살펴보자. 필자는 이 책에서 〈세계 인권 선언〉, 〈사회권 규약〉, 〈자유권 규약〉을 포함해 여러 문헌들을 일종의 경전 또는 최종 진술로 취급하지 않고, 오히려 인권을 둘러싼 분쟁과 충돌의 표지로 여기려 한다. 따라서 이 책은 이런 인권 문헌들이 사회적 행위자들의 행동을 안내하는 결정적인 역할을 한다고 믿는 **이상주의자**의 관점, 그리고 그런 문헌들이 사회적 행위자들의 행동에 아무런 영향도 끼치지 않는다고 믿는 **현실주의자**의 관점 모두 거부한다.

필자는 두 극단 사이의 중간 영역을 개척하면서 국제법 조약, 선언, 발표 등이 역사 속의 인권 논쟁과 투쟁을 반영하는 것일 뿐만 아니라, 오늘날 인권의 의미와 정책적 함의에 관한 새로운 논의와 새로운 갈등으로 가는 징검다리라고 해석한다. 인권 정전을 사회학적으로 분석한다는 말은 단순히 정전 문헌의 텍스트를 분석하는 것을 넘어서 인권 청구인들과 인권의 지지 세력들, 그리고 인권과 관련된 권력 블록들이 제각기 〈세계 인권 선언〉과 〈자유권 규약〉과 〈사회권 규약〉, 그리고 기타 문헌들을 서로 다르게 해석하는 방식을 설명한다는 뜻이다. 그러한 방식에서 출발하면, 어떤 조건과 상황에서 주요 인권 문헌의 특정 조항이 그런 식으로 해석되는지 또는 그렇지 않은지를 검토할 수 있을 것이다.

인권 문헌이 특정한 방식으로 해석된다는 말은 그러한 해석 방식이 권리에 초점을 둔 인식 공동체 다수의 생각과 공명한다는 의미다. 예를 들어, 원칙적으로는 권리를 침해당한 당사자들, 사회 운동 조직 그리고/또는 비정부 기구의 연합체가 정당의 중재를 통해 침해 당사자의 요구에 공감하는 국가 정책 결정자들에게 국가 차원에서 어떤 정책을 입안하고 시행할 정당한 근거로서 〈사회권 규약〉의 정치적·도덕적·이념적 힘을 활용할 것을 적극적으로 고려해보라고 확신시킬 필요가 있다. 그러나 실제로는 인권 공동체의 축적된 지혜를 한데 모은 〈사회권 규약〉은 구체적인 정책보다는 사회복지 프로그램—예를 들어 경제 불평등과 빈곤의 경감—에 대한 아이디어를 제공할 수 있을 것이다. 요컨대 인권을 요구하는 동맹이 어떤 인권 문헌에 관한 그럴듯한 해석을 제시하는 것만으로는 부족하다. 구체적으로 정책을 추진하려면 위에서 말한 것처럼 인권 문헌에 관한 특정한 해석을 국가 정책 결정자들이 지지할 수 있게끔 만들어야 한다.

반대로 정책 결정자들은 국제 인권 문헌의 통찰을 그 나라의 조건에 맞게 **번역해야** 하는 복잡한 업무를 수행해야 한다. 뒤에서 보겠지만, 인권사회학자들이 연구하는 여러 주제에서 번역 문제가 매우 중요하게 부각된다. 인권 정전과 정전이 비정부 기구와 사회 운동 조직에 기준점이 되는 역할, 그리고 사회 정책과 법률에 대한 인권 정전의 영향력을 더 분명히 하는 데 사회학적 관점에서는 1945년 이후 인권이 조직이나 제도의 측면에서 이룬 성취에 비판적으로 접근한다.

물론 유엔 체제와 그에 상응하는 비정부 기구 네트워크는 일반 대중과 정책 결정자들 모두에게 인권 이슈를 널리 알려 왔다. 더 나아가 인권 규범과 법률과 정책이 국가 간 시스템의 작동 방식을 바꾸었을 뿐만 아니라, 정당이 인권을 두고 일반 대중과 상호 작용하는 과정에서 국민 국가의 내부적 역학까지 바꾸어놓은 게 사실이다.(Khagram 외, 2002년) 또한 점점 더 많은 사회 운동 조직들이 인권의 구문과 의미로 자신들의 요구를 표현하는 경향이 생겼다. 그런 변화는 조직 내부의 이유일 수도 있고, 사회 운동 조직에 각종 지원과 홍보와 여러 서비스를 제공하는 각종 재단과 단체들의 영향력 때문일 수도 있다.

그럼에도 불구하고 이러한 추세를 해석하는 데는 어느 정도 신중한 태도가 요구된다. 유엔이나 주요 비정부 기구들의 출판물에 흔히 등장하는, 이른바 '인권 혁명'이라는 측면에서 유엔 체제와 권리에 초점을 둔 비정부 기구들의 확산 같은 획기적 현상을 학문적으로 개념화해보겠다는 유혹을 받기 쉬울 것이다. 그러나 사회학적 관점에서 보면 인권의 발전 양상이 과거와 비교해 완전히 달라졌는가 하는 문제뿐만 아니라, 일련의 인권 의제가 성공적이었는지 혹은 실패했는지에 관해서도 여전히 완전한 평가가 이루어지지 않았다. 따라서 이 책은 인권 의제가 각종 사회적 행위자들 사이의 권력 관계를 반영하기도 하고 그 관계에 영향을 끼치기도 하는 만큼, 인권 의제가 서로 경쟁하는 여러 세력 간의 타협이라고 이해할 수 있는지에 대해 더 연구할 필요가 있다고 주장한다.

이 책의 특징

다양한 경험과 전문성을 지닌 독자들에게 인권에 관한 사회학적 관점의 기원, 적용, 영향을 소개하는 이 책은 여섯 가지 특징이 있다. 이 특징에 대해서는 1장에서 더 자세히 소개할 것이다.

첫째, 이 책에서는 다음 세 가지를 설명하기 위해 사회학적 이론과 방법론을 활용하는 분야가 바로 인권사회학이라고 규정한다. (1) 권리를 침해당한 당사자들과 그 동맹이 권리 주장을 시작할 수 있게끔 하는―그것이 경제적이든, 정치적이든, 사회적이든, 문화적이든, 환경적이든 또는 다른 무엇이든―특정 조건과 상황. (2) 한 국가의 정부가 권리를 침해당한 당사자와 사회 운동 조직의 권리 주장을 받아들여 권리에 초점을 둔 정책을 시행하게 되는 과정과 방식. (3) 인권과 관련된 입법이나 정책으로 인해 나타나는 정치적 효과. 그 효과는 사회적 행위자들 사이의 권력 관계의 변화로 나타날 수도 있고, 정부가 만든 새로운 정책이나 제도의 형태로 나타날 수도 있다.

둘째, 이 책은 발언권이 적거나 제대로 대접받지 못했던 집단이 자신의 불만을 표출할 수 있도록 격려하거나 자극하는 여건과 정황을 뜻하는 **권리 조건**(rights conditions) 개념을 탐구한다.

셋째, 이 책은 권리를 침해당한 집단이 정치적 공권력에 보호 권리나 수급 권리를 요구하는 **권리 주장**(rights claims) 개념을 자세히 설명한다.

넷째, 이 책은 권리를 침해당한 집단이 정책이나 법이나 관습의 변화에 힘입어 새로운 권리를 구현했을 때 나타나는 권력 구조와 사회 관계에서 구체적인 변화인 **권리 효과**(rights effects) 개념을 발전시킨다.

다섯째, 이 책은 통상적인 인권 범주를 뛰어넘는, 유기적으로 연결된 권리들의 모둠인 **권리 꾸러미**(rights bundles) 개념을 설명한다.

여섯째, 이 책은 과거에 인권 영역에서 주도적인 분류 체계로 사용되었던 세대별 인권 범주를 비판적으로 재구성한다. 세대별 인권 범주는 다음과 같다. (1) 자유를 보장하기 위해 고안된 1세대 시민적·정치적 권리. (2) 평등을 보장하기 위해 고안된 경제적·사회적 권리. (3) 연대를 보장하기 위해 고안된, 특히 문화와 환경 영역에서의 3세대 집단적 권리.

여섯 번째 특징은 이 책의 주요 주장이므로 조금 더 소개하겠다. 이 책은 세대별 인권 범주를 거부하려는 것이 아니라, 연구와 교육과 봉사와 주창 활동에서 전통적 분류 체계의 장단점을 예시하기 위하여, 전통적인 세대별 인권 범주를 **통하되** 그것을 넘어 새로운 시각을 제시하려한다. 그런 방식은 **역사적으로** 그리고 **이론적으로** 정당성을 지닌다.

세 세대로 이루어진 인권 범주 틀은 분석적으로, 교수법적으로, 정치적으로 유용한 도구이지만, 이 틀은 인권을 이해하기 위해 도움이 되는 일종의 장치(device)라고 봐야 한다. 즉, 인권을 중심으로 해 형성된 인식 공동체의 학자, 정책 결정자, 활동가, 그리고 기타 참여자들이 특정 사안을 깊게 탐구할 때 그 사안을 프레임하는 수단이라는 뜻이다. 따라서 세 범주—개인을 위한 시민적·정치적 권리, 개인을 위한 경제적·사회적 권리, 집단을 위한 문화적·환경적 권리—는 이론적인 추상 개념으로 취급해야 한다.

그런 까닭에 이 같은 범주화는 인권 공동체 내의 여러 당사자들, 특히 학술 연구자들이 실제 세계의 난제를 분석하기 위해 이용하는 도구적 개념인 것이다. 또한 '난제 해결'은 일반적으로 모든 학문의 본질적인 과제이다. 인권정치학, 인권인류학, 인권지리학을 보완하는 분과 학문인 인권사회학은 특히 그 성격 자체가 권리를 침해당한 당사자들이 왜 권리 구현을 거부당했는지를 조사하는 것뿐만 아니라, 그 사람들의 **잠재적 권리 주장**과 관련된 난제를 확인하고 해결하는 것까지 관심을 기울인다. 달리 말해 권리에 초점을 둔 사회학자들이 분석하는 난제는 인권 정전에 나오는 권리를 정부 혹은 그 대리인이 존중하지 않는 경우와 연결되고, 대중 세력과 그 동맹이 원하는 권리 요구—국가 정책이나 정치 제도, 그리고 사법적 관행으로 번역된—의 내용과도 밀접하게 관련된다.

'권리의 난제'가 도대체 무엇인가. 원칙적으로 말해, 구현된 인권이나 제안된 인권과 관련 있는—인권 정전 속에 들어 있는, 또는 정전의 비판으로 표출된—그 어떤 복잡한 사회 문제도 사회학자나 사회과학자에 의해 일종의 **권리의 난제**로 공식화될 수 있다. 권리의 난제는 인권에 중요한 영향을 끼치는 다면적 이슈이며, 연구자들에게 큰 도전을 안겨주거나 심지어 그들을 혼동시키는 사회 문제이기도 하다. 이 책의 집필 목적을 위해 권리의 난제를 이렇게 정의할 수 있다. 즉, 권리의 난제는 빈곤, 불평등, 착취, 정체성에 근거한 차별, 문화 훼손과 환경 파괴 같은, 오랫동안 지속되었지만 잘 풀리지 않는 사회 문제를 말한다.

사회학자들은 권리의 난제 문제를 어떻게 해결하는가. 연구자들은 사회학 이론과 방법론을 차용하여 다음과 같은 작업을 한다. (1) 왜 어떤 사회 문제가 권리의 난제로 개념화되면 좋은지를 기술한다. (2) 왜 그 문제가 일반적 해결책으로는 풀리지 않는지를 설명한다. (3) 국가 정책을 어떻게 이행하고 얼마나 일관성 있게 집행해야 권리의 난제가 해결될 것인지를 증명한다. 이 책에서 중요하게 다룰 빈곤 문제는 권리의 난제를 보여주는 좋은 사례이다. 빈곤은 통상적인 복지 프로그램으로 해결하기 어려운 권리의 난제일 뿐만 아니라, 경제와 정치와 문화와 환경을 가로지르는 복합적 문제라 할 수 있다. 따라서 빈곤 난제의 해결책에는 경제적 대책만이 아니라 각종 비경제적 요인을 고려하는 국가 정책이 반드시 개입되어야만 한다.

지금까지 봤듯이 인권사회학의 근본적 과제는 권리의 난제를 해결하는 것이다. 사실 그렇게 하려면 세 세대로 구성된 인권을 비판적으로 재검토해야 한다. 그렇게 했을 때 인권 개념에 관해 생각하거나 그것에 대해 행동에 나설 수 있는 더 지혜롭고 더 생산적인 방안을 도출할 수 있다. 왜 그런 노력이 필요한가. 현실 세계에서 빈곤, 불평등, 착취, 정체성에 근거한 차별, 문화 파괴와 환경 훼손 같은 권리 난제는 전통적인 세대별 인권 범주를 가로지르는 해결책을 요구한다. 권리의 난제들은 언제나 다중적 원인이 얽혀 있으므로, 권리 꾸러미의 형태를 지닌 복잡한 해결책을 필요로 한다. 따라서 이 책은 독자들로 하여금 6장에 제시된 권리 꾸러미들에 관해 생각해보도록 하기 위해 집필되었다. (1) 적합한 영양 상태와 보건 의료, 환경 개선을 포함한 '건강 장수 권리' 꾸러미. (2) 적절한 교육, 직업 훈련, 고용 기회, 여가 시간, 삶의 방식 선택 등을 요구하는, 또는 재능을 계발하고 정체성을 배양하는 '인격의 온전한 발달 권리' 꾸러미. (3) 민방위, 인권 친화적인 경찰 활동, 구금 외의 대안, 비폭력 갈등 해소를 위한 기구, 그리고 교육 프로그램이 제공되며, 국가 간 전쟁이나 내전, 괴롭힘, 가정 폭력으로부터 보호받을 수 있는 '평안할 권리' 꾸러미.

이 책은 독자들에게 자신의 가치관과 더 나은 세상을 위한 전망 속에서 스스로 권리 꾸러미들을 고안해보기를 권한다. 독자들 스스로 권리 꾸러미를 만들어보라고 권하는 이유는 새로운 인권 의제를 추구하는 데 대중의 참여를 격려하기 위해서이다. 한편으로 옹호 가능한 새로운 권리 꾸러미라면 권리를 침해당한 사회와 집단과 공동체의 특정한 욕구와 희망이 담겨 있어야 할 것이다. 다른 한편으로 그러한 권리 꾸러미는 보편주의의 정신으로 구성되어야 한다. 이런 점은 우리에게 흥미진진한 도전을 선사한다.

토론을 위한 질문들

- 인권 운동이 성공한 경우와 성공하지 못한 사례를 들고 그 이유를 비교해보시오.
- 왜 자신의 불만과 억울함을 인권으로 표출하는 사람이 있고 그렇지 못한 사람이 있는가.
- 구체적인 인권 쟁점을 들고 그 쟁점의 권리 조건을 역사적·구조적·정치적·경제적·사회적·문화적 차원에서 분석해보시오.

1장

인권사회학이란 무엇인가

이 책은 인권사회학을 상세하게 소개한다는 목표를 두고 있다. 인권사회학은 특히 미국을 비롯한 여러 나라의 학계에서 최근에 급성장하는 학문이다. 이 책은 인간의 경제적·정치적·사회적·문화적·환경적 삶에서 권력 관계를 과학적으로 분석하는 학문인 사회학이 정치학, 인류학, 지리학을 비롯한 여러 학문의 통찰을 보완할 수 있다고 전제하면서 다음과 같은 질문에서 시작한다. 사회학자들은 인권을 구성하는 보호 권리와 수급 권리를 어떻게 연구하는가. 사회학자들은 자신들의 학문적 훈련과 성향 때문에 권리의 '순환' 과정에 따르는 세 가지 주요 특징에 특히 관심을 기울인다.

첫째, 어떤 상황 또는 어떤 '권리 조건' 속에서 사회 운동 조직과 비정부 기구 연합체들이 권리를 침해당한 당사자의 불만 — 불평등, 착취, 배제와 기타 사회적·환경적 문제에 따른 피해자의 진정 — 을 권리 주장 또는 정치적 공권력에 대한 보상 요구로 번역하는지 그 과정을 탐구한다.

둘째, '권리 주장'이 어떤 식으로 정치 시스템이나 사법 시스템을 통해 걸러져 정책이나 법률이나 제도의 형태로 이행하는지를 탐구한다.

셋째, 국가 차원에서 새로 제정된 정책과 법률의 결과로 사회적 행위자들의 권력 관계가 바뀌는 '권리 효과'를 탐구한다.

따라서 인권은 규범적 규제를 위한 사상, 고귀한 포부, 각종 문헌일 뿐만 아니라, 각국 정부, 초국적 기업, 조직, 집단, 그리고 사람들 사이의 상호 작용을 형성하는 정책, 법률, 제도 같은 구체적인 조치이기도 하다.

이런 식의 사회학적 접근 방식은 인권을 단순히 지성사 또는 지식사회학의 탐구 대상으로만 보는 관점을 넘어, 사상과 정책과 법률과 제도와 관행이 권력 관계의 그물망 속에 포함되어 있는 현실을 탐구할 뿐만 아니라, 인권을 이해하는 특정한 개념과 특정한 형태의 권력 관계가 서로 맞아떨어지는 '정합(fits)' ― 또는 '수렴의 계기(moments of convergence)' ― 을 설명한다. 앞으로 알게 되겠지만, 사회학은 인권 인식 공동체의 구성원들이 활용하는 이러한 '정합'을 설명하기에 적합한 학문이다.

미국의 남부기독교지도자회의(SCLC)와 학생비폭력조정위원회(SNCC) 같은 사회 운동 조직들이 서로 협력하고 경쟁하면서 남부 주들의 〈짐 크로 법〉과 여러 제도적 인종주의 정책에 저항했던 민권 운동의 사례를 살펴보자. 민권 운동의 결과로 1964년에 〈민권법〉, 그리고 1965년에 〈선거권법〉이 제정되기에 이르렀다. 민권 운동 단체들은 행진, 연좌 데모, 프리덤버스 순회(freedom rides) 등 여러 형태의 직접행동을 구사하면서, 남부 주들에서 분리 정책, 선거권 불허, 직장과 주거 차별 같은 다양한 인권 침해를 허용한 인종 차별적 법률과 관행에 저항했다. 이런 사회 운동 조직들은 서로 철학, 전략, 목표, 조직 구조, 회원 구성, 지지 기반이 달랐지만, 공공장소 사용권, 평등한 교육 접근권, 흑인들을 위한 선거권 같은 시민적·정치적 권리를 제도화하기 위해 전국 차원에서 입법을 위한 행동에 힘을 합쳤다.

사회 운동 조직과 그들을 지지한 엘리트 동맹이 의회에 얼마나 큰 영향을 끼쳤는지를 확실히 알 수는 없다. 사회 운동 결과론(social movement outcomes)의 연구에 따르면 사회 운동이 정책 결정자에게 끼친 영향력이 어느 정도인지를 정확히 알기 위해서는 더 많은 조사가 필요하다고 한다.(Giugni, 1998년; Amenta 외, 2010년) 그렇긴 하지만, 당시의 민권 관련 법률들이 권리를 침해당한 당사자들의 대중적 압력과 연방 정부, 특히 민주당 내부의 균열 사이에서 맞아떨어진 '정합'의 계기를 맞아 제정될 수 있었던 것은 분명하다. 〈민권법〉과 〈선거권법〉이 일단 시행되자 흑인들의 개인적 안전과 자유, 교육과 경력 기회가 개선되었고, 투표권이 보장되면서 흑백 간의 권력 관계가 변할 수 있었다.

사회학적 관점

인권에서 사회학적 관점이 정치학, 법학 등 여러 학문의 관점들과 어떻게 구분되는지 이 신생 학문을 이끄는 주요 학자들이 지적한 내용을 보자.

사회학은 인권에서 국가의 역할이 반드시 필요하다거나 필연적이라고 전제하지 않으므로, 인권 관련 법제도와 공식적 인권 레짐은 인권의 총체적 실체 중에서 단지 일부분을 이룰 뿐이다. 인권을 둘러싼 모든 움직임이 인권의 총체적 실체를 나타낸다. 이에 따르면, 풀뿌리 차원에서의 저항―공식적 국가 영역 바깥에서 일어나기도 하고, 잠재적으로는 국가에 저항하기도 하는―도 인권을 해석하고 비판하고 현실에서 구현한다는 점에서 공식적 인권 조치와 비슷하게 중요하다고 볼 수 있다. 다시 말하건대, '인권의 기획'은 보편적 존엄과 '권리'를 규정하고 실현하려는 모든 투쟁의 총합이라고 보아야할 것이다.(Armaline 외, 2011년: 3)

위 글에서 주장하듯 사회학은 그 정의상 전 세계 인권과 관련된 논의, 분쟁, 경쟁, 투쟁, 그리고 사상, 정책, 법률, 제도와 조직, 그리고 관행 등을 모두 합친 **총체성**에 관심을 기울인다. 이런 식으로 인권에 관한 모든 움직임을 포괄하는 범주를 저자들은 '인권의 기획(human rights enterprise)'이라고 명명한다. 인권을 이렇게 폭넓게 설정하면 인권 인식 공동체 일부에서 일반 대중이 인권 사상과 실천에 기여하는 바를 무시하는 경향을 교정할 수 있다. 그 결과 저자들은 인권에 대한 '상향식' 접근을 제안한다.

또 다른 저명한 저자들이 보여준 것처럼, 권리에 초점을 맞춘 신생 인권사회학 영역은 미국 사회학회 내 모든 연구 분과의 활동으로부터 크게 도움을 받을 수 있다. 예를 들어 사회학적 도구를 활용해 사회 발전에 기여하는 점을 강조하는 '사회학적 실천과 공공 사회학 분과'와 전쟁과 내전의 원인, 효과, 가능한 해결책에 초점을 맞추는 '평화, 전쟁, 사회 갈등 분과'같이 당연히 연관성이 있어 보이는 연구 영역에서부터, '진화, 생물학, 사회 분과'와 '계량사회학 분과'같이 뜻밖의 연구 영역까지 모두 인권사회학에 도움을 줄 수 있다.(Brunsma 외, 2012년) 인권사회학은 또한 **전체 사회학**에도 기여할 수 있다.(Brunsma 외, 2012년) 이들이 주장하듯, 인권에 사회학적으로 접근하면 엄밀한 사회과학적 방법론(질적, 양적, 비교역사학적)을 현실 인권 문제의 해설과 해결을 위해 활용하는 식으로 사회학의 방향을 재조정할 수 있기 때문이다. 인권에 초점을 맞춘 사회학이 전체 사회학에 '인식론적 혁명'을 촉발할지는 두고 봐야 하겠지만, 이 신생 학문이 사회학 전 분야에서 앞으로 많은 연구 성과를 내리라는 점은 분명하다.

앞선 분석에서 밝혔듯이 사회학자들은 다음과 같은 쟁점 영역에서 투쟁의 기원, 진화, 결과, 그리고 그것들의 영향을 탐구한다. (1) 안전할 권리, 투표 권리, 종교의 자유, 집회·결사·발언·청원 권리 등을 포함하는, 개인을 위한 시민적·정치적 권리. (2) 괜찮은 수준의 일자리, 실업 보험과 급여, 사회 보장, 보건 의료 등을 포함하는, 개인을 위한 경제적·사회적 권리. (3) 원주민들이 조상 대대로 살아온 땅에서 거주하고 자신의 정체성과 생활 양식과 언어를 보존할 권리 등을 포함하는, 집단을 위한 문화적 권리. (4) 깨끗한 공기와 물을 확보할 권리, 농경지 사용 권리, 지속 가능한 공유지 접근 권리, 산림 보전 권리 등을 포함하는, 집단을 위한 환경적 권리.

인권을 이렇게 넓은 범위의 개념으로 설정하여 사회학적 렌즈로 분석하면 세 가지 특징이 부각된다. 첫째, 경제적·사회적 권리뿐만 아니라, 문화적 권리와 환경적 권리의 존재, 성격, 범위에 관해 많은 논의가 있지만, 여전히 시민적·정치적 권리가 제일 광범위하게 이해되고 수용되는 경향이 있다. 이런 경향은 특히 미국에서 두드러진다. 미국 헌법이 시민적·정치적 권리는 유난히 강조하지만, 다른 형태의 권리에는 크게 관심을 기울이지 않기 때문이다. 둘째, 인권을 이론적 추상 개념에 불과한 서로 구분되는 범주로 분류하면 분석적으로, 교수법적으로, 정치적으로 유용하긴 하지만, 현실에서는 서로 다른 유형에 속한 권리들이 중복되는 경우가 많아진다. 셋째, 더 많은 취약 계층과 소외 계층을 구제하고, 지속되는 불평등을 줄일 수 있도록 하는 넓은 의미의 인간 해방을 추구한다 하더라도 권리 주장은ㅡ그것이 아무리 고귀하고 정당하며 타당하다 하더라도ㅡ흔히 권리 사이의 충돌을 낳곤 한다. 권력 관계, 이해 상충, 정치적 동맹, 애매모호하거나 모순적인 법률 현실 속에 빠지기 쉽기 때문이다. 그 결과 사회학자들은 인권과 관련된 이론과 제도와 정책과 실천을 둘러싼 무수한 갈등을 헤쳐 나가야 할 때가 많다. 사실 인권을 사회학적으로 연구하는 핵심 목적 중 하나가 서로 경쟁하는 권리 주장들의 개연성 있는 원인과 가능한 해결책을 밝히려는 것이다.

이 책은 인권사회학의 연구와 교육에서 다음과 같은 특정한 접근 방식을 채택한다. (1) 사회적 고통에 따른 불만이 발생할 수 있는 권리 조건을 밝히는 '정치경제-발전사회학'의 연구 성과를 활용한다. (2) 조직 구조, 조직 전략, 조직 전술, 사회 운동 조직의 프레임 기법 등이 권리 주장을 어떻게 설명하는지를 밝히는 '사회 운동론'의 연구 성과를 활용한다. (3) 권리에 초점을 맞춘 정책이 권력 관계를 변화시키는 방식에 주목하여 그 방식의 이론화와 개념화를 추구하는 '정치사회학'의 연구 성과를 활용한다. 따라서 이 장에서는 세 가지 서로 연관된 목표를 추구할 것이다.

첫째, 인종, 계급, 젠더, 성적 지향, 문화적 배경, 종교적 귀속, 출신 민족, 지리적 소속 등과 무관하게 이론적으로나마 인간 종에 속한 전 세계 모든 인류에게 부여되는 일련의 보호 권리와 수급 권리로서 인권 개념을 시론적 차원에서 제시한다.

둘째, 어떤 사회적 조건에서 서로 다른 유형의 권리들—시민적, 정치적, 경제적, 사회적, 문화적, 환경적—이 사회 운동 조직과 비정부 기구에 의해 재해석되고 발명되는지, 그리고 정부와 정치적 공권력에 의해 그 권리들이 어떻게 허용되거나 거부되는지를 분석한다.

셋째, 인권사회학의 토대에 속하는 다음과 같은 구성 요소들을 소개할 것이다. 인권 정전에 근거한 불만이 생성되는 특정한 경제적·정치적·사회적·문화적 상황을 뜻하는 **권리 조건**. 권리를 침해당한 쪽에서 공권력에 특정한 보호 권리와 수급 권리를 요구하는 것을 뜻하는 **권리 주장**. 권리 주장이 충족된 집단이 그 권리를 성취함으로써 얻게 된 권력 관계의 변화를 뜻하는 **권리 효과**. 일반적인 분류 체계를 뛰어넘는 서로 연결된 권리들의 모둠을 뜻하는 **권리 꾸러미**. 요약하자면 이 장에서는 독자들에게 인권의 사회학적 관점이 제공하는 학문적·정치적·실천적 효용성을 알릴 것이다.

인권이란 무엇인가

이제 인권사회학이라는 신생 학문의 연구, 교육, 봉사에서 가장 근본적인 질문을 검토할 차례가 되었다. 다른 분과 학문의 연구자들과 동일하게 또는 상이하게, 사회학자들은 인권을 어떻게 정의하는가.

사회학자들은 우선 철학자, 법학자, 정치학자들이 수행해 온 연구 결과와 동일하게 인권을 "인종, 계급, 젠더, 성적 지향, 문화적 배경, 출신 민족, 또는 그 밖의 다른 정체성이나 사회적 지위와 무관하게 인류 공동체에 속한 모든 사람이 누릴 수 있는 일련의 보호 권리와 수급 권리"라고 규정한다.

그런데 사회학자들은 철학자, 법학자, 정치학자와는 다르게 보호 권리와 수급 권리의 **사회적 성격**에 초점을 맞춘다. 인권을 분석하는 인류학자나 지리학자도 사회학의 이런 경향을 비슷하게 공유한다. 이 말은, 인권과 관련된 의미, 권력, 의무, 제약 등이 외부에 존재하는 것이 아니라 사회 속에 '심어져 있다('배태', embedded)'는 뜻이다.

일단 이 자리에서는 아직까지 해소되지 않은 질문, 즉 보호 권리이든 수급 권리이든 모든 권리가 인간 본성에 토대를 두는지, 아니면 사회적 구성물로 봐야 할 것인지에 관한 질문은(Turner, 2006년; Gregg, 2012년) 괄호 속에 넣어 두자. 둘 중 어느 경우이든, 우리의 인권 개념은 역사적 시간대와 지리적 공간대에 따라 다양하게 바뀔 뿐만 아니라 문화라는 매개를 거치기 마련이다.

따라서 특히 동질성과 예외성이라는 상반된 힘이 작용하는 지구화 시대를 맞아 이 책에서는 문화의 문제를 특히 중요하게 다룬다.(Vrdoljak, 2013년) 심지어 확고한 '근거'가 있고 '보편적'이라고 하는 생명권과 안전의 자유 같은 1세대 인권도 특정한 문화적 구성 틀을 통해 발현되곤 한다. 예를 들어, '안정된 삶'을 누린다는 기본적인 상태도 어떤 문화 구성체(cultural formation)인가에 따라 여러 다양한 상태를 의미할 수 있다.

예상할 수 있듯이, 사회학자들 사이에서도 인권의 존재론적, 인식론적 질문을 어떻게 해결할지에 관해, 예컨대 인간의 본성에 관한 질문, 그리고 과학이 인간 본성에 대해 무엇을 말해줄 수 있을지 같은 질문을 놓고 서로 다른 견해를 제시하곤 한다. '인간 본성 대 사회적 구성'이라는 문제에서 서로 생각이 다르다 하더라도 사회학자들은 가치와 제도에 관한 문화 간 의사소통의 가능성과 그러한 의사소통의 긍정적 측면에 동의하는 경향이 있다. 인간의 내재적 공통점이 무엇이든 간에, 우리 인간은 공통의 인식과 경험에 기반하여 모든 사람을 위해 이 세계를 더욱 평화롭고, 평등하고, 문화적으로 포용적이며 생태적으로 지속 가능한 장소로 만들 수 있는 능력이 있다.

달리 말하면, 사회학자들은 인간이 공통의 구성 틀 또는 일련의 규범을 추구하기 위해—권리가 인간의 생물학적 특성에 근거하는지 그리고/또는 인간의 공감 능력, 사회성, 협력성, 연대성에 근거하는지 하는 문제를 떠나—서로 협력할 수 있는 존재라고 믿는 경향이 있다. 우리가 알 수 있고, 재현할 수 있으며, 지속되는 '인간 본성'의 토대 위에 권리가 세워져 있다면 진정으로 전 지구적인 보편주의를 달성하기가 훨씬 더 쉽겠지만, 인류 공통의 경험과 협상된 가치관과 잘 조절된 상호 작용과 공

유된 제도를 바탕 삼아 일종의 인권 보편주의를 구성할 수도 있을 것이다.(Donnelly, 2003년)

인권을 전 지구적 규모로 제도화하여 시행하기를 바라는 사상인 보편주의를 구상하려면, 정부 간 기구(산하에 여러 특별 기구를 두고 있는 유엔 같은 조직), 각국 정부(특히 경제적·외교적·군사적·이념적 영향력이 큰 나라들), 그리고 비정부 기구와 사회 운동 조직과 지역 사회 단체들 간의 대화와 협상이 있어야 한다는 점을 깨닫는 것이 중요하다. 이상적으로 본다면 이러한 대화와 협상 과정을 통해 빈곤국과 약소국을 위한 공간뿐만 아니라 전 세계의 주변화된 인구 집단을 위한 공간도 열릴 수 있을 것이다. 이 점을 염두에 두고 사회학적 관점에서 인권을 어떻게 정의할 것인가 하는 더 큰 질문으로 돌아가보자.

소극적 권리/시민적·정치적 권리

이 질문의 첫 번째 부분은 다음과 같다. 인간은 어떤 종류의 **보호 권리**(보호받을 권리, protections)를 지니는가. 이론적으로는 모든 인간이 정부, 단체, 소집단, 개인들이 저지르는 침해, 모욕, 착취, 배제로부터 보호되어야 한다. 개인 사이에 벌어지는 침해나 국가에 의한 침해로부터 개인을 보호하는 '소극적 권리(negative rights)'에는 생명권, 신체 보존권(bodily integrity), 존엄, 적법 절차, 결사, 집회, 자유 발언, 종교적 귀속 또는 비귀속, 시민의 대표로서 통치에 참여할 권리 따위가 포함된다.(Blau and Moncada, 2009년) 원칙적으로 말해, 모든 사람들의 소극적 권리를 중앙 정부와 지방 정부가 책임지고 보호해야 한다. 현실에서 보면, 소극적 권리를 보장한다는 말은 정부가 자신의 권력을 일차적으로는 사법부를 통해, 때로는 행정부를 통해 감시받아야 한다는 뜻이다. 예를 들어, 미국의 연방 정부, 주 정부, 지방 정부가 저지른 시민의 권리 침해는 연방 법무부가 조사하게 되어 있다. 이것은 1964년의 〈민권법〉과 1965년의 〈선거권법〉이 제정된 이래 주기적으로 제기된 쟁점이었다.

최근의 사례를 보자. 미국 헌법의 일반적 해석이 보여주듯 프라이버시 권리의 주된 보호자는 미국 정부가 된다. 진보와 보수를 막론하고 대다수 시민들이 프라이버시를 개인의 사적인 영역에 국가가 부당하게 개입하지 않도록 보장하는 주요한 소극적 권리라고 규정한다. 그러나 미국의 대외 정책에 반대하는 비국가 행위자들의 테러 전술에 맞서려는 미국 정부는 보안을 강화하기 위해 개인의 이메일, 문자 메시지, 전화 통화를 감청하는 조치를 취했다. 이런 측면에서 보면, 미국 국가안보국이 시민들의 사적 통신을 감청하는 프로그램이 정당한지에 관한 최근의 논쟁은 권리의 보장 범위에 관해 생각해볼 만한 사례라 할 수 있다. 정부의 복합적인 역할을 보여주었을 뿐만 아니라, 두 가지 소극적 권리 ─ 프라이버시 권리 대 개인 안전 권리 ─ 사이의 갈등을 보여주었기 때문이다. 2001년의 9·11 사태 이후 미국 대중은 프라이버시 권리와 개인 안전 권리 사이에 흥정(trade-off)이 가능한지를 놓고 계속 논쟁이 벌어지는 현실을 목격하고 있다.

감청 프로그램의 합헌성, 합법성, 정당성, 그리고 효과의 문제 ─ 일반 대중, 인권 단체, 행정─사법─입법부, 정치학자, 법학자가 토론하고 있는 문제—를 잠시 미뤄 두고 보면, 이 사례는 국가에 의한 소극적 권리의 위임과 집행과 관련된 복합성, 모호성, 모순성을 보여준다. 앞에서 열거한 소극적 권리들은 전적으로 시민적·정치적 성격의 권리들이며, 전체를 함께 고려했을 때 개인의 생명, 프라이버시, 안전, 보안, 존엄, 성격, 양심을 보장할 뿐만 아니라, 공적 활동에 대한 시민의 참여, 그리고 국가가 개인의 문제에 지나치게 간섭하지 못하도록 막을 권리를 보장한다.

미국인들은 헌법에 표현된 문구와 정치 문화 때문에 소극적 권리에 유달리 친숙하며, 그것을 열광적으로 받아들인다. 사실 많은 미국인이 소극적 권리가 전체 인권을 대변한다고 가정하며, 그러한 가정은 이른바 '소유적 개인주의(possessive individualism)'의 전통과도 부합한다.* 사회학자들은 사회과학적 훈련과 비판적 거리 두기에 힘입어 이러한 통념에 도전한다. 소극적 권리의 범위가 무척 넓긴 하지만, 소극적 권리만으로는 음식, 물, 주거, 의복, 보건 의료, 교육에 관한 기본 욕구를 충족시키지 못한다.

따라서 인권을 논할 때 미국과 유럽과 북반구의 복지 국가의 사회 보장 프로그램에 반영된 경제적·사회적 권리를 포함한 적극적 권리 혹은 수급 권리를 함께 검토해야 한다. 이와 함께 남반구의 발전 국가에서 시행된 낮은 수준의 사회 정책도 살펴볼 필요가 있다.(Esping-Andersen,

---

소유적 개인주의 정치철학자 맥퍼슨(C. B. Macpherson)의 이론이며, 서구 자유주의에서 개인의 재능과 기예가 사회와 무관하게 순전히 그 사람만의 소유물이라고 여기는 태도를 가리킨다. 이때 개인은 자신의 능력을 '자유 시장'에서 마음대로 사고파는 '소유주'로서 존재론적 지위를 지닌다. 다음을 보라. Macpherson, C.B. 2011. *The Political Theory of Possessive Individualism: Hobbes to Locke*. Oxford: Oxford University Press.

1990년) 이런 점은 인권사회학이 정치사회학의 연구 성과로부터 많은 것을 배울 수 있는 좋은 사례이다. 어찌 보면 경제적·사회적 권리—교육과 의료 체계에서 고용과 빈곤 퇴치 프로그램까지—분석은 과거 전 세계 복지 국가와 발전 국가의 연구 성과가 전체적으로 수렴되는 면이 있다.

　복지 국가와 발전 국가는 최근 들어 시장 친화적인 정책과 그에 상응하는 예산 삭감 정책을 목격하고 있다. 미국의 예를 들면, 레이건 대통령에서 시작해서 클린턴 대통령을 거쳐(예를 들어 "우리가 알던 복지의 종언"이라 불렸던 1996년의 〈복지개혁법〉) 최근에 이르기까지 공공 구호가 계속 줄어들었다.(Piven and Cloward, 1998년) 더욱 최근 들어서는 거대한 경기 침체로 인해 '월가를 점령하라' 운동이 나타난 미국뿐만 아니라, 유럽, 특히 에스파냐나 그리스 같은 이른바 '주변 국가'에서도 경제 불평등에 반대하는 저항이 크게 일어났다. 역설적으로, 근년에 경제적·사회적 권리에 관한 논의의 공간을 열어젖힌 것이 바로 사회 보장 프로그램에서 이른바 '국가의 후퇴' 현상이다. 이는 전 세계에서 나타난 공통적인 과정이었다. '국가의 후퇴'와 관련한 논의는 역으로 전 세계 각국의 사회 보장 프로그램에 관한 과거의 논쟁과 투쟁을 오늘날에 복원할 필요성을 일깨운다.

적극적 권리/경제적·사회적 권리

　이제 큰 질문의 두 번째 부분을 알아보자. 인간은 어떤 종류의 '**수급 권리**(entitlements)'를 지니는가.* 이론적으로 모든 인간은 다음과 같은 점, 즉 생계 수단에 접근할 기회를 제공하고, 심신을 발전시킬 수 있도록 해주고, 일을 하고 직업을 가질 수 있도록 촉진하고, 사회적 계층 이동을 할 수 있는 기회를 제공하고, 여가를 즐길 시간을 주고, 경기 후퇴와 침체, 인재(人災)와 천재(天災) 같은 재난으로부터 보호해주는 경제 구조와 사회 보장 프로그램을 누릴 권리가 있다. 이런 권리를 '적극적 권리(positive rights)'라고 부르는 이유는, 오래전부터 존재해 온 사회적 불평등의 폐해를 보정하고, 유년기부터 노년기까지의 삶을 도와주고, 가장 어려운 취약 계층을 지원하고, 위기에 따른 부담을 줄이는 데 정부의 적극적 개입과 정책이 필요하기 때문이다. 이러한 수급권에는 음식, 의복, 주거, 보건 의료, 교육, 고용, 실업과 장애 보험, 사회 보장, 최저 임금, 기초 생활 수준 등이 포함된다.(Blau and Moncada, 2009년)

경제적·사회적 권리가 가능하고 바람직하다는 점을 이야기하려면 미국 복지 국가의 역사를 살펴보는 것이 좋겠다. 지구화 시대에 들어서 공화당-민주당의 양당 공조로 예산 삭감이 단행되며 미국의 복지가 약화된 역사를 염두에 두고 말이다.(Skocpol, 1995년; Amenta, 1998년) 지면의 제약을 고려하여 아주 간략하게 요점만 말해도 충분할 것이다.

복지 국가라 하면 호황과 불황을 반복하는 자본주의 작동 방식을 국가의 권력을 동원하여 관리하는, 케인스주의 경제학자들이 '경기 역행적 수요 관리(counter-cyclical demand management)'라 부른 국제적 과

---

* 일반적으로 'entitlement'는 어떤 지위나 특혜를 주장할 수 있는 '자격', 또는 그런 것을 누릴 수 있는 '권리'라는 뜻으로 쓰인다. 'entitled to~'로 쓰면 '~할 자격 또는 권리가 있다'는 뜻이다. 이 책에서는 'entitlement'를 경제적·사회적 권리와 관련된 프로그램이 제공하는 혜택을 누릴 수 있는 권리, 즉 '수급 권리'라는 의미로 쓴다. 이 점은 4장에서 자세히 다룬다.

정이라고 이해할 수 있다. 그러나 미국 복지 국가의 기원과 진화에 관한 방대한 연구 결과에 인권사회학의 많은 난제가 포함되어 있음을 지적할 필요가 있다. 따라서 이 책의 목적 중 하나는 향후 연구 과제로서 미국의 사회 보장 제도를 둘러싸고 실현되거나 축소되었던, 제안되거나 거부되었던, 충분하게 또는 불충분하게 논의된 경제적·사회적 권리를 검토하는 것이다. 이는 인권사회학 자체의 중요한 연구 주제이기도 하다.

이러한 연구 과제에서는 인권사회학의 3대 이론적 원천인 정치경제-발전사회학, 사회 운동론, 정치사회학의 성과를 활용할 것이다. 더 정확히 말해 이런 연구 과제는, 대중과 엘리트 연합이 경제적·사회적 권리 요구를 진전시킬 수 있었던 대공황 당시의 만연한 실업 상태 같은 '권리 조건', 그러한 요구가 국가 정책으로 실현될 수 있도록 만들어 가는 방식을 뜻하는 '권리 주장', 그리고 그러한 정책이 결과적으로 여러 사회 계급과 경제계에 끼친 영향을 의미하는 '권리 효과'를 밝힌다. 요약하자면, 권리 조건, 권리 주장, 권리 효과의 개념을 요긴하게 활용하면 미국 사회 보장 제도를 분석하는 데 도움이 될 것이다.

다시 사회 보장 제도에 관한 역사적 서사로 돌아가자. 1930년대 대공황의 와중에 다수의 적극적 권리가 실행되었으며, 그러한 구호, 복구, 개혁 프로그램들이 뉴딜 정책의 핵심을 이루었다.(Levine, 1988년) 루스벨트 대통령은 뉴딜 정책의 프로그램을 인권으로 개념화했고 사회 보장 프로그램을 헌법에 포함하기 위해 〈제2 권리 장전(Second Bill of Rights)〉*을 제안했지만, 지난 30년 사이 많은 정치인들과 그 지지 계층에서 사회 보장 프로그램을 거부하는 분위기가 생겼다. 그 결과 미국인들이 어떤 경제적·사회적 권리를 요구할 수 있는가 하는 문제가 해결되지 않은 채 남아 있게 되었다. 미국의 경우 특히 민주당 대 공화당 사이에서, 유럽의 경우 특히 노동당–사민당–사회당–녹색당 대 우파 계열 정당 사이에서, 그리고 그 외 북반구 국가들에서, 복지 국가의 정당성과 실행 가능성을 둘러싸고 이어지는 논쟁에 비추어 봤을 때 지금처럼 예산 삭감이 계속되는 위기 상황에서 경제적·사회적 권리를 추구할 수 있을 것인지, 혹은 추구해야만 하는 것인지 같은 질문들은 더 두고 봐야 할 문제가 되었다.

이러한 경제 위기는 흔히 정책에 어려운 흥정(trade-off) 상황을 야기한다. 복지 국가의 미래에 관한 질문은 정치사회학자, 경제사회학자, 비교정치학자들이 이미 상세하게 연구한 문제이므로(Pierson 외, 2013년) 이 책에서는 그 문제를 따로 다루지 않을 것이다. 하지만 인권의 관점에서 사회 보장 프로그램을 규정한 연구는 이 책에서 언급을 하려 한다. 이른바 '사회권 국가(social rights state)'라는 사상은 최근에 학계에서 나타난 용어가 아니라 유럽연합의 정책 결정자들 사이에서 역사가 오랜 사상임을 기억해야 한다.

사회과학 연구와 대중문화를 통해 잘 알려진 사실이지만, '서부 개척'과 '초원의 집' 식의 신화에 부분적으로 근거를 둔 소유적 개인주의와 자

제2 권리 장전 루스벨트 대통령이 1944년 의회 국정 연설에서 제안한 헌법 개정안이다. 미국 연방 헌법과 그 수정 조항들이 주로 시민적·정치적 권리를 규정했으므로(〈제1 권리 장전〉), 경제적·사회적 권리를 포함한 수정 조항을 추가하자는 주장이었다. 노동할 권리, 음식, 여가, 농민의 공정한 수입, 불공정 경쟁과 독점 금지, 주택, 의료, 사회 보장, 교육 같은 프로그램이 제안되었다. 루스벨트는 건국 초기의 〈제1 권리 장전〉이 국민의 행복 추구권을 보장하기에 미흡했다고 지적하면서 자신의 개정안을 〈경제 권리 장전(Economic Bill of Rights)〉이라고도 불렀다.

립 정신은 건국 초기부터 미국 사회에 깊숙이 들어와 있다. 1930년대의 뉴딜 정책과 1960년대의 '위대한 사회(Great Society)' 프로그램을 통해 사회 안전망이 확대되었던 경험이 있는데도 미국인들은 적극적 자유에 뿌리 깊은 의심을 품고 있다. 미국인들은 보통 사회 보장 프로그램을 권리 그 자체로 여기지 않고 경제 상황이 변하면 철회될 수 있는 혜택이라고 생각한다. 그 이유가 무엇인가. 적극적 권리를 추가로 지정하려면, 사라지지 않고 계속되고 있는 사회적 불평등을 완화하거나, 역사적으로 형성된 부정의한 현실을 바로잡기 위해 연방, 주, 지역 차원에서 입법가들이 새롭게 법률을 제정하여 정책을 바꿔야 하기 때문이다. 이런 과정은 언제나 정치적 변화의 물결과 이념적 합의의 변동에 따라 그때그때 바뀌곤 한다. 따라서 국민들에게 부여하는 적극적 권리의 범위를 넓힐지 좁힐지 정할 권한을 정책 결정자들이 가지는 셈이다.

문제를 더 복잡하게 하는 것은 미국의 주요 정당인 '좌파' 민주당과 '우파' 공화당의 각각의 내부 또는 두 정당 사이에 적극적 권리에 관한 일정한 합의가 존재하지 않는다는 사실이다. 1차 세계대전 이래 민주당이 공화당보다 경제적·사회적 권리를 더 지지할 가능성이 컸다는 것은 사실이다. 그러나 이러한 경향이 절대적인 것은 아니다. 더 나아가, 1996년의 〈복지개혁법〉과 그 후속 법률들이 보여주듯, 민주당이 시장 지향적 해결책이라는 명분으로 사회 보장 프로그램을 축소하는 경향도 적지 않았다. 바로 이런 점이, 예를 들어 〈환자 보호 및 부담 적정 보험법〉*을 둘러싼 논쟁이 벌어진 배경이었다. 이 법안을 찬성했던 많은 지지자들조차 의료를 인권으로 여기는 데 미온적이었다. 요약하자면, 미국의 정책 결정 서클 내에서 적극적 권리의 성격, 범위, 적용을 놓고 지금도 열띤 논쟁이 벌어지고 있다. 그러한 논쟁에서 가장 중요한 쟁점이 무엇인지를 설명할 수 있는 것도 인권사회학의 주된 기능이라 할 수 있다.

문화적·환경적 권리

많은 학자, 정책 결정자, 활동가 들은 원주민이 조상 대대로 살아온 땅에서 거주하고 자신의 정체성, 생활 양식, 언어, 관습을 보존할 권리 같은 문화적 권리, 그리고 깨끗한 공기와 물을 확보할 권리, 농경지 사용 권리, 지속 가능한 공유지 접근 권리 같은 환경적 권리를 적극적 권리의 범주에 포함한다는 사실을 언급할 필요가 있다. 일반적으로 문화적·환경적 권리를 '적극적' 권리로 분류하는 데는 세 가지 이유가 있다.

첫째, 문화적·환경적 권리는 주로 남반구 대중의 영향력이 커지면서 인권 공동체에 새롭게 부각된 비교적 첨단 사상을 반영하고 있다. 예를 들어 브라질의 무토지 농민 운동*이나 멕시코의 사파티스타 운동, 그리고 세계사회포럼에 참여했던 각종 지역 사회 단체, 사회 운동 조직, 비정부 기구들은 토지에 대한 요구를 특정한 정체성뿐만 아니라, 보편주

---

* 미국의 차상위 계층에 의료보험 혜택을 부여하자는 개혁 법안으로 흔히 '오바마 케어'라고 불리며 2014년부터 시행되었다.
무토지 농민 운동(Movimento dos Trabalhadores Sem Terra) 1984년에 브라질에서 처음 시작된 사회 운동으로 토지 개혁을 통해 가난한 노동자들에게 땅을 분배하는 것을 목표로 삼았다. 토지 소유를 어렵게 하는 불평등한 소득 분배, 인종 차별, 성차별, 미디어 독점 같은 사회 문제에 대응하는 활동을 펼치고 있다.

의 정신과 연결하는 경향이 있다. 그 과정에서 이들은 일반적인 인권 범주를 뛰어넘는 사유의 가능성뿐만 아니라, 보편주의와 문화 다원주의를 함께 포용할 수 있는 가능성을 보여주었다.(Pearce, 2001년)

가장 유명한 사례를 간략하게 살펴보자. 2001년 이래 신자유주의적 지구화에 저항하는 투쟁의 철학, 전략, 전술에 관한 정보를 서로 교환하는 비폭력, 비당파적 조직의 장으로서 역할을 해 온 세계사회포럼은 "연대의 지구화가 세계 역사의 새 장을 열어 갈 수 있도록 하기 위해" 일종의 권리 꾸러미들을 제안했다. "이렇게 되면 보편적 인권, 모든 나라 남녀 모든 시민들의 권리를 존중하고, 환경까지 보호할 수 있다. 그리고 사회 정의, 평등, 그리고 전 세계 인민들의 주권에 봉사하는 민주적 국제 체제와 제도를 기대할 수 있을 것이다."(World Social Forum, 2013년)

둘째, 세계 각지에서 무시당하고 잊히고 거부당해 왔던 문화적·환경적 권리들은 국가가 어떤 참신한 법률을 제정하면 되살아날 수 있다. 예를 들어 억눌린 문화적 관습을 보호하고 증진하고, 농사와 공동체 구축을 위해 휴경지를 재분배하고, 어로 활동을 위해 물길을 다시 트고, 수렵, 채취, 생계 활동과 약물 채집을 위해 산림을 보전하려면 국가의 적극적 개입이 필요하다.

셋째, 문화적·환경적 권리는 정의 자체가 개인이 아니라 집단(특정한 정체성에 대한 요구가 그 구성원을 규정하는)과 공동체(거주하는 지역이 그 구성원을 규정하는)에 주어진다. 따라서 문화적·환경적 권리는 개인에게 주어지는 다른 두 종류의 권리 ─ 시민적·정치적 권리와 경제적·사회적 권리 ─ 와는 근본적으로 성격이 다르다.

이런 점들이 인권을 통상적으로 분류하는 방식에 대해 우리에게 말해주는 바는 무엇인가. 여기서 우리는 제2차 세계대전이 끝난 뒤부터 1980년대 말까지 인권에 관한 사상을 형성했던 재래식 인권 범주에 대해 세 가지 결론을 끌어낼 수 있다.

첫째, 국가가 시민에게 제공해야 하는 보호 권리를 의미하는 소극적 권리는 시민적·정치적 성격을 띠며, 국가가 시민에게 제공해야 하는 수급 권리를 의미하는 적극적 권리는 경제적·사회적·문화적·환경적 성격을 띨 것이다.

둘째, 인권을 유형별로 나누어 분류하면 연구·교육·정치적 행동 또는 주창 활동에는 유용하겠지만, 소극적 권리와 적극적 권리가 현실에서는 서로 중복된다는 점을 인정해야 하겠다.

셋째, 소극적/시민적·정치적 권리의 정당성에 대해서는 오늘날 거의 반대가 없지만, 적극적/경제적·사회적·문화적·환경적 권리의 정당성에 대해서는 아직도 많은 논의와 심지어 논쟁까지 벌어지고 있다. 이런 이유 때문에, 우리는 일단 표준적인 인권 분류 방식을 통해 인권을 철저히 고찰한 후 지구화 시대에 더 적합한 새로운 접근 방식을 찾을 필요가 있다.

권리 꾸러미 만들기

지금까지 소개한 내용은 단순히 이념적이거나 지적인 성격의 논쟁이 아니라, 서로 경쟁하는 권력 연합과 지지 기반 사이의 복잡하고 모순적인 관계를 반영하는 현실적 논쟁이다. 따라서 학생, 학자, 정책 결정자, 일반 대중이 전통적인 인권의 범주를 통하여—그리고 그 범주를 넘어서서—유엔 기구들, 국제앰네스티나 휴먼라이츠워치 또는 옥스팜* 같은 지명도 높은 비정부 기구들, 전 세계 사회 운동 조직 사이에서 벌어지는 논쟁들을 더 잘 이해하도록 돕는 것이 이 책의 목적 가운데 하나이다.

유엔 기구들과 비정부 기구와 사회 운동 조직들은 인권 의제를 규정하기 위해 서로 협력도 하고 경쟁도 하면서 옛 권리를 재해석하고 새로운 권리를 발명하는 '힘의 장(force field)', 다시 말해 일종의 연계(nexus)를 형성한다. 따라서 대단히 모순적이고 모호하긴 하지만, **'유엔 – 비정부 기구 – 사회 운동 조직 연계**(UN-NGO-SMO nexus)'라는 개념은 인권사회학자에게 상당히 중요한 개념이다. 사실상 이 연계 내에서 지구화와 관련된 문제에 대응하는 데 인권 정전—그 중에서도 가장 핵심인 〈세계 인권 선언〉, 〈자유권 규약〉, 〈사회권 규약〉—을 어떻게 해석하고 적용할 것인지가 결정되곤 한다.

이런 점에 비추어 보아, 영국에 본부를 둔 명망 있고 유능한 비정부 기구인 옥스팜의 사례가 이 책의 목적을 위해 특히 좋은 교훈이 될 수

옥스팜 정식 명칭은 옥스팜 인터내셔널(Oxfam International)이다. 1942년 영국 옥스퍼드에서 결성되었다. 당시 추축국의 점령 아래 있던 그리스에서 대규모 기아 사태가 발생하자 시민, 종교인, 지식인들이 그리스에 구호 물자 금수령을 내렸던 영국 정부에 그 조치를 해제하라는 캠페인을 펼치면서 만들어진 단체다. 그 후 기근 구호, 빈곤 퇴치, 개발 지원을 하는 세계적인 인도적 지원 및 개발 협력 단체로 발전했다. 옥스팜은 일반적인 인도적 구호와 경제 개발을 넘어 '가치에 기반한 접근 방식', '인권에 기반한 접근 방식'을 빈곤 퇴치 방법론으로 제시하여 국제 시민 사회에 큰 영향을 끼쳤다. 경제적·사회적 권리 문제에서도 법 앞의 평등, 참여권, 민주주의 권리가 중요하다고 주장한 옥스팜의 접근 방식은 빈곤 같은 다차원적이고 다면적인 문제를 다룰 때에 중요한 의미를 지닌다.

있다. 전 지구적 빈곤이라는 복잡한 난제를 해결하기 위해 '**권리에 기반한 접근**(rights-based approach)'을 채택한 옥스팜은 다섯 가지 보편적 권리를 확인한다. 첫째, '생계를 꾸릴 권리'는 적절한 노동 조건, 자연 자원에 대한 접근권, 지속 가능한 생태계를 의미한다. 둘째, 깨끗한 물, 공중보건, 교육 등은 '기본 서비스 권리'에 속한다. 셋째, '피해로부터 안전할 권리'는 자연 재해의 위험으로부터 보호받을 권리를 말한다. 넷째, '경청의 대상이 될 권리'는 논쟁과 의사 결정 과정에서 대중의 참여를 권장한다. 다섯째, '평등하게 대우받을 권리'는 종족, 인종, 소수파 종교, 여성, 장애인 등이 직업, 자원, 정보에 대해 평등한 접근성을 누릴 수 있는 권리를 요구한다. 전체적으로 이 권리들은 빈곤의 원인과 결과를 모두 해결하려는 목적을 지닌다. '빈곤이라는 난제'는 다차원적인 원인에서 비롯된, 다중적인 결과를 초래하는 현상이므로 일종의 권리 꾸러미를 고안해서 이행해야 풀릴 수 있는 문제다.

이런 식으로 서로 연결된 권리들에 대해 우리가 내릴 수 있는 결론은 무엇인가. 옥스팜이 확정한 5대 권리 꾸러미는 소극적/시민적·정치적 권리와 적극적/경제적·사회적·문화적·환경적 권리의 구분을 분명히 넘어선다. 옥스팜은 이러한 권리들을 진전시키는 데 빈곤이 결코 경제적인 문제만은 아니므로 정치적·사회적·문화적·환경적 요소까지 고려해야만 줄어들 수 있다고 주장한다. '위'로는 유엔 기구, '아래'로는 풀뿌리 운동과 모두 소통하면서 '유엔-비정부 기구-사회 운동 조직 연계'가 작동하는 방식을 잘 보여주는 비정부 기구인 옥스팜이 전개하는 빈곤 캠페인 사례를 분석할 때에 인권사회학자들은 서로 다른 종류의 권리들 사이에 존재하는 현실 속의 상호 연결성을 설명하려 한다. 비정부 기구와 다른 형태의 조직들이 겉으로 전혀 다르게 보이는 권리들을 어떻게 묶어내는지를 밝히기 위해 우리는 뒤에서 다시 옥스팜이나 그 외 유사한 단체들의 사례를 살펴볼 것이다.

인권사회학이란 무엇인가

어떤 의미에서 인권은 사회학이라는 학문 자체의 핵심을 건드리는 주제라 할 수 있다. 19세기 유럽 특히 프랑스와 독일의 대학에서 태동한 사회학(sociology)은 '함께하는 사람'을 뜻하는 라틴어 'socius'와, '지식'을 뜻하는 그리스어 'logos'에서 비롯되었다. 이 명칭에는 사람들이 과학적 진리를 함께 찾는다는 의미, 그리고 과학을 활용하여 자연의 세계, 사회의 세계, 더 나아가 두 세계 사이의 복잡한 관계를 탐구하겠다는 의미가 담겨 있다. 산업화, 도시화를 비롯한 중대한 사회 변화가 일어나는 가운데 사회학은 단시간 내에 '**사회를 탐구하는 과학**(the science of society)'으로 자리 잡았다. 이 개념은 저명한 인본주의 철학자였던 오귀스트 콩트가 만들었다. 또한 콩트는 "원칙으로서 사랑, 토대로서 질서, 목적으로서 진보"라는 말도 남겼다. 흥미롭게도 콩트의 인본주의적 진보 철학은 그 후 브라질 국기에 구호로 새겨지기도 했다.* 콩트를 비롯한 사회학의 초기 선구자들은 '과학'을 어떤 식으로 개념화했는지에 대해,

---

* 콩트의 원문은 "L'amour pour principe et l'ordre pour base; le progrès pour but"인데 브라질 국기는 포르투갈어로 "질서와 진보(Ordem e Progresso)"만 인용한다.

그리고 사회학이 자연과학의 방법론을 어느 정도나 차용해야 할지, 또 얼마나 '가치 중립'을 추구해야 할지에 관해 많은 논의를 했다. 이런 논쟁에도 불구하고, 이 학문의 창시자들이 사회학을 **체계적인** 탐구 활동으로 그렸던 사실만큼은 확실하다. 정도의 차이가 있지만 초기 사회학자들은 사회를 연구하는 데 이른바 '과학적 성격(scientificity)'을 대단히 중시했다.

이른바 사회학의 창시자 그룹에 속하는 카를 마르크스, 에밀 뒤르켐, 막스 베버를 비롯한 초기 학자들은 법, 규범, 이념적 구성체 등에 큰 관심을 보였지만, 막상 인권 자체는 별로 주목하지 않았다.(Deflem and Chicoine, 2011년) 실제로 인권사회학이 북미와 유럽의 대학에서 연구와 교육에서 하나의 독립된 분과 학문으로 자리 잡은 것은 1990년대 중반에 접어들어서였다.(Frezzo, 2011년) 그래서 다음과 같은 질문이 제기된다. 왜 과거에는 사회학에서 인권을 체계적으로 연구하지 않았는가. 이 신생 학문의 선구자에 속하는 한 학자가 주장한 바에 따르면, 사회학이 '실증주의(사회학이 자연과학의 방법론을 차용해야 하고, 가치 중립성을 엄격하게 지켜야 한다는 믿음)'와 '문화 상대주의(가치는 그것이 만들어진 문화적 맥락 내에서만 중요성을 지닌다는 믿음)'라는 서로 경쟁하는 유산을 이어받았기 때문에 20세기에 일어난 '인권 혁명(human rights revolution)'의 흐름을 포착하지 못했다는 것이다. 인권 혁명은 각종 인권 조약과 선언뿐만 아니라, 유엔 기구들, 다수의 비정부 기구와 여러 조직들이 인권 활동을 양산해 온 과정을 뜻한다.(Turner, 2006년)

모든 사회학자들은 실증주의자 아니면 상대주의자라고 말한다면 지나친 주장이겠지만, 상반되는 두 가지 **유산**으로 인해 권리에 초점을 맞춘 사회학의 출현이 지연되었을 가능성이 높다. 실제로 인권에 초점을 맞춘 인식 공동체와 함께 등장한 국제 인권 정전의 성문화, 그리고 인권에 특화된 사회학 분과인 인권사회학의 출현 사이에는 상당한 시차가 존재한다. 그 기간 동안 사회과학 내의 여러 학문, 특히 정치학에서는 국제관계학과 비교정치학, 그리고 특히 인류학에서는 문화 규범과 관습을 연구하는 분야에서 사회학보다 먼저 인권의 작동을 분석하기 시작했다.

사회학자들이 정치학이나 인류학이나 다른 사회과학 분과 학문의 선례에 따라 인권을 체계적으로 연구하게 된 이유는 무엇인가. 사연이 복잡하긴 하지만 설명할 필요가 있다. 1990년대 들어 냉전이 끝나고 불가리아, 체코슬로바키아, 동독, 헝가리, 폴란드, 루마니아, 구 소련의 공화국들, 구 유고슬라비아 등 옛 사회주의 국가들이 전 세계 자본주의 경제권에 편입되었으며, 신자유주의 정책에 반대하는 대중의 저항이 처음에는 남반구에서 그 후 북반구에서 급격히 늘어났다. 국제통화기금(IMF), 세계은행(WB), 세계무역기구(WTO)가 주도한 신자유주의 정책에 각국 정부는 고분고분하게 순응했다.(McMichael, 2012년)

신자유주의는 예산 균형, 인플레 통제, 통화 안정을 추구하고 초국적 기업의 활동을 촉진하면서 다섯 가지 주장을 내세웠다. 사회 보장 프로그램 예산을 삭감하는 '긴축 재정', 노동과 안전과 환경에 관한 규제를 푸는 '탈규제', 국가 소유 공기업을 매각하는 '민영화', 국경을 넘나드는 자본 흐름의 통제를 해제하는 '금융 자유화', 그리고 소비재의 관세를 철폐하고 수출재의 보조금을 삭감하는 '자유 무역'이 그것이다. 초국적 기업들이 고임금의 북반구 지역으로부터 저임금의 남반구 지역으로 산업을 아웃소싱(외주)하도록 부추긴 지구화와 포드주의 후기 생산 양식과 가까운 신자유주의는 사회 보장 프로그램에서 '국가의 후퇴'를 권하고, '시장의 합리성'을 찬양했다.(Bandelj and Sowers, 2010년: 177-84)

이에 대해 사회 운동 조직들 특히 라틴아메리카의 사회 운동은 인권을 '마스터 프레임(master frame)'*으로 내세우면서 신자유주의에 저항하기 시작했다.(Smith, 2007년) 사회 운동 조직과 비정부 기구들의 동맹이 정의, 민주주의, 문화 다원주의, 지속 가능한 환경의 이름으로 신자유주의 정책에 저항하는 과정에서, 전통적 권리들을 **재해석**하고 새로운 권리들을 **발명**하기 시작했다. 이러한 추세는 오래지 않아 정치경제-발전사회학, 사회 운동론, 정치사회학 연구자들의 주목을 받았다. 이때부터 사실상 인권 사상이 남반구의 길거리, 공장, 농토, 대학으로부터 북반구 학계의 회랑으로 '역류(backflow)'하기 시작한 것이다. 이러한 역류 현상이 지구화의 가장 큰 특징 중 하나인 커뮤니케이션 기술의 확산으로 인해 가능했다는 점은 두말할 필요가 없다. 최근의 '역류' 사례를 들자면, '월가를 점령하라' 운동에 참여한 활동가들이 멕시코 사파티스타 운동과 브라질에 본거지를 둔 세계사회포럼의 사회 운동 조직에서 나온 '수평성(horizontalidad)' 원칙*과 직접민주주의 활동을 차용한 예를 들 수 있겠다.

마스터 프레임 새로운 형태의 사회 운동 저항 사이클을 설명하기 위해 고안된 사회 운동론의 개념이다. 흔히 정치 과정이나 사회 운동에서 쟁점을 구성하는 방식을 뜻하는 '프레임' 개념보다 범위와 영향력이 더 크고 장기적인 행동 프레임을 의미한다. 신자유주의 시대에 들어와 '인권'이 전체 사회 운동의 기준적 가치로 자리 잡았고, 사회적 행동을 '권리'의 이름으로 정당화하는 경향이 주류가 되었다.

인권에 관한 사회학의 여러 관점

인권에 관한 사회학의 3대 관점 ─ 정치경제-발전사회학, 사회 운동론, 정치사회학 ─ 은 현실 세계에서 인권이 작동하는 방식에 대해 서로 보완적이면서도 개별적인 통찰을 제공한다.

첫째, '정치경제-발전사회학'은 그 정의상 세계의 경제적 조건, 그리고 국제통화기금, 세계은행, 세계무역기구가 추동한 국가 정책이 특히 남반구에서 대중의 저항을 불러일으킨 이유를 규명하는 학문이다. 예를 들어 긴축 정책과 자유 무역 협정이 1990년대와 2000년대에 라틴아메리카 전역에서 저항의 물결을 일으킨 사례가 있다. 경제 상황이 언제나 결정적인 요인은 아닐 수 있지만, 지구화 시대에 들어 경제가 대중에 미치는 영향이 더욱 중요해졌다. 경제 상황이 문화적 · 환경적 상황과 수렴되는 경향이 커졌기 때문이다.(Appelbaum and Robinson, 2005년) 이 책에서는 대중의 불만이 생성되는 여건과 상황을 묘사하기 위해 '권리 조건'이라는 용어를 사용한다.

둘째, '사회 운동론'에서는 사회 운동 조직과 비정부 기구 동맹이 인권의 이름으로 자신의 불만을 프레임하는 방식뿐만 아니라, 사회 운동 조직의 구조, 전략, 전술도 조명한다. 이 책에서는 사회 운동 조직과 그 동맹이 추구하는 구체적 요구를 설명하기 위해 '권리 주장'이라는 용어를

수평성 원칙 사회의 다양한 조직 내에서 권력을 평등하게 배분하기 위해, 기존의 수직적이고 관리적인 권력 구조를 탈피하여 구성원들의 지속적 참여와 교류를 통해 민주적 사회 구조를 창조하려는 원칙.

사용한다. 예를 들어 초국적 활동가 네트워크를 의미하는 '전 지구적 정의 운동'*은 사회 보장 프로그램, 문화의 보존, 환경 개선 등을 인권 문제로 규정하면서 각국 정부에 해당 문제의 시정을 요구했다.

마지막으로, '정치사회학'에서는 새로운 권리 주장이 국제, 국가, 지역 차원에서 정책적 처방에 어떤 영향을 끼치는지를 연구할 뿐만 아니라, 유엔이나 국가에서 최근에 인정된 권리로 인해 국제, 국가, 지역 차원에서 사회적 행위자들의 역량이 늘었는지 또는 줄었는지도 연구한다. 이 책에서는 국가 정책을 통해 구체화된 권리의 영향력을 규명하기 위해 '권리 효과'라는 용어를 사용한다. 예를 들어, 최근 여러 국가에서 동성 간의 결혼 권리를 인정했다. 그러한 권리가 인정됨에 따라 동성 커플에게 세금 감면, 의료 혜택, 입양과 양육, 상속 권리가 생겼다. 이렇게 법적으로 혼인의 권리가 인정되면 사회 속에서 LGBT 구성원들을 더욱 자연스레 받아들이는 문화적 변화가 올 수 있을 것이다.

그러므로 이 책은 인권의 규범, 법률, 관행, 제도의 기원과 진화와 영향력을 조명하기 위해 정치경제-발전사회학, 사회 운동론, 정치사회학의 관점들을 함께 엮어서 활용할 것이다. 이 책은 정치경제-발전사회학과 사회 운동론과 정치사회학의 접근을 통합하고, 권리 조건과 권리 주장과 권리 효과의 개념들을 연결하면서 1945년 이후 인권의 발전 궤적을 거시 역사사회학으로 규명하려 한다. 이러한 관점에서는 인권 정전과 인

전 지구적 정의 운동(Global Justice Movement) 기업 권력의 세계화에 반대하고 경제 자원의 균등한 분배를 주장하는 사회 운동 네트워크이다. 공정 무역을 장려하고 세계무역기구 같은 세계화된 경제 체제에 반대한다. 세계적 농민 단체 '비아 캄페시나', 빈곤 국가의 채무 탕감 운동을 벌였던 '주빌리 2000'이 대표적 단체이다.

권 정전으로 촉발된 인권 정책들의 출현과 확산을 적절한 역사적 맥락에서 분석하는 일이 대단히 유용하다는 점을 강조한다.(Lauren, 2003년)

하지만 위에서 언급한 세 가지 접근 방식만이 인권을 사회학적으로 연구하는 방식의 전부가 아니라는 점을 반드시 기억해야 한다. 원칙적으로 말해 사회학을 활용해서 인권을 연구하는 다른 여러 방법이 있을 수 있다. 실제로 사회학자들은 다양한 관점에서 인권을 연구해 왔다. 그중 몇 가지만 들어보면 평화사회학, 경제사회학, 법사회학, 조직사회학, 이주사회학, 인종과 에스니시티(ethnicity) 사회학, 젠더·섹슈얼리티 사회학, 문화사회학, 환경사회학, 건강과 의료사회학, 도시사회학, 범죄학, 사회심리학 등이 있다. 이들의 대표적인 연구 사례를 들어보자.

평화사회학은 인권을 형성하는 데 대중과 엘리트의 평화 주창 네트워크가 수행하는 역할에 특히 주목할 것이다. 경제사회학은 초국적 기업의 운영, 경제 규제 기관의 활동, 그리고 인권을 제한하거나 촉진하는 자유시장의 역할 등을 연구할 것이다. 이주사회학은 이주 정책의 인권적 영향을 살펴볼 것이다. 인종, 젠더, 섹슈얼리티, 국적을 연구하는 사회학은 인권에 개인 정체성의 의미를 집중적으로 관찰할 것이다. 문화사회학은 인류학과 유사하게 특정 문화가 권리 주장을 '거르는' 여과 방식에 특별히 주의를 기울일 것이다. 환경사회학은 특정한 생태계가 그 안에 사는 거주자들의 권리 주장에 어떤 영향을 끼치는지를 연구할 것이다. 건강과 의료사회학에서는 보건 정책과 인권의 연결성을 분석할 것이다. 도시사회학은 주택에 대한 접근성의 차이, 그리고 도시 인프라의 문제를 파헤칠 것이다. 법사회학이나 범죄학에서는 수감자의 처우를 연구할 것이다.

마지막으로, 사회심리학은 특정 인구 집단에서 인권에 대한 사람들의 태도 변화를 설명하려 할 것이다.

지금까지 예시한 여러 사회학적 경로들의 이론, 방법론, 연구 내용이 서로 다르다 하더라도, 이들은 결국 인권의 **사회적** 기초와 의미를 **사회학적으로** 규명한다는 공통의 목적지에 도달하게 된다. 따라서 이러한 질문이 나올 수 있다. 인권을 다루는 사회학 여러 분야의 공통점이 무엇인가. 본질적으로, 이렇게 다양한 접근 방식은 사회학적 이론과 방법론을 활용하여 다음과 같은 조건과 과정과 결과를 분석한다는 공통점이 있다.

(1) 대중과 동맹이 어떤 불만을 특정한 권리로 주장할 수 있도록 하는 사회적 조건. (2) 국가와 여러 공권력이 권리에 초점을 둔 정책과 법률을 제정하는 과정. (3) 사회적 행위자들 사이 권력 관계의 변화와 오래 지속될 제도의 수립 등 인권과 관련된 법제가 마련되었을 때 발생하는 정치적 결과.

인권을 연구하는 대다수 사회학자들은 정도의 차이는 있지만 이러한 세 차원의 문제를 검토하곤 한다. 사회학자들은 인권 영역에서 '지식'이 여러 방식으로 생산된다는 점을 우리에게 상기시킨다. 대학에서 교수와 학생들에 의해, 유엔 관리들과 각국 정부의 정책 결정자들에 의해, 가난과 분쟁에 시달리는 지역에서 활동하는 비정부 기구의 활동가들에 의해, 그리고 사회 운동 조직과 지역 사회 단체 활동가들, 길거리와 공장과 농토의 보통 사람들에 의해 인권 '지식'이 만들어지는 것이다.

사회 운동 조직과 그 지지 기반, 그리고 일반 대중이 인권을 형성하는 데 결정적인 역할을 한다는 점을 반드시 기억해야 한다. 한 사회에서, 전 지구적 맥락에서, 특정한 역사적 시점에, 서로 다른 힘을 지닌 여러 집단 사이의 모든 '투쟁(contention)', 또는 더 좋게 표현하여 모든 '쟁의(contestation)'의 결과가 곧 어떤 인권으로 인정되는 것이다. 한마디로 말해 인권의 본질, 범위, 적용성을 둘러싼 공통의 합의는 그것이 인권에 관한 연구, 토론, 대화, 협상, 투쟁의 과정에서 비롯되는 한 언제나 유동적일 수밖에 없다. 이 점은 진정으로 **사회학적인** 문제라 할 수 있다. 이 책에서는 학문으로서 사회학의 취지를 살려서, 인권의 **사회적 전제 조건**과 **사회적 영향**을 다룰 것이다. 이때 인권은 지식의 형태와 일련의 제도, 그리고 각종 실천이라고 이해된 개념을 가리킨다.

사회학은 그 정의상 전 지구적·국가적·지역적 차원에서 인간의 행동, 권력 관계, 그리고 사회 구조를 체계적으로 분석하는 학문 체계이다. 한편 인권이란 어떤 사람에게 그가 사는 곳에서 일련의 보호 권리와 수급 권리를 보장해주도록 하는 규범, 법률, 관습, 정책, 프로그램, 제도를 뜻한다. 지구화로 인해 초래된 변화가 크지만, 여전히 인권 영역에서는 국민 국가가 가장 중요한 제도적 행위자라 할 수 있다. 위에서 언급한 보호 권리와 수급 권리는 국민 국가들마다 그리고 각종 공동체마다 차이가 날 뿐만 아니라, 다양한 사회적 구성체(인종, 계급, 젠더, 성적 지향, 출신 민족 같은 여러 형태의 정체성과 사회적 지위에 따른) 안에서도 차이가 나기 때문에, 인권에 초점을 맞추는 사회학자들은 정치학자, 인류학자, 지리학자들의 연구와 만날 수밖에 없다.

그렇기 때문에 이 책의 주요 목적은 인권에 관하여 **사회학만의 고유한 관점**이 무엇인지를 밝히는 것이다. 그렇지만 사회학적 관점만이 중요한 것은 아니고, 사회학적 관점이 여러 사회과학이 제공하는 관점들을 보완하는 역할을 할 수 있다는 점 또한 기억해야 할 것이다.(Cushman, 2011년) 따라서 사회학자들은 다른 학문에서 이미 분석한 결과를 되풀이하면서도 마치 새로운 지식을 내놓는다는 식으로 활동하지 않고, 인권과 관련된 토론, 법률, 정책, 운동에서 사회학적으로 고유한 측면을 포착하기 위해 노력한다.(Brunsma 외, 2012년) 인권을 연구하는 사회과학의 여러 학문들 사이에서 학제 간 협업을 기대하고 희망한다.

인권사회학의 주요 개념

이 책은 인권에 관해 어느 특정한 프로그램을 옹호하는 대신, 연구, 교육, 봉사, 대화에서 인권사회학을 **실행**할 수 있는 몇 가지 방법을 강조하려 한다. 첫 번째 방법은 불만이 생성되는 경제적·정치적·사회적·문화적 조건을 분석하는 것이다. 예를 들어, 지구화의 부정적 측면 같은 상황이 착취당하고 주변화되고 권리를 침해당한 당사자들이 어떻게 자신의 불만을 인권 정전의 용어로 표현할 수 있도록 만들었는가라는 질문에 대해서 사회학자들은 권리를 침해당한 당사자가 목표를 정해 그것을 표출하는 상황을 뜻하는 '**권리 조건**'을 조명한다.

두 번째 방법은 대중 세력과 비정부 기구 동맹이 자신의 목적에 맞춰 기존의 인권 개념을 어떻게 새롭게 구성하는지를 상세하게 설명하는 것이다. 이 방법은 다음 질문을 제기한다. 운동 단체는 어떤 식으로 인권을 요구하는가. 이 질문에 답하기 위해 사회학자들은 권리를 침해당한 집단이 공권력에 요구하는 보호 권리와 수급 권리를 뜻하는 '**권리 주장**'을 상세히 밝힌다. 실제로 사회 운동 조직과 동맹들은 여러 불만을 인권의 언어로 번역한다. 이런 식으로 번역을 할 때 흔히 인권 정전의 주요 문헌을 인용하곤 한다.

세 번째 방법은 인권에 관한 특정한 토론이나 투쟁에서 관찰되는 여러 종류의 이해관계, 특히 권력 관계와 정책에서의 이해관계를 엄밀하게 분석한다. 이런 접근은 이러한 질문을 던진다. 국가를 비롯한 여러 정치 권력이 어떤 권리를 인정하고 이행할 때 어느 쪽이 유리해지고 어느 쪽이 불리해지는가. 이 질문에 답하기 위해 사회학자들은 권리를 침해당한 당사자가 마침내 권리를 획득했을 때 정치 제도와 사회적 관계가 어떤 식으로 변하는지를 뜻하는 '**권리 효과**'를 설명한다. 이 질문에 대한 대답에는 인권에 초점을 둔 정책의 결과가 어떠한가, 일시적인가 영구적인가, 하는 점이 포함되어 있다.

권리에 초점을 둔 운동이 얻을 수 있는 최고의 결과가 국가 정책의 변화임은 의심의 여지가 없다. 그러나 여기에는 두 가지 단서를 붙여야 한다. 첫째, 어떤 권리 동맹이 특정 법률을 제정하게 했는지를 확실하게 **입증**하기가 쉽지 않다. 그 이유는 현실 세계의 국가에서 권리 주장자와 법률을 제정하는 정책 결정자 사이에 여러 차원의 중간 메커니즘이 존재하기 때문이다. 심지어 민주 국가에서도 그러하다.(Giugni, 1998년; Amenta 외, 2010년) 둘째, 국가 정책은 시간이 흐르면 바뀔 수 있고 심지어 폐지될 때도 있다. 따라서 권리에 초점을 둔 동맹과 호의적인 정당의 엘리트들이 거둔 승리라 해도 언젠가는 뒤집어질 수 있다.

이 두 가지 단서를 보여주는 좋은 예로, 미국 역사상 가장 중요한 입법이라고 하는 1965년의 〈선거권법〉을 들 수 있다. 민권 운동이 〈선거권법〉 제정에 직접적인 영향을 끼쳤다고 확실히 증명하기는 쉽지 않다. 민권 운동이 주요한 요인이긴 했지만 결정적 요인이었는가. 다른 한편 〈선거권법〉이 남부 흑인들의 참정권 보장에 효과가 있었다고 널리 인정되긴 하지만 이 법은 논란의 대상이 되어 왔다. 원칙적으로 말해 만일 정치적 환경이 변한다면 이 법도 수정되거나 심지어 폐지될 수 있다.

인권사회학을 실행할 수 있는 네 번째 방법은 다른 종류의 인권 — 상상된 권리이든, 검토 중인 권리이든, 실제로 구현된 권리이든 — 이 이론적으로나 실제적으로 어떻게 서로 연결되어 있는지를 체계적으로 조사하는 것이다. 이런 접근에서 제기되는 질문은 다음과 같다. 한 권리를 이행하기 위해 다른 어떤 권리들이 있어야 하는가. 이 질문을 다루기 위해 사회학자들은 일반적인 권리의 범주를 넘어 유기적으로 연결되어 있는 권리들의 모둠을 뜻하는 '**권리 꾸러미**'를 설명해야 한다. 권리 꾸러미를 탐색한다는 말은 기존의 인권 정전을 새로운 방식으로 해석하거나 강화해야 한다는 뜻이다.

알다시피 인권 정전의 주요 문헌으로 〈세계 인권 선언〉, 〈자유권 규약〉, 〈사회권 규약〉이 있는데 이 문헌들은 유엔 — 인권 규범의 수호자라 불리며, 권리에 초점을 맞춘 인식 공동체에서 가장 중요한 행위자로 인정되는 — 이 생산한 여러 선언과 결의문의 맥락 안에서 이해해야 한다. 권리 꾸러미는 개념 정의상 규범적인 작업인데, 그 이유는 권리 꾸러미를 제안 — 권리를 침해당한 당사자를 대신해서 또는 그 사람과 함께 미래 지향적 권리 주장을 계획하는 것 — 하는 사람이라면 지금보다 더 나은 세상에 대한 비전을 내놓아야 하기 때문이다. 인권사회학계 내에서는 그러한 규범적 활동을 둘러싸고 찬반양론이 있다.

따라서 이 책은 권리 꾸러미를 탐색하는 데 신중한 태도를 취하려 한다. 한편 이 책은 현대 세계에서 가장 중요한 문제를 다루기 위해 세 가지 권리 꾸러미를 제안하려 한다. 다른 한편 그 권리 꾸러미를 특정 국가의 정당과 사회 운동 조직이 채택할지는 추측하지 않으려 한다. 그럼에도 불구하고, 사회학자라면 인권의 객관적 분석과 인권 주창 활동의 차이를 이해하는 것이 중요하다. 인권에 초점을 맞추는 사회학자 중에도 분석에만 치중하는 사람이 있고(Deflem, 2005년), 분석과 주창 활동을 병행하는 학자도 있다.(Blau and Moncada, 2009년)

이 책은 인권사회학에서 활용하는 이론과 개념을 설명하면서, 독자들에게 분석과 주창 활동의 관계를 숙고할 뿐만 아니라 어떤 규범의 이름으로든 그들이 개입하게 되는 상황을 고려해보기를 촉구한다. 그와 동시에, 이 책에서는 특정한 정당의 정강이나 사회 운동 조직의 프로그램에 대해서는 특별히 언급하지 않을 것이다. 그 대신 이 책은 인권 공동체 내에서 대중의 참여 — 더욱 대표성이 있고 효과적인 의제를 위한 전제조건으로서 — 가 중요하다는 점을 확인하는 정도에만 그 역할을 제한하려 한다.

'분석 대 주창'의 쟁점을 살펴봤으므로 이제부터는 이 책에서 소개할 인권사회학의 네 가지 개념이 수행하는 역할을 검토해보자. 권리 조건, 권리 주장, 권리 효과, 권리 꾸러미 이 네 가지 개념은 인권사회학의 접근 방법에서 기본적 요소를 이룬다. 달리 말해 이 개념들은 다음과 같은 과정에 대단히 중요한 통찰을 제공한다. 집단과 공동체의 불만이 어떻게 인권으로 개념화되는가. 인권을 둘러싼 투쟁이 어떻게 직간접적으로 권력 구조와 사회적 관계를 변화시키는가. 제안된 권리이든 실제로 구현된 권리이든 간에, 서로 다른 종류의 권리들이 어떻게 이론적으로나 실질적으로 연결되는가. 마지막 질문은 보충 설명이 필요하다. 서로 다른 종류의 권리들을 분리해서 검토하는 것이 분석적·교수법적·정치적 목적을 위해서는 유용할 수 있지만, 실제로는 인권을 각각 나눌 수 없다는 것을 인정해야 한다.

인권을 이론적으로는 나눌 수 있지만 실제로는 '나눌 수 없다(不可分)'는 말이 무슨 뜻인가. 이 질문에 대한 짧은 답변은 이렇다. 우리가 빈곤, 사회 불평등(인종, 젠더, 성적 지향, 출신 민족, 기타 개인적 정체성을 근거로 한), 문화적 주변화, 환경 훼손 같은 사회 문제를 **서로 연결된 인권 침해**로 본다면, 우리는 지역 사회 단체, 사회 운동 조직, 비정부 기구, 유엔 기구들의 정책 제안 역시 **서로 연결된 인권 해법**으로 개념화해야 할 것이다. 더 나아가, 이런 기구들의 정책 제안을 검토하면서 우리는 세상을 더 나은 곳으로 만들기 위해 사회학적 전문성을 활용하는 것이 **가치** 있다는 사실을 인정할 수 있다. 그러나 '더 나은 세상'이 무엇인지는 더 논의해볼 필요가 있다. 합리적이고 선의를 지닌 사람들이라 해도 이 문제에 관해서는 서로 의견이 다를 수 있고, 간혹 격렬하게 의견이 갈리기도 한다.

과학, 가치, 그리고 권리 꾸러미

이 장의 범위를 넘어서긴 하지만, '객관적·과학적 연구 대 주관적 가치의 옹호'의 관계는 인권사회학에서 중요하게 다뤄지는 주제다. 이 문제는 이 책에서 주요하게 다루는 숨겨진 의미로, 여러 형태로 드러날 것이다. 어떤 면에서 보면 그것은 불가피하다. 인권사회학의 연구 대상이 오늘날 세계에서 가장 주목받고 가장 힘 있는 규범적 프레임, 즉 인권이기 때문이다. 권리의 프레임은 전 세계 어디에서나 찾을 수 있을 정도로 흔해졌지만, 그것은 북반구와 남반구를 통틀어 대단히 논쟁적인 개념으로 남아 있다. 그 결과, 방법론상 학문의 정해진 규칙을 따라야 하는 사회과학자들은 인권을 옹호하더라도 비판적 거리를 두면서, 서로 경합하는 인권 정전의 여러 해석 방식을 다루어야 한다.

인권사회학의 네 가지 구성 요소 중 권리 꾸러미—범주화가 잘 안 되는, 서로 연결된 권리의 묶음—개념이 '사회과학적 연구 대 특정 가치 수용' 문제에 가장 직접적인 영향을 끼칠 것이다. 그 이유는 무엇인가. 핵심적으로, 서로 형태가 다른 권리들을 나눌 수 없다는 점을 학생들에게 가르치고 대중에게 안내하면 이들에게 인권이 정책, 법률, 제도를 통해 어떤 식으로 이행되는지를 생각해보도록 영감을 줄 수 있으며, 특정한 시간과 공간에서 무엇이 인권으로 인정되는지를 결정할 때 집단적·개인적 차원에서 개인의 주체성이 수행하는 역할을 인식할 수도 있을 것이다. 학생들과 일반 대중에게 인권 교육에 참여하라고 권한다는 것은 대중 참여의 규범적 원칙을 지지한다는 뜻이다(다른 말로 '민주주의 권리'

라고도 한다). 그러나 그러한 대중 참여가 결국 어떤 지점에 도달할 것인가 하는 질문은 이 책에서 의도적으로 빈칸으로 남겨 두었다. 마찬가지로 민주주의를 어떻게 이행할 것인가 하는 질문 역시 별도로 규명하지 않을 것이다. 서로 경쟁하는 민주주의 모델들을 사회학적으로 분석하려면 또 다른 책이 필요할 것이다.

이 책에서 제안한 세 종류의 권리 꾸러미 외에도 독자들 스스로 권리 꾸러미를 제안해보기 바란다. 이 책은 보편주의와 문화 다원주의를 화해시키려는 인권 의제의 탐색에 모든 인류가 크게 기여할 수 있다는 전제에서 출발한다.(Pearce, 2001년; Donnelly, 2003년) 학급 혹은 지역 사회 회의 석상에서 권리 꾸러미를 고안해보는 것은 단순히 학문적 훈련이나 교수법적 기법의 문제만은 아니다. 그런 실험을 해보는 목적은 두 가지다. 첫째, 대중의 참여를 높이는 것은 전 세계 모든 곳에서 인권의 향상을 위해 절대적으로 중요하다. 둘째, 특정한 시기와 공간에서 '인권'으로 인정되는 그 무엇은 사전에 미리 결정된 것이 아니라 사회적 힘과 정치적 힘의 복잡한 상호 작용으로부터 도출된다.

보편주의에 선험적 지위를 부여해서는 안 된다. 이 시대에 수용될 수 있는 보편주의 또는 전 지구적으로 구속력 있는 인권 프레임은 인간 역사의 비판적 평가 위에서 이루어져야 할 뿐만 아니라, 인권의 특성, 범위, 효능에 관한 집단적 대화 속에서 이루어져야 할 것이다.* 그러므로 가

---

* '보편주의'라는 수사를 내걸고 추구되었던 서구의 식민 지배, 패권적 인종주의, 종교적 우월주의 같은 역사를 비판적으로 반성하면서, 모든 사람들이 참여하는 수평적이고 민주적인 대화를 통해 보편주의를 만들어 가야 한다는 주장이다. 저자는 보통 사람들이 인권 주장을 하는 것 자체가 이러한 대화에 기여하는 행동이라고 해석한다.

장 중요한 점은 앞으로 다가올 미래를 위한 인권 의제를 선정하는 데 대중 참여가 늘어날 수 있도록 초대 범위를 확대하는 일이다. 그런 식으로 초대의 외연을 넓히는 일이 인권사회학의 가장 중요한 목적 중 하나가 될 것이다.

이런 면을 염두에 두고 권리 꾸러미를 구성하도록 자극하는 '불가분성(不可分性, indivisibility)' 원칙을 다시 생각해보자. 서로 다른 유형의 인권들―소극적/시민적·정치적 권리 그리고 적극적/경제적·사회적·문화적·환경적 권리―이 한데 모여야 인권을 옹호하는 중요한 3대 목표인 건강 장수 권리, 인격의 온전한 발달 권리, 평안할 권리를 증진할 수 있다. 실제로 건강 장수 권리, 인격의 온전한 발달 권리, 평안할 권리라는 목표 자체가 여러 권리들의 통합을 의미하거나, 또는 권리들이 서로를 필요로 하는 패키지, 즉 꾸러미로 이루어져 있다는 사실을 보여준다.

각 꾸러미를 하나씩 차례대로 살펴볼 필요가 있다. 첫째, '건강 장수 권리'는 건강하게 긴 수명을 누릴 수 있는 능력이며, 음식과 물에 대한 접근성, 의복, 주거, 공중 위생, 보건 의료, 잘 기능하는 생태계를 전제로 한다. 둘째, '인격의 온전한 발달 권리'는 심리학의 자기 실현 개념을 발전시킨 것으로 자신의 재능, 인격, 관심사, 취향을 최대한 키울 수 있는 능력이며, 보통 교육과 직업 교육에 대한 접근성, 정보와 뉴스, 자신의 정체성을 규정할 수 있는 여러 선택지를 전제로 한다. 셋째, '평안할 권리'는 신체적, 정서적으로 괴롭힘을 당하지 않고 살 수 있는 기회를 뜻하며, '소극적 평화(전쟁, 내전, 폭력 범죄가 없는 상태)'와 '적극적 평화(인종주의, 성차별, 동성애 혐오, 외국인 혐오 등 여러 형태의 편견에서 비롯되는 구조적 폭력을 제거할 수 있는 제도)'를 둘 다 전제한다.(Barash, 2010년)

이러한 권리 꾸러미로부터 우리가 내릴 수 있는 결론은 무엇인가. 흥미롭게도 세 권리 꾸러미 역시 서로 밀접하게 연결되어 있다. 신체적·정신적 건강을 보장해줄 수 있는 조치를 포함하는 '건강 장수 권리 꾸러미'는 인격의 온전한 발달을 위한 틀이 된다. 한편 신체적·정서적으로 괴롭힘을 당하지 않기 위한 조치를 포함하는 '평안할 권리 꾸러미'가 있어야 건강하게 장수할 수 있을 것이다. 그리고 이 세 가지 권리 꾸러미는 '좋은 삶을 추구할 수 있는 보편적 권리(the universal right to pursue a good life)'라는 원칙으로 수렴된다.

더 나아가 이 세 꾸러미 모두가 정부가 제공하는 보호 권리인 '소극적 권리'와, 사회 불평등을 줄이고 역사적 불의를 교정하기 위한 정책을 통해 정부가 제공하는 수급 권리인 '적극적 권리'를 분리해서 이해하면 안된다는 점을 보여준다. 달리 말해 세 가지 권리 꾸러미는 개인을 위한 시민적·정치적 권리, 개인을 위한 경제적·사회적 권리, 집단을 위한 문화적·환경적 권리 범주들을 아우른다. 마지막으로, 세 가지 권리 꾸러미는 특정한 문화의 틀을 통해 여과되어야 한다. 건강 장수 권리, 인격의 온전한 발달 권리, 평안할 권리는 모든 사람이 바라는 보편적 욕구일 것이다. 그러나 그러한 욕구를 표현하는 방식, 그리고 그러한 욕구를 구체화하는 메커니즘은 문화적 맥락에 따라 서로 다를 수 있다는 말이다.

지구화와 문화

이런 측면에서 우리는 문화를 상세히 고려할 필요가 있다. 지구화의 특징인 소비 지상주의가 확산되면서 비서구권 문화가 위협받고 있기 때문이다.(Vrdoljak, 2013년) 사람들이 공유하는 가치, 상징, 관습의 총합이라고 정의되는 문화는 어떻게 인권과 연결되는가. 위에서 보았듯 적극적 권리 범주에는 경제적·사회적 권리만이 아니라 문화적 권리도 포함되는데, 그 이유는 '**문화를 누릴 권리**(the right to have a culture)'가 특정한 집단에 속하는 개념이기 때문이다. 이론적으로 보면, 남반구에 살든 북반구에 살든 모든 사람은 자기 나라에서의 신분이나 지위와 무관하게 특정 문화를 누릴 권리가 있을 뿐만 아니라, 조상 대대로 살아온 땅에서 계속 살아갈 권리(타당한 경우에), 자기 종족 집단의 의례와 관행과 관습을 지키고 학교에서 소수 집단의 언어를 배울 수 있는 권리(타당한 경우에)가 있다. 이렇게 말하면 즉시 이런 점을 생각해볼 수 있을 것이다. '타당한 경우에'라는 표현은 특별히 보호되는 어떤 소수 집단이나 공동체에 속하는 구성원 자격을 정할 수 있는 메커니즘이나 절차 같은 기준이 존재한다는 것을 전제한다. 이 점은 다수 문화와 소수 문화가 공존하는 '문화 다원주의'의 필요성을 예증하기도 한다.(Messer, 1997년) 위에서 언급한 권리들은 저절로 만들어진 것이 아니라 전 세계 문화 다양성을 보존하기 위해 기획된 것이다. 소비 지상주의의 확산, 일상생활의 동질화, 그리고 원주민, 농민, 오지 주민의 삶의 방식에 가해지는 위협이라는 특징을 지닌 지구화 시대에 문화 다양성의 보존은 특히 중요한 인권 목표

가 아닐 수 없다.(Appelbaum and Robinson, 2005년; McMichael, 2012년)

지구화 관련해서 현재 어떤 일이 일어나고 있는가. 경제적 · 정치적 · 사회적 통합과 상호 의존으로 정의할 수 있는 지구화는 인권을 위한 초국적 대화와 협력 기회를 창출한 측면도 있지만, 전 세계의 문화 다양성을 훼손하고 있는 것도 사실이다.(Brysk, 2002년) 예를 들어, 위성 방송, 인터넷, 관광, 이주로 인해 특히 미국과 같은 북반구 나라들에서 통용되는 생활 양식의 이미지와 관념—그것이 현실이든 허구든 간에—이 남반구로 전파되고 있다. 다른 한편, 국제금융기금과 세계은행이 각국 정부와 공조하여 추진하고 있는 채무 구조 조정과 개발 전략에서는 북반구 생활 양식의 핵심인 소비 지상주의를 남반구에 권한다.(Appelbaum and Robinson, 2005년; McMichael, 2012년)

남반구 여러 나라에서 소비 지상주의의 이미지, 인공물, 사회 인프라로 인해 여러 문화 전통과 마찰이 생기고, 그 과정에서 자연 경관이 훼손되고 취약한 생태계가 파괴되고 있다. 따라서 권리에 초점을 맞추는 인류학자처럼, 권리에 초점을 맞추는 사회학자들은 지구화 시대에 문화적 권리의 중요성에 특히 주목한다. 사회학자들은 그러한 연구 활동을 벌이면서 환경권 문제도 함께 조사한다. 문화적 권리와 환경적 권리가 집단의 권리를 규정한 이른바 3세대 인권이기 때문이기도 하고, 현실 세계에서 문화 구성체와 생태계가 긴밀하게 연결되어 있기 때문이기도 하다.

이 책은 지구화와 분열화가 동시에 진행된 현 세계의 정치적 · 법적 · 문화적 딜레마를 다룰 수 있는 최선의 방법은 사회학의 도구를 활용하여 지구화 시대에 인권 이론과 규범과 실천과 결과가 어떻게 국경을 넘어 '순환'되는지를 정확히 밝혀내는 것이라고 주장한다. 현재의 지구화는 자본, 상품, 정보의 강력한 흐름만이 아니라, 노동, 난민, 여행자의 강력한 흐름이라는 특징이 있다. 즉, 전혀 다른 문화를 대변하고 전혀 다른 인권 관념을 지닌, 피와 살로 이루어진 진짜 사람들이 국경을 넘나들고 있는 게 현실인 것이다.(Khagram 외, 2002년)

한 저명한 인류학자가 분석한 지구화 시대의 초국적 문화 흐름 개념을 인권사회학에서 원용할 수 있을 것이다.(Appadurai, 1996년) 이주자와 여행자의 흐름인 '민속지적 조망(ethnoscape)', 대중 매체의 이미지 흐름인 '미디어적 조망(mediascape)', 정부 및 정부 간 기구로부터 나온 아이디어의 흐름인 '사상적 조망(ideoscape)' 등을 통해 전파되는 인권 개념이 지리적 공간을 넘어 다른 문화와 만났을 때 어떤 식으로 변형되는지 조사할 수 있다는 뜻이다.

남반구와 북반구는 부, 권력, 비정부 기구와 정부 간 기구들 본부의 소재, 대중 매체의 밀집도, 선진적 커뮤니케이션 기술 측면에서 격차가 크지만, 두 지역 사이에 생겨나고 있는 새로운 연결성은 '이차선' 도로라 할 수 있다. 달리 말해 인권 사상의 흐름은 북반구의 사상을 남반구가 모방하는 '확산(diffusion)'도 아니고, 북반구가 남반구에 일방적으로 강요하는 '부과(imposition)'도 아니다.(Khagram 외, 2002년)

그 대신 '순환(circulation)'이라는 용어는 인권 사상의 가변성과 융통성을 포착하기 위해서뿐만 아니라, 권력의 역할, 특히 국민 국가와 그 동맹(행정부 관료, 의회, 법원, 법 집행 공직자, 군대)이 활용하는 정치권력과 영향력을 포착하는 데 사용할 수 있는 개념이다. 이렇게 하면 정치권력이 수많은 단체나 집단과 개인이 제기한 권리 주장을 촉진하거나 또는 방해하는 역할을 조사할 수 있게 된다.

　권리 주장이 서로 다른 정치적·법적·문화적 환경 속에서 어떻게 여과되고 변형되는지를 생각하다보면 우리는 인권의 폭넓은 범위—즉, 자유를 증진하는 시민적·정치적 권리에서부터 시작해, 평등을 확장하는 경제적·사회적 권리를 거쳐, 연대를 고무하는 집단적/문화적·환경적 권리에 이르는—를 잘 인지할 수 있다. 마지막 부분의 '연대'란 국가에의 귀속감, 그리고 국가들과 인민들과 집단들과 공동체들 사이의 연결성으로 이해할 수 있다.

　여기서 바로 복잡한 문제가 제기된다. 자유와 평등에 초점을 맞추는 권리는 **개인**에게 속하는 권리인데, 연대와 관련된 권리는 **집단**에 속하는 권리이기 때문이다. 따라서 **기존의 인권 정전에서조차** 서구의 정치사상과 법사상의 바탕을 이루는 한 가지 전제, 즉 개인과 집단의 엄격한 구분을 다른 식으로 생각해볼 것을 우리에게 요청한다. 연대(solidarity)라는 개념은 서구의 사회 사상에 예전부터 나와 있었지만, 라틴아메리카 또는 여타 남반구 지역에서 서구와는 다른 식으로 만들어져 왔다. 앞으로 보겠지만, 포스트-계몽주의 사상의 시대를 맞아 이 같은 차이는 개인-집단 사이의 전통적인 단절을 극복할 수 있는 잠재력을 지니고 있다.

　지금까지 논의한 바를 통해 이 책에서 다루려고 하는 중요한 주제 중 하나를 이미 예고했다. 널리 회자되는 프랑스혁명의 구호인 '자유, 평등, 박애'에 나타나듯이, 분석적·교수법적·정치적 목적을 위해, 유럽 계몽주의가 우리에게 물려주었고 유엔과 비정부 기구들이 공식화한 전통적인 인권 범주 내에 인권을 배치하는 전통적 방법이 유용한 점도 있다. 과거에는 학자, 정책 결정자, 활동가 모두가 세대별 인권이 **구분된다**는 점을 강조하는 경향이 있었다. 즉, 1세대 시민적 · 정치적 권리는 **개인에게**, 국가 및 비국가 행위자들의 권리 침해로부터 보호될 조치 그리고 사회 생활에 참여할 방도를 보장한다. 2세대 경제적 · 사회적 권리는 **개인에게**, 기본적 사회 부조, 최저 생활 수준, 교육과 직업 훈련, 최소한의 사회 지위 상승, 생애 주기를 통틀어 사회적 지원, 경기 불황과 자연 재해시 구호를 보장한다. 그리고 궁극적으로 3세대 문화적 · 환경적 권리는 **집단에**(인민, 단체, 공동체) 삶의 방식, 생계 수단 접근성, 취약한 생태계 보호를 보장한다.

초기에는 인권의 범주별로 과업 달성을 비교할 필요가 있다는 점을 강조하는 추세였으므로 〈세계 인권 선언〉을 실무적으로 해석하곤 했다. 이런 경향은 카렐 바삭의 저명한 세대별 인권 범주화에서 공식화되었다.(Vasak, 1977년)* 인권 학자와 정책 결정자들은 인권을 이러한 세 범주로 구분하고, 유럽 계몽주의의 영향을 받은 미국과 프랑스 같은 국가의 초기 헌법 체계를 모방하여, 각국 정부에 정치적 탄압을 줄이고 각종 사회 문제를 해결할 수 있는 세대별 인권 법률을 제정하라고 호소할 수 있었던 것이다. 이와 동시에, 인권 공동체는 이러한 일반적 인권 범주의 한계를 인식하기에 이르렀다. 특히 지구화로 인해 남반구에서 인권의 여러 새로운 대안적 사상이 나타나기 시작했다.(Desai, 2002년) 이런 사상들은 사회 운동뿐만 아니라, 정당의 강령과 새로 제정된 헌법의 언어 — 특히

---

* 다음을 보라. 카렐 바삭(편), 《인권론》, 박홍규 옮김, 실천문학사, 1986.

라틴아메리카―로도 나타났다. 이런 움직임은 기존의 인권 사상에 상전벽해와 같은 변화를 몰고 왔다.

소결

다시 강조하자면 이 장에서는 인권사회학을 특정 사회 조건에서 인권을 상상하고, 비판하고, 이행하고, 집행하고, 위반하는 실태를 분석하기 위해 사회학적 이론과 방법론을 체계적으로 활용하는 학문이라고 규정했다. 따라서 권리에 초점을 맞추는 사회학자들은 '권리 조건(어떤 조건과 상황에서 불만이 생성되는 실태)', '권리 주장(권리를 침해당한 당사자와 사회 운동 동맹 세력이 국가에 보호 권리와 수급 권리를 요구하는 현상)', '권리 효과(권리를 침해당한 당사자가 그 권리를 획득했을 때 나타나는 정치 구조와 사회 관계의 변화)', 그리고 '권리 꾸러미(전통적 인권 범주를 넘어 서로 유기적으로 연결되는 권리들을 한데 모은 패키지)'를 연구한다. 다 합쳐서 이 네 가지 개념―권리 조건, 권리 주장, 권리 효과, 그리고 권리 꾸러미―이 인권에 관한 사회학적 관점의 토대를 이룬다. 따라서 이 책에서는 이 네 가지 개념을 계속 활용할 것이다.

그렇다면 우리는 인권에 관한 사회학적 관점을 어떻게 활용할 것인가. 우리는 전 지구적·국가적·지역적 차원에서 계속 나타나는 사회 문제를 혁신적으로 해결하는 데 도움을 주기 위해 새로운 관점인 사회학적 관점을 활용할 수 있다. 지금까지 봤듯이 각종 사회 문제들은 인권에 깊은 영향을 끼친다. 바로 이 점이 인권에 초점을 맞추는 사회학자들의 핵심 주장 가운데 하나이다. 사회학자들은 철학자와 정치학자가 이룬 업적을 부정하지 않고 잘 계승하며, 다른 학문 특히 인류학과 지리학의 연구자들이 쌓은 성과—인권의 문화적·환경적 측면을 밝힌—에다 사회학적 연구 성과를 추가하려고 한다. 사회학자들은 학문적 훈련과 성향과 전통으로 인해 주로 인권의 사회적 토대와 영향에 관심을 기울인다. 사회학적 렌즈를 통하면, 인권은 양피지에 각인된 선언 혹은 공식 석상에서 외치는 구호만이 아니라, 여러 사회적 행위자들을 자력화하거나 제약을 가하기도 하는 규범, 실천, 사회 구조로도 생각될 것이다.

토론을 위한 질문

- 왜 소극적 권리(보호 권리)가 적극적 권리(수급 권리)보다 더 널리 받아들여지는가.
- 적극적 권리를 확장하는 데 장애 요인이 무엇인가.
- 인권이 사회적 행위자들을 어떤 식으로 자력화시키거나 제약하는가.
- 왜 역사적 시간대와 지리적 공간대에 따라 인권 개념이 달라지는가.
- 빈곤 퇴치에 전념하는 비정부 기구인 옥스팜의 사례가 새로운 인권 사상에 주는 교훈이 무엇인가.

2장
인권 분류 방식

1장에서는 사회학적 관점의 의미, 그리고 권리 조건, 권리 주장, 권리 효과, 권리 꾸러미같이 사회학적 관점과 관련이 있는 기본 개념을 소개했다. 이번 장에서는 인권의 분류와 관련된 쟁점을 알아보려 한다. 무엇을 나누는 행위는 인간이 자신의 경험을 이해하기 위해 시도하는 노력의 기본 요소이기도 하고, 학자, 정책 결정자, 활동가와 인권 인식 공동체 구성원들이 전 세계에서 일어나는 인권 **침해**와 인권 **구제**의 실상을 구체적으로 보여주기 위한 노력의 기본 요소이기도 하다. 인권 분석가와 주창자들이 인권 유린 현실을 개선하기 위한 활동 캠페인과 각종 프로그램을 제안하려면 기존의 인권 정전 — 유엔의 인권법 문헌에 나오거나, 각국의 헌법에 규정된 — 을 그대로 적용하거나, 아니면 정전의 미비한 점을 보완하자고 제안해야 한다. 달리 말해 우리가 어떤 **종류**의 인권이 침해당했는지 그리고 권리를 침해당한 사람에게 어떤 **종류**의 해결책이 있는지를 확인하려면 이론적 기준점이 필요하다. 그러나 이론적 기준에 따라 인권 문제와 해결책을 탐구한다 해도, 우리가 활용하는 분류 방법과 특히 중요하게 생각하는 특정한 종류의 권리가 무엇이냐에 따라서 탐구 결과가 확연히 달라질 것이다. 그리고 나라와 문화적 맥락에 따라 어떤 권리를 우선시하느냐 하는 기준 자체가 달라진다.

예를 들어 미국의 경우, 정책 결정자와 시민 대다수가 미국의 헌법과 사법 체계 전통을 거론하면서, '적극적 권리(시민들에게 생계 수단을 제공하고, 직업을 구하도록 도와주고, 건강 문제나 불경기, 자연 재해로부터 시민들을 보호해주는 사회 보장 프로그램과 경제 구조와 관련 있는 수급 권리를 뜻하는 권리)'보다는, '소극적 권리(국가 또는 비국가 행위자가 저지르는 신체적 유린, 모욕, 착취, 배제로부터의 보호를 뜻하는 권리)'가 더 중요하다고 주장할 것이다. 미국은 주요 강대국이자 유엔 체제 내의 주요 행위자이지만 소극적 권리를 유난히 강조하는 나라다.(Blau 외, 2008년) 요약하자면, 미국인들은 생명권, 개인 안전권, 적법 절차, 집회의 자유, 결사의 자유, 언론의 자유, 청원의 자유 같은 소극적 권리는 절대 침해되어선 안되는 '진짜' 인권이라고 주장한다. 그러나 그들은 구호 식권, 실업 보험, 사회 보장, 노인 의료보험(메디케어Medicare)과 기초 생활 대상자 의료 부조(메디케이드Medicaid) 같은 '적극적 권리'는 그것이 공공재이긴 하지만 인권이라기보다 사회 보장 프로그램에 가깝다고 생각하는 경향이 있다. 따라서 이런 사회 보장 프로그램은 예산 형편과 경제적 조건에 따라 확대되거나 축소될 수도 있고 심지어 폐지될 수도 있는 정책이라고 여긴다.

이와 대조적으로 유럽, 라틴아메리카를 비롯한 세계 여러 지역에서 최근 몇 년 동안 개정된 헌법에서는 국가가 적극적 권리를 제공해야 한다고 분명히 규정하고 있다. 공공 의료 제도, 여성과 남성의 출산·육아 휴직, 어린이 보육 지원 같은 경제적·사회적 권리를 시행하기 위해 공적 자금으로 운영되는 프로그램을 적극적 권리로 규정해놓은 것이다. 헌법에 권리로 지정하면 실제 프로그램의 내용은 바뀔 수 있겠지만 프로그램을 시행하는 원칙은 바뀌지 않는다. 즉, 정부가 시민들이 한평생 살아가는 동안 필요한 여러 종류의 경제적·사회적 수급 권리를 제공해줄 의무가 있다는 원칙을 반드시 지킨다는 말이다. 따라서 이런 나라의 시민들은, 소극적 권리도 당연히 필요하지만, 좋은 삶을 살아가기 위해서는 소극적 권리만으로는 부족하다는 점을 암묵적으로 전제하면서 소극적 권리와 적극적 권리 양자에 동등한 가치를 부여하는 것이 보통이다.

요컨대 소극적 권리와 적극적 권리 중 어느 쪽이 상대적으로 더 중요한가 하는 문제는 아직 해결이 되지 않았으므로 우리는 인권의 분류 문제를 신중하게 따져볼 필요가 있다. 우리의 목표는 서로 다른 권리 간의 서열을 매기자는 게 아니다. 그런 과제는 각기 다른 국가 구조 내에서 활동하고, 각기 특유한 정치적 기회 구조에 맞닥뜨린 다양한 권력 블록, 지지 기반, 공동체, 그리고 개인들이 감당할 몫이다. 오히려 이 책의 목표는 권리를 분류하는 방식이 어떻게 권리를 **주장하는 방식**에까지 영향을 미치는지를 이해하는 것이다. 권리의 주장 방식이란, 국가 공권력인 정부에 시민적·정치적 권리의 성격을 지닌 소극적 권리인 '보호 권리'와 경제적·사회적·문화적 권리의 성격을 지닌 적극적 권리인 '수급 권리'를 보장하라는 요구를 구체화하여 명확히 제시하는 과정이다.

적극적 권리와 소극적 권리라는 두 가지 권리의 장단점을 검토하기 위해 이 장에서는 인권 영역에서 반복적으로 제기되는 쟁점들을 검토할 것이다. 그렇다면 빈곤, 인종 차별, 계급 구조, 성차별, 동성애 혐오, 외국인 혐오에서 비롯되는 사회 불평등, 사회적 배제, 괴롭힘과 증오 범죄, 문화적 주변화, 환경 훼손 같은 문제들을—그런 문제들이 충분히 심각하고, 광범위하고, 체계적으로 발생하기 때문에—일반적인 사회 문제로 규정하는 것을 넘어 **인권 침해**로 규정한다는 것은 어떤 의미인가. 개인의 권리와 집단의 권리 사이에 갈등이 벌어질 경우 두 권리를 어떻게 화해시킬 수 있는가. 일련의 규범이 전 지구적 차원에서 동일하게 이행되어야 한다는 믿음인 보편주의와, 특정 문화의 가치를 인정해야 한다는 믿음인 문화 다원주의를 어떻게 결합할 수 있는가. 어째서 인권의 개념은 역사적 시간대와 지리적 공간대에 따라 서로 다르게 나타나는가. 인권의 교의와 인권과 관계있는 '발전(development)'의 교의를 각 문명의 기원과 발전 경로에 관한 유럽 중심적인 가정으로부터 분리해낼 수는 없는가.(Rist, 2009년) 이런 주제들은 이 장에서뿐만 아니라 이 책 전체에서 계속 논의될 것이다.

인권의 범주를 다시 생각해야 하는 이유

철학자, 정치학자, 법학자, 특히 인권 교육에 관심을 기울이는 비정부기구, 그리고 인권 침해 보고를 전담하는 유엔 기구들의 선행 연구 덕분에 사회학자들은 인권을 분류하는 여러 방법을 계승해 왔다. 이런 분류법은 확정된 실체가 아니라 인권의 본질, 범위, 적용 가능성에 관해 주기적으로 벌어졌던 논쟁에서 비롯된 유동적인 개념이다. 이 장에서는 우선 분류에 관한 사회학적 관점을 검토한 다음, 한때 인권 영역의 학자, 정책 결정자, 활동가 사이에서 통용되었던 두 가지 분류 방식의 이론적·주창적·현실적 의미를 살펴볼 것이다. 첫째는 소극적 권리와 적극적 권리를 대비하는 방식이다. 둘째는 개인을 위한 시민적·정치적 권리로 이루어진 1세대 인권, 개인을 위한 경제적·사회적 권리로 이루어진 2세대 인권, 집단을 위한 문화적·환경적 권리로 이루어진 3세대 인권을 비교하는 방식이다. 이 장을 공부하는 동안, 두 가지 분류 방식 모두가 연구, 교육, 정책 결정, 운동에서 장단점이 있을 뿐만 아니라, 서로 다른 종류의 권리들이 서로 교차하는 지점을 고려하는 노력이 인권에 도움이 될 수 있다는 점이 분명해질 것이다.

인권에서 사회학의 핵심 기여 중 하나가 '권리 꾸러미' 개념, 즉 복잡하고 모호한 상황에서 인권을 어떻게 증진할 수 있는가 하는 문제를 해결할 수 있는, 서로 교차하는 권리들의 묶음 개념을 제안한 것이다. 시간이 지나면서 권리 꾸러미들은 현실에 불만을 품거나 권리를 침해당한 사람이 그 꾸러미를 받아들이느냐 혹은 받아들이지 않느냐에 따라 권리 주장으로 발전할 수도 있고 그렇지 않을 수도 있다. 권리 꾸러미를 분석하려면 우리는 기존의 양대 분류법이 어떻게 작동하는지 알아야 할 뿐만 아니라, 왜 현실의 **문제와 해법**에 이런 전통적 분류법이 잘 들어맞지 않는지를 이해할 필요가 있다. 달리 말해 우리가 실제 세계에서 권리들이 서로 수렴되는 현상을 제대로 포착하려면, 두 가지 분류 방식을 우선 철저히 연구해야 한다.

　권리를 주장하는 과정은 어떻게 진행되는가. 권리를 침해당한 당사자는 사회적 지위와 무관하게 두 가지 핵심적 과제를 감당해야 한다. 첫째, 그들은 자기가 주장하는 권리에 대해 특정한 지적 구조를 부과해야 한다. 그러려면 기존의 인권 정전을 인용하거나, 아니면 백지 상태에서 시작하여 자신이 몸담은 지역의 규범, 개념, 교의, 교재에 의존하는 수밖에 없다. 그러다 보면 인권을 자연스럽게 범주별로 나누게 된다. 둘째, 권리를 침해당한 당사자는 정치적 공권력과 협상하거나 저항하거나 다른 활동가, 비정부 기구, 유엔 기구, 대중 매체, 또는 심지어 엘리트들과도 동맹을 구축해야 한다. 이때 지역 사회 단체나 사회 운동 조직이 재정적으로나 사회적으로나 더 영향력이 큰 엘리트 인권 인식 공동체의 구성원과 공감대를 형성해야 하는 경우도 생긴다. 따라서 권리를 주장한다는 것은 처음부터 끝까지 성찰과 숙의와 협상과 타협을 어떻게 수행하느냐의 문제가 된다. 그러므로 '권리 주장'은 지식의 서열 구조 내에서, 그리고 여러 사회 속에서 여과되거나 희석된다. 이런 점을 염두에 두고, 이제 사회과학에서 생각하는 분류 개념을 본격적으로 알아보자. 이 점은 권리의 순환을 연구하는 사회학자들에게 극히 중요한 사안이 된다. 앞으로 보겠지만, 분류 방법의 문제는 권리에 초점을 맞춘 인식 공동체의 참여자들에게 매우 중요한 쟁점이다.

　인권의 두 가지 분류 방식은 인식 공동체 내, 특히 여러 분야의 사회과학자들 사이에서 널리 인정받지만, 이 분류 방식의 적합성에 관한 의문은 아직까지 해소되지 않은 상태다. 그런데도 전통적 분류 방식이 사용되는 까닭은 무엇인가. 그 이유는 비교적 명확하다. 첫째, 두 종류의 분류 방식이 지닌 한계에도 불구하고 인권을 간편하게 분류하고 주장하는 데 매우 유용하기 때문이다. 둘째, 지금까지 그 어떤 학술 단체나 조직도 완전히 대안적인 분류 방식을 내놓지 못했다. 그 대신 인권 공동체의 여러 구성원들, 특히 빈곤 퇴치 활동을 벌이는 옥스팜이나 경제·사회·문화적 권리까지 다루기 시작한 국제앰네스티 같은 영향력 있는 단체들이, 다중적 원인과 다면적 차원을 지닌 '권리의 난제'들을 해결하기 위해 기존의 인권 범주를 넘나드는 방법을 예시하기도 했다. 이 책에서는 권리의 난제를 푸는 데 기존의 인권 범주를 넘어서기 위해 비정부 기구들이 시도했던 노력을 존중하는 차원에서 논의를 진전시키려 한다.

사회학적 관점

인권의 범주를 둘러싼 쟁점들에 답하는 데서 우리의 목표는, 어떻게 인권이 전 세계를 '순환'하는가 하는 문제를—더 정확히 말해 인권을 새롭게 **개념화**하고, **제도화**하고, **실행**하는 방법을—더 깊게 이해하는 것이다. 인권의 순환은 풀뿌리 행위자와 엘리트 정책 결정자 사이에서, 학자와 일반 대중 사이에서, 그리고 남반구와 북반구 사이에서 일어난다. 어떤 의미에서는 지구화와 관련된 문화적 흐름을 인류학적으로 분석한 연구 결과를 사회학자들이 원용하여, 인권 규범이 국경을 넘어 전파되는 경로를 밝히게 되었다고 할 수 있다.(Appadurai, 1996년) 이 책에서 말하는 '순환'이라는 용어는 한 국가에서 다른 국가 또는 다른 문화 구성체로 인권 규범이 전파되는 것을 의미한다. 이런 관점에서 보면 '순환 (circulation)'이라는 용어가 '확산(diffusion)'이라는 용어보다 더 정확하다. 왜냐하면 인권이 '순환'된다고 할 때에는 한 국민 국가의 정치적 위계 구조 내에서 상부에서 하부로 규범이 전파된다거나, 국제 시스템 내에서 부유하고 강력한 북반구에서 가난하고 약한 남반구로 규범이 전파된다고 전제하지 않기 때문이다. 과거에는 이성과 비판과 혁명을 강조하는 유럽 계몽주의의 영향 때문에 인권에서 새로운 사조가 주로 북반구―서유럽과 미국을 비롯한 범서구권―에서 흘러나온다고 전제하는 경향이 없지 않았다. 서구가 문화적으로 우월했기 때문에 비서구권에 비해 경제 발전이 빨랐고 지정학적 우위를 차지할 수 있었다는 식의 **유럽 중심주의**적 세계관은 여러 분야, 예컨대 정치경제학(Amin, 2010년), 사회지리학(Blaut, 1993년), 비판적 발전론(Rist, 2009년), 비판적 지구화론 (Appelbaum and Robinson, 2005년) 등에서 격렬한 비판의 대상이 되었다.

이 책에서는 비판적 발전론과 비판적 지구화론 학자들이 제기한 유럽 중심주의에 대한 비판을 인권 영역에서도 활용하려 한다. 이렇게 하기로 한 데에는 역사적 이유가 있다. 제2차 세계대전 이후 국제통화기금과 세계은행과 달러화를 통해 미국이 주도했던 세계 경제 재건, 그리고 유엔을 포함한 정치적 국제 질서의 구축이 완료된 이래, '발전(development)' 이라는 용어와 '인권(human rights)'이라는 용어 사이에 친화성이 생겼다. 그러나 냉전 상황으로 인해 학자들은 이러한 친화성을 깊게 연구하지 못했다. 최근 들어 비유럽 중심적 발전론에서 당대의 인권 사상을 받아들이기 시작했다. 이에 따라 특정 문화권을 위한 프로그램을 맞춤형으로 제공하고, 대중 참여를 최대한 장려하는 새로운 발전권 사상이 등장했다. 따라서 이 책에서는 발전에 대한 인권의 접근 방식을 검토할 것이다.

서구가 비서구권을 지배한 결과 만들어진 유럽 중심적 사고방식은 다음과 같은 크나큰 역설을 초래했다.

> 서구의 역설은 다음과 같다. 서구는 '보편자(universals)'를 창출하여 그것을 '절대자(absolutes)'의 위치까지 격상시켰으면서도 그 보편 원칙을 대단히 체계적인 방식으로 침해했으며, 그와 동시에 그러한 침해를 이론적으로 정당화할 필요성을 강하게 느꼈다. 서구의 전 지구적 헤게모니는 ─ 세련된 문화적 외양을 한 채 수 세기 동안 보편주의를 끊임없이 상기하는 방식으로 스스로 정당화했던 행태와 더불어 ─ 이중적으로 특수한 성격을 지니게 되었으므로 서구의 헤게모니를 상세히 검토할 만한 가치가 있다.(Bessis, 2003년: 5)

이 글에서 알 수 있듯, '서구'라는 개념이 발명된 시점부터 특히 계몽주의 이래 서구가 취해 왔던 이중적 행태를 보면 스스로 보편적 가치의 중재자로 자리매김하면서, 동시에 바로 그 보편 가치의 위반을 대단히 정교하게 합리화하는 패턴을 발견할 수 있다. 예를 들어, 수 세기에 걸친 식민 지배 역사를 '문명화 사명'이라고 정당화하는 태도를 보라. 따라서 어떤 계몽주의 원칙을 오늘에 되살린다는 것은 복잡한 역사적 평가가 따르는 일이다. 그러나 인권의 사례에서 볼 수 있듯, 계몽주의 가운데 상

당 부분은 보존할 가치가 있다는 점도 사실이다.(Bronner, 2004년)

수많은 비판으로 드러났던 것처럼, 압도적인 유럽 중심적 세계관―그런 흔적을 정책 결정자 집단, 주창 네트워크, 일반 대중(참여자들의 좋은 의도에도 불구하고)에게서 어느 정도 찾을 수 있다.―으로 인해, 일부 분석가들은 비서구권이 인권 사상에 기여한 바를 인정하지 못했을 뿐만 아니라, 그것이 진정한 보편주의를 가로막는 장애물이라는 이유로도 인정하지 못했다. 원칙적으로 **진정한 보편주의**가 되려면 부, 권력, 장소, 문화와 무관하게 전 세계의 수많은 목소리들을 평등하게 포용해야 한다. 그러나 국가 간 전쟁, 내전, 강제 이주, 빈곤, 문화적 배제, 환경 훼손 등으로 얼룩진 현실 세계에서 이해 충돌의 가능성은 높기만 하다. 만일 전 지구적 거버넌스 및 인권 주창자들이, 의도는 좋지만 그것만으로는 불충분한 유엔 체제를 넘어서 전 세계적으로 구속력 있는 인권의 틀을 제시하려면 높은 수준의 문화 다원주의를 인정해야만 할 것이다.(Held, 2004년) 그런 목적을 위해 그들은 서구 특히 미국과 유럽이 인권 정전과 정전의 제도적 구조를 제정하는 데 불공평하게 큰 영향력을 행사했다는 사실을 겸허하게 인정할 필요가 있다. 이러한 제도적 구조 내에는 유엔과 그 산하 기구, 미국과 유럽에 본부를 두고 유엔의 궤도 내에서 움직이는 수많은 비정부 기구들이 존재한다. 또한 전 지구적 거버넌스 전문가들도 인권에 관한 비서구권의 관점을 적절히 대변해야 한다.(Gordon, 2004년)

유럽 중심주의 문제를 논의한 다음, 우리는 이와 연관된 쟁점인 엘리트주의, 즉 권리에 초점을 두는 지식이 언제나 정치적 서열 구조의 상부로부터(주로 선출직 공직자와 그 직원들), 또는 인권 영역에서 교육을 많이 받은 전문가들로부터(주로 대학, 싱크탱크, 재단 등에서 일정한 지위를 차지한) 흘러 내려온다고 가정하는 입장을 원점에서 다시 생각해봐야 한다. 당연히 국가의 정책 결정자들과 사법부 내외의 법률 전문가들은 권리를 추구할 수 있도록 장려하는 정치적 정책을 생산하고, 그 정책을 법률의 형태로 성문화하는 데 중요한 역할을 수행한다. 그럼에도 불구하고, 인권을 갈구하는 마음가짐이라고 할 수 있는 인권 지향적 정치 문화에 깊이 경도된 일반 대중 세력도, 특히 민주적 체제 내에서 인권의 확장을 위해 큰 압력을 행사하곤 한다. 실제로 권리를 침해당한 공동체와 집단 내에서, 즉 풀뿌리 차원에서 헌법과 유엔의 인권 기준에 나와 있는 '오래된 권리'를 재해석하고, '새로운 권리'를 전단지 혹은 인터넷 선언의 형태로 새롭게 '발명'하는 현상이 흔히 나타난다. 이런 새로운 권리는 그 후 비정부 기구와 기타 동맹, 그리고 자의든 타의든 대중 매체의 지원에 힘입어, 여타 분야로 퍼져나가기도 한다.

인권 영역에서 합치기와 쪼개기

우리는 위에서 풀뿌리 세력과 영향력 있는 동맹 세력이 정부에 제기하는 요구를 형성하고 표출하는 과정인 '권리 주장하기'를 실천하려면 왜 인권의 범주를 이야기해야 하는지 알아보았다. 인권 영역에서 분류법이 왜 그렇게 중요한지 알아보기 위해 사회과학에서 반복적으로 제기되는 문제를 우선 고려할 필요가 있다. 바로 비슷한 실체, 과정, 생각을 덩어리로 묶어내는 '합치기(lumping)', 그리고 덩어리들을 구분하는 '쪼개기 (splitting)'의 문제다.

사회과학에서 분류의 역할을 선구적으로 연구한 제루바벨은 이렇게 주장한다. "우리가 살아가는 세계는 본질적으로 보아 계속 이어지는 연속선상의 세계이지만 우리는 그것을 마치 덩어리처럼 구분하면서 경험한다. 예를 들어, '낯선 사람'과 '아는 사람', '소설'과 '비소설', '일'과 '놀이', '정상'과 '변칙' 같은 식으로 구분한다."(Zerubavel, 1996년: 421) 우리 인간은 인지적 능력을 활용하여 외부 세계에다 일종의 개념적 구조를 부과해, 사람들 사이의 상호 작용, 그리고 인간과 자연 사이의 상호 작용을 이해한다.

그런 식으로 '의미의 섬들'을 확인하는 과정은 "서로 구분되지만 서로 보완되기도 하는 두 가지 인지적 행위, 즉 합치기와 쪼개기"로 이루어진다.(Zerubavel, 1996년) 합치기 과정을 통해 "우리는 포도 주스와 오렌지 주스가 서로 비슷하다고 인식하고, 침팬지와 개코원숭이가 서로 유사하다고 인식한다." 반면 쪼개기 과정을 통해 "우리는 포도 주스는 포도주와 다르고, 침팬지는 인간과 다르다고 인식한다."(Zerubavel, 1996년: 421-2)

이 이론의 핵심은, 어떤 것들을 범주로 묶는 첫 단계인 '합치기' 과정, 그리고 범주 내의 차이를 부각하는 둘째 단계인 '쪼개기' 과정이 사람들이 세상을 살아가는 데 중요할 뿐만 아니라, 사회과학자들이 경제, 정치, 사회, 문화, 건축과 도시 등의 작동을 연구하는 데도 중요하다는 사실이다. 앞으로 살펴보겠지만, 이 두 과정은 '권리의 난제'를 확인하고 그것을 해결하려는 우리의 노력에 특히 중요하다.

구체적으로 이 점은 무엇을 뜻하는가. 일반적으로 사회과학자들은 경제, 정치, 사회관계, 문화생활, 자연환경 등을 인간이 경험하는 '별개의 영역들'이라고 여겨 왔다. 그렇게 구분해서 세상을 바라보는 관점이 연구나 교육을 위해서는 상당히 의미가 있을지 모르겠지만 실제 세상에서는 이런 영역이 서로 중복된다는 사실을 인정해야 할 것이다. 사회과학이 인간 경험의 다양한 측면들을 잘 포착하긴 하지만, 간혹 개념에 불과한 것들—예를 들어 '시장', '정부', '사회', '문화', '환경' 등—을 마치 별개의 실체인 것처럼 간주해서 오해를 불러일으키기도 한다.

이처럼 추상적인 개념을 실체인 것처럼 여기는 '물화(reification)'가 극단적으로 심해지면 인간 경험의 연속성을 간과하는 우를 범할 수 있다. 예를 들어, 음식을 생산하고 소비하는 것 같은 문화적 활동은 그 자체로 독립적인 것이 아니라, 공동체와 인간이 자연환경과 상호 작용하는 방식 속에 —직설적으로 그리고 비유적으로— 근거를 두고 있는 것이다. 요컨대, 합치기와 쪼개기의 이론적 · 방법론적 과정은 일반적으로 사회과학뿐만 아니라 특히 인권의 사회학적 분석에 중요한 영향을 끼친다.

실제로 이 책의 핵심 주장 중 하나가, 제루바벨의 합치기와 쪼개기 이론을 인권사회학에서 원용하면 인권의 이론, 실천, 주창, 정책 결정에 큰 도움을 받을 수 있다는 것이다. 이런 분석을 활용하여 우리는 다음과 같은 결론에 도달할 수 있다. 인권의 근거를 인간의 생리적 조건에서 찾든 (모든 사람이 느낄 수 있는 고통, 그리고 보호와 양육에 대한 자연적 욕구), 인간이 원래 지니고 있는 내면의 사회성에서 찾든, 또는 오랜 기간 동안 문명들이 상호 작용하며 축적한 공통 경험에서 찾든, 우리는 다음을 인정해야 할 것이다.

(1) 인권에 관한 **생각과 행동 방식**은 역사적 시간대와 지리적 공간대에 따라 무척 다양하다. (2) 아무리 일반적으로 자연스럽게 인정된다 하더라도 인권 개념은 언제나 특정한 문화적 틀을 통해 여과되어 나타난다. (3) 우리가 인권을 분류하는 방식은, 민주주의 체제이건 권위주의 체제이건 간에, 권리 주장을 하는 사람과 정책 결정자의 관계에 큰 영향을 끼친다. 마지막 항목은 우리의 공부 목적과 관련해서 특히 중요하다. 요컨대, 지역 사회 단체, 사회 운동 조직, 그리고 힘 있는 인권 동맹 세력이 정부에 인권을 요구할 때에는 정부가 이해할 수 있는 방식으로 그 요구를 제기해야 한다. 그러지 않으면 설령 인권 요구에 공감하는 공무원이나 직원들이 있다 하더라도 권리 주장을 국가 정책으로 '번역'해서 실행하기가 불가능할 것이다. 그러므로 사회학자들, 특히 남반구 사회를 연구하는 사회학자들은 인권의 여러 분류법을 철저히 숙지할 필요가 있다.

제루바벨의 분석이 보여주듯, 쪼개기와 합치기 이론을 인권 이슈에 적용하면 각각의 인권 분류 양식에는 겉으로 비교할 만한 권리들을 범주에 넣는 '합치기'와, 범주 간의 차이를 부각하는 '쪼개기'가 들어 있다. 우리가 특정 권리를 이러저러한 범주에 넣는 데 반대하거나, 이러저러한 범주들 사이의 차이를 과장하거나 무시하는 데 반대할 수는 있겠지만, 우리는 현실 세계에서 일어나는 인권 침해와 그 구제책을 이해하기 위하여 인권의 범주에 의존하는 인지적·사회과학적 행위가 중요하다는 점만큼은 인정해야 한다.

인권의 범주화가 왜 중요한가. 한마디로 말해, 현실에서 벌어지는 인권 침해 문제와 그 해결책을 이해하려면 사회과학자, 정책 결정자, 활동가들이 이미 동의한 인권의 범주를 호출할 필요가 있기 때문이다. 따라서 우리는 '실제 세계'가 존재한다고 가정하고, 사회과학과 여타 지식의 출처(예를 들어 원주민 사회나 미시적 사회의 집단적 지혜)가 우리들이 실제 세계를 이해하도록 도울 수 있다고 가정하면서 활동을 해야 할 것이다. 지금부터 살펴볼 두 가지 인권 분류법은 서로 차이가 있긴 하지만 이처럼 서로 동일한 본질적 가정에 근거를 두고 있다.

인권을 분류하는 두 방식

이제 인권을 합치고 쪼개는 방식을 조사해보자. 일반적으로 인권을 분류하는 데에는 두 가지 방식이 있다.

(1) 이 책의 1장과 위의 절에서 보았듯 첫 번째 분류 방식에서는 소극적 권리(negative rights)와 적극적 권리(positive rights)를 구분한다. **'소극적 권리'**는 정부가 제공하지만 정부의 권력을 견제하기도 하는 보호 권리를 뜻하며, 사람의 생명, 신체의 보존, 존엄, 종교 활동의 자유 또는 종교 생활을 하지 않을 자유, 집회와 결사와 발언의 자유, 정부에 민원을 제기하고 청원할 자유 등을 보장한다. **'적극적 권리'**는 사회 보장 프로그램의 제도화를 통해 정부가 제공하는 수급 권리를 뜻하며, 의식주, 보건

의료, 문화적 관행 같은 기본적 욕구에 대한 접근성을 보장한다. 원칙적으로 소극적 권리와 적극적 권리는 **개인**을 대상으로 한다.

  (2) 이와 대조적으로, 두 번째 분류 방식은 이른바 세 가지 세대의 틀을 활용하여 개인 권리와 집단 권리의 **차이**를 설명하려 한다. 1장에서 언급은 했지만 깊게 설명은 하지 않았던 두 번째 방식은 프랑스혁명의 유명한 구호인 '자유, 평등, 박애'를 차용하여 인권의 세 세대를 구분한다. 1세대 시민적·정치적 권리는 **개인의 자유**를 보장하며, 이는 〈시민적·정치적 권리에 관한 국제 규약(ICCPR)〉에 규정되어 있다. 2세대 경제적·사회적·문화적 권리는 **개인의 평등**을 보장하며, 〈경제적·사회적·문화적 권리에 관한 국제 규약(ICESCR)〉에 규정되어 있다. 3세대 권리는 **사람, 집단, 공동체에 박애**(또는 성 중립적 용어를 사용하여 '**연대**')*를 보장하며, 자기결정권, 발전권, 전통문화 참여권, 지속 가능한 환경의 향유 등 여러 권리들이 포함된다. 3세대 인권은 유엔 인간환경회의에서 채택한 〈인간 환경에 관한 스톡홀름 선언(스톡홀름 선언)〉 등의 문헌에서 보장한다. 이런 식으로 우리는 세대별 인권 범주의 논리 구조를 쉽게 알 수 있다.

  그러나 위의 두 가지 분류 방식은 서로 동떨어진 체계가 아니다. 그리고 두 분류 방식은 제2차 세계대전 이후 미국이 주도한 국제 체제의 재

---

* 프랑스어의 fraternité 는 라틴어에서 남자 형제를 뜻하는 fräter 그리고 형제 간의 우애를 뜻하는 fräternitäs에서 비롯되었다. 영어로는 fraternity 또는 brotherhood로 번역된다. 요즘에는 이 말을 영어에서 성 중립적으로 표현하기 위해 'solidarity'라고 쓰는 경향이 있다. 본 번역에서는 '박애' 또는 '연대'로 표현했다.

건, 그 결과 탄생한 유엔의 제도화(분쟁 해결, 평화 구축, 인도적 구호, 발전, 연구 기능을 하는), 또한 유엔과 더불어 증가한 비정부 기구 섹터(인권 침해를 감시하는 일차적 장소) 등에 그 뿌리를 두고 있다. 제2차 세계대전 이후 권리 담론이 폭발적으로 늘어나고, 국가와 비국가 행위자들의 인권 기록을 평가하기 위해 인권 제도도 함께 늘어났다. 흔히 '인권 혁명'으로 불리는 이런 변화로 인해 인권의 기본 범주에 대한 일반적인 합의가 필요해졌다. 더 정확히 말해, 인권 범주에 대한 합의는 인권 증진을 위한 주창 활동과 지적·정치적·실무적 목적을 위해서도 중요했다. 이런 범주화는 지구화 시대에도 어느 정도 통용될 수 있다. 그러나 지구화로 인해 인권에 대한 생각에 큰 혁신이 필요해진 것이 사실이다.

위의 두 가지 분류 방식은 그 뿌리가 같기 때문에 서로 중복되는 부분이 있다. 예를 들어, 소극적 권리 또는 보호 권리는 흔히 개인들을 위한 시민적·정치적 권리로 규정된다. 그리고 적극적 권리 또는 수급 권리 역시 흔히 개인들을 위한 경제적·사회적 권리로 개념화된다. 따라서 두 분류 방식의 차이는 다음에서 찾아볼 수 있다. 첫째, 인권을 '세대'로 분류하는 것이 바람직한가 라는 문제다. 그렇게 했을 때 인권 실현을 위한 하나의 경로를 묘사하는 것인가, 아니면 인권들 사이의 서열을 나타내는 것인가라는 쟁점이 있다. 둘째, 주로 문화적·환경적 권리라는 특징을 지닌 집단적 권리를 새로운 범주인 '3세대 인권'으로 인정할 것인가라는 문제가 있다.

많은 분석가들이 두 가지 분류 방식을 검토한 후 소극적 권리와 적극적 권리의 차이, 그리고/또는 세대 간 권리 사이의 차이에 대해 **비판적 재**

평가를 시도했다. 그 과정에서 분석가들은 한편으로 시민적·정치적 권리, 다른 한편으로 경제적·사회적 권리 사이에 중복 지점이 많음을 발견했다. 개인적 권리와 집단적 권리의 관계는 더 복잡하며, 특히 두 권리가 현실에서 충돌할 때에는 더욱 그러하다.

우리가 상상할 수 있듯이, 개인적 권리와 집단적 권리의 충돌은 국가마다, 그리고 문화 구성체마다 서로 다른 양상으로 나타난다. 예를 들어, 전 세계 원주민들의 권리 주장을 지원하기 위해 유엔 총회에서 2007년에 채택한 〈원주민 권리 선언〉은 자신이 속한 문화권과 상관없이 존재하는 개인의 권리와, 문화권 전체가 누리는 권리(누가 그 집단의 구성원인가 하는 문제를 집단 스스로 결정하도록 한다는 단서를 달아서)의 복잡한 관계를 다룬다. 현실적으로 이런 규정은 국민 국가로 하여금 문화 보호를 놓고 경합하는 요구들 사이에서 국가가 유권 해석을 내리도록 강제할 뿐만 아니라, 경작지, 수로, 산림, 기타 자연 자원에 관한 분쟁에도 국가가 개입하도록 강제한다.

소극적 권리와 적극적 권리로만 양분하는 분류 방식으로는 특정 집단이나 공동체가 환경적 편의—예를 들어 농사지을 수 있는 땅, 오염되지 않은 수자원, 산림 보전, 지속 가능하게 이용할 수 있는 자연 자원—를 누리도록 보장하기가 어렵다. 이 사실은 소극적-적극적 분류 방식의 한계를 드러낸다. 환경적 재화를 누릴 권리는 보호 권리이면서 수급 권리이기 때문이다. 또한 환경적 권리는 개인에게 주어지는 것이 아니라, 공동체, 집단, 사람들, 그리고 때로는 대지 그 자체에 주어진다.(Shiva, 2005년) 집단적 재화는 그 특성상 공평한 방식으로 나누기 어렵다. 그래서 상업 업무와 대량 소비에 맞춰져 있는 현대의 경제 활동은 흔히 전통적 생활 양식과 충돌하기 쉽다. 이것은 지구화 시대에 매우 중요해진 문제이기도 하다.(Appelbaum and Robinson, 2005년)

의도하지 않게 시장을 최우선시한 흐름의—그 자체가 서구의 사상이었고, 5세기에 걸쳐 자본주의가 광범위하고도 철저하게 팽창하면서 전 세계에 유사한 상황을 초래하게 된—결과로 공유 자원의 상업화가 진행된 결과 원주민의 삶과 소규모 사회의 모습은 극적으로 변화되었다. 다시 말해, 원주민과 소규모 사회 구성원이 오랜 세월 거주하고 사용하고 유지해 온 경작지, 산림, 수로 등은 문자 그대로 **서로 나눌 수 없는** 것들이다. 그러나 초국적 기업의 이해관계와 소비자들의 요구로 인해 흔히 공유 자원에 대한 접근성이 줄거나 공유 자원의 질이 나빠지기 쉽다. 그 결과 원주민과 소규모 사회 구성원이 권리 주장을 할 때 전통적으로 소유하고 관리해 온 자연 공간을 근거로 삼는 경우가 많다.

흥미롭게도, 이 권리 주장은 환경적인 주장이기도 하지만 문화적인 주장이기도 하다. 더 나아가, 이러한 권리 주장은 시민적·정치적 권리와 경제적·사회적 권리에 대해서만이 아니라, 어떤 공동체나 부족이나 인민이나 집단에 '속한' '개인'이라는 존재가 어떤 의미를 지니는지에 관하여, 전혀 다른 종류의 사고방식을 암시하기도 한다. 근년 들어 인권 인식 공동체는 개인과 공동체의 관계에 관한 비서구적인 사고방식이 얼마나 중요한 영향을 끼치는지에 관심을 보이기 시작했다.(Gordon, 2004년)

지금부터 세대별 분류 방식과 그것이 제2차 세계대전 이후 각종 논쟁과 갈등에 얼마나 깊이 관련되어 있었는지 살펴보자. 한 번 더 강조하지만, 1세대 자유권과 2세대 평등권은 **개인 권리**이며, 문화적·환경적 연결성으로 구성되는 3세대 연대권은 **집단 권리**이다. 인권 공동체와 일반 대중 모두에서, 각 세대별 인권에 대한 지지율은 서로 다르게 나타난다. 정치적 관점과 문화적 배경이 서로 다르고, 권력 블록과 주창 동맹의 압력이 서로 다르기 때문에 당연히 예상할 수 있는 현상이다.

더 정확히 말하자면, 1세대 시민적·정치적 권리의 정당성에 대해 특히 미국과 유럽연합에서 강력한 합의가 있고, 2세대 경제적·사회적 권리에 대해 복지 국가의 범위 내에서, 특히 유럽연합과 라틴아메리카의 강력한 지지가 존재한다.(Soohoo 외, 2009년) 이와 대조적으로 3세대 인권의 정당성에 대해서는 격렬한 논쟁이 벌어지고 있다. 학자들이 3세대 인권에 관해 많은 연구를 내놓지 않았기 때문이기도 한데, 이 문제는 북반구에 고등 교육 기관들이 몰려 있다는 사실과도 어느 정도 관련이 있다. 따지고 보면 3세대 인권 분야에서의 이론적 발전은 주로 남반구에서 이루어졌다고 할 수 있다. 사파티스타 연대 네트워크와 세계사회포럼에 관심을 보인 학자와 활동가들이 이러한 인권의 새로운 사상을 남반구에서 북반구로 전파한 것이다.

더 나아가, 인권을 세 세대로 나누는 분류 방식은 인권이 마치 한 종류의 권리에서 다른 종류의 권리로 직선적으로 진화하는 듯한 인식을 심어준다는 이유로 엄밀하고 지속적으로 비판을 받아 왔다. 그러나 이 문제는 좀 더 주의 깊게 살펴볼 필요가 있다. 특히 결사의 자유, 집회의 자유, 언론의 자유, 청원의 자유 같은 시민적·정치적 권리는 사회 운동 조직과 그 동맹이 경제적·사회적 권리를 추구하거나 그리고/또는 문화적·환경적 재화를 위한 집단적 권리를 추구할 수 있는 무대를 마련해주곤 한다.

그러나 권리를 구체적으로 어떻게 성취할 것인지에 관해서는 마법의 해법이 존재하지 않는다. 바로 이것이 핵심 질문이다. 원칙적으로 말해, 경우에 따라서 1세대 인권을 성취하기 전에 2세대 인권부터, 또는 심지어 3세대 인권부터 달성하는 나라도 있기 때문이다. 실제로 인권을 실현할 수 있는 여러 경로가 존재한다. 일반적으로 동아시아의 부상, 특히 중국의 부상을 따져 보면 이 점을 잘 이해할 수 있다. 예를 들어 1976년 마오쩌둥의 죽음 이후 중국은 국가 주도 발전 프로그램을 채택해서 농업 사회주의 국가를 전 세계 자본주의 시스템의 산업 기지로 변화시켰다. 사실상 중국의 급격한 산업화 덕분에 미국과 그 외 북반구 국가에서 외주화가 추진되었고, 월마트 같은 대형 유통업체와 소매업이 주도하는 상품 사슬이 등장할 수 있었다. 세계은행과 미국 정부의 경제 개발 방식과는 반대로 중국식 발전 프로젝트는 물질적 차원에서 중국의 대다수 인구 집단의 삶의 수준을 획기적으로 끌어올렸다. 빈곤을 인권 문제로 본다면 중국인들의 생활 수준이 높아진 것은 경제적·사회적 권리라는 측면에서 봤을 때 대단한 성공이라 할 수 있다. 그러나 물질적 차원의 발전이 중국에서 시민적·정치적 권리 또는 문화적·환경적 권리에 큰 영향을 끼쳤다고 하기는 어렵다.

다시 말해, 발전은 인권 실현과 마찬가지로 언제나 불균등하다. 요컨대 권리의 발전과 축적은 인권의 세대별 분류 방식이 보여주는 것보다 훨씬 더 복잡한 양상으로 드러난다. 따라서 우리는 인권에서 생각할 수 있고 실현할 수 있다고 여겨지는 목표를 확장하는 데 대중 세력과 그들의 엘리트 동맹(비정부 기구, 유엔 기구, 대학 등)이 수행하는 역할에 더 주목해야 한다.

사회 운동과 정책과 법

인권을 분석하는 데 깊은 의미를 지니는 학문 체계인 사회 운동론으로부터 우리는 다음과 같은 관찰을 도출할 수 있다. 즉, 권리를 침해당한 공동체와 집단이—복잡한 중재 과정을 거치긴 하지만—권리 주장을 밀고 나가든 그렇지 않든 간에, 국가와 국제 차원에서의 정책 결정과 법률 제정은 세 가지 주요 요인에 달려 있다는 점이다.

첫 번째 주요 요인은 권리를 침해당한 사람들이 자신의 요구를 새로운 권리 규범—사회 운동 조직이나 비정부 기구, 유엔 기구들, 여타 주체들이 집필한 인권 지향적 문헌에 담긴 새로운 규범을 말하며, 이는 인권 운동에서 도덕적 나침반 또는 준거점 역할을 한다.—과 일치되는 방식으로 프레임할 수 있는 능력이다. 이런 통찰은 프레임 이론(framing theory)에서 끌어냈다.(Snow and Benford, 2000년) 예를 들어, 미국 민권 운동 시절에 수많은 사회 운동 조직이 자신의 요구를 〈독립 선언문〉과 〈미국 헌법〉의 언어로 프레임했다. 이는 대다수 미국인이 공감할 수 있고, 입법 과정과 사법 절차의 요건에 부합하는 언어이기도 했다.

두 번째 주요 요인은 권리를 침해당한 사람들이 자신의 목적을 추구하기 위해 금전이나 기술적 도구 또는 재능을 동원하는 능력이다. 이는 주로 자원 동원 이론(resource mobilization theory)에서 도출된 통찰이다.(Jenskins, 1983년)

세 번째 주요 요인으로는 국가 정부 혹은 정부 간 기구 내에 인권에 우호적인 세력이 있는지 여부와 그들의 영향력, 그리고 그 결과 조성된 정치적 기회(또는 권리를 침해당한 사람들과 공권력 사이의 이해관계 일치)를 들 수 있다. 이것은 정치과정론(political process)에서 도출되는 통찰이다.(McAdam, 1985년) 예를 들어, 많은 민권 사회 운동 조직은 그들의 이해관계와 민주당 내 진보적 요소의 이해관계 사이에 일종의 정합(fit)이 있음을 알게 되었다. 사회 운동 조직은 국가 차원의 입법을 통해 시민권을 성문화하고 싶어 했고, 민주당은 흑인들의 선거권 확보를 통해 남부에서 자신의 권력 기반을 확장하고 싶어 했던 것이다. 이 외에도 문화 세력의 역할(Goodwin and Jasper, 2009년), 사회를 흔들 수 있는 인권 운동의 힘(Piven and Cloward, 1978년)을 연구한 사회 운동론 학자들도 있다.

학자들 중에는 사회 운동으로 하여금 텔레비전, 라디오, 신문, 인터넷 같은 중개 세력을 통해 자신의 권리 요구를 진전시켜 그것을 정책의 제정과 집행으로 이어지게끔 하는 여러 요인을 찾으려는 사람도 있을 것이다. 아직까지 인권의 난제를 풀 수 있는 다면적 이론을 창안한 학자는 없었다. 그러나 사회 운동 결과에 관한 연구 성과가 많이 나오고 있는 점은 좋은 방향으로의 진전이라 할 수 있다.(Giugni, 1998년; Amenta 외, 2010년) 이 책 전체를 관통하는 새로운 이론인 인권 순환 이론은 앞에서 말한 여러 사회 운동론의 토대 위에서 발전하고 있을 뿐만 아니라, 초국적 규범의 분석(Khagram 외, 2002년)과 지구화와 관련된 간문화적 유통의 분석(Appadurai, 1996년) 위에서 발전하고 있다.

종합해서 보면, 앞에서 말한 사회 운동론의 이론적 동향은—특히 프레임 이론, 자원 동원론, 정치 과정론, 사회 운동 결과론—아주 넓은 범위의 인권을 이행하기 위해 지역 사회 단체와 사회 운동 조직과 그 동맹이 어떻게 여러 형태의 쟁의 정치(contentious politics), 예를 들어 공공장소에서의 집회, 행진, 연좌 농성과 점거, 근무 지연과 파업, 그리고 일상생활과 일반적 정치를 방해하는 비폭력 저항 방법 등을 활용하는지를 밝히는 데 도움이 된다.(Goodwin and Jasper, 2009년)

인권의 사회학적 연구에 큰 공헌을 해 온 또 다른 관점인 정치사회학에서는 시민 불복종을 포함한 쟁의 정치가 국가적·국제적 차원에서 어떻게 정책 결정과 입법 과정에 영향을 끼쳤는지를 연구할 뿐만 아니라, 지금까지 불이익을 당해 온 집단에 권리가 주어졌을 때 그것이 어떻게 권력 관계를 바꿀 수 있을지도 연구한다.(Stout 외, 2004년)

점거, 도로 봉쇄, 파업 같은 직접행동을 똑같이 구사한다 해도 국가적 맥락과 정치 문화에 따라 서로 다르게 적용될 수 있음을 지적해야 하겠다. 대중의 항의 자체가 **불법**으로 규정되어 있는 가혹한 정치적 조건에서는 매우 기초적 수준의 정치적 자유와 공적 영역에서 발언권을 확보하는 일이 사회 운동가들의 우선순위가 되며, 그것을 발판 삼아 국가 공권력에 더 큰 요구를 할 수 있는 것이다. 대중의 항의가 **합법**적으로 보장되는 경우에는 사회 운동가들이 집회의 자유, 발언의 자유, 언론의 자유, 청원의 자유 같은 시민적·정치적 권리를 **활용하여** 경제적·사회적 권리를 요구할 수 있게 된다.

따라서 사회 운동 이론에 따르면 시민적·정치적 권리는 그 자체가 목적일 뿐만 아니라, 경제적·사회적 권리의 실현—예를 들어, 불충분한 식량이나 주택 문제, 실업, 질병 등 여러 삶의 위기로부터 사람들을 보호할 수 있도록 사회 보장 프로그램을 도입하여 수급 권리를 보장하는 것—을 포함한 더 큰 목표를 달성하기 위한 수단이기도 하다. 전체적으로 사회 운동론과 정치사회학은 새롭게 제기된 권리들을 실현하도록 지원하는 사회적 투쟁—정당과 현직 공무원들이 포함된 복잡한 중재 과정을 거쳐—에 관한 통찰을 제공한다. 그러나 권리를 침해당한 사람들이 요구한 권리와 어느 정도 상응하는 방식으로 국가 정책이 최종적으로 나온다 하더라도 그것을 사회 운동의 투쟁의 결과만으로 설명할 수는 없다.(Giugni, 1998년; Amenta 외, 2010년)

미국 역사를 보면, 사회 운동 조직과 흔히 사회적으로 더 나은 지위에 있는 지지층으로 이루어진 개혁 동조 세력은 공공장소에서의 집회, 발언 자유, 개혁 요구 같은 기본적 권리를 활용해서 다른 목표를 추구하곤 했다.(Armaline 외, 2011년) 예를 들어 노동자, 그리고 정당과 노동조합의 지지 세력 역시 위의 기본적 권리를 활용하여 노동 시간 단축, 휴식과 여가, 작업장 안전, 노동조합의 발언권과 단체 교섭, 최저 임금, 사회적 안전망 같은 조치를 추진했던 것이다.

마찬가지로 여성 운동과 그 지지 세력 역시 위의 기본적 권리를 활용해서 여성의 투표권, 교육과 직업 접근권, 재생산 권리, 성추행과 성차별과 가정 폭력 같은 범죄로부터 법적 보호를 추진했다. 미국 흑인과 그 지지 세력 역시 위의 기본적 권리를 활용해서 투표권, 공공장소의 제한 없는 접근권, 교육과 구직, 인종 차별로부터의 법적 보호를 추진했다. 장애인과 그 지지 세력 역시 위의 기본적 권리를 활용해서 관공서나 공원 같은 공공시설 접근성 그리고 학교와 직장에서 합당한 조치를 추진했다. 최근 들어 LGBT 공동체와 그 지지 세력은 미국 내 여러 지역에서 평등한 혼인 권리와 직장 및 주거 차별로부터 보호를 추진해 왔다. 이러한 권리 주장 목록에는 여타 수많은 사회 운동 세력의 노력도 포함된다.

그러나 여기서 이미 중요한 어떤 **유형**을 확인할 수 있다. 즉, 이런 사회 운동 세력은 현존하는 인권 정전을 재해석하여 연방 정부, 주 정부, 지방 정부를 압박해서 여러 중요한 입법을 성취했던 것이다. 하지만 다시 강조하건대, 사회 운동의 활동을 포함한 대중의 압력, 그리고 최종 입법 같은 정치적 결과 사이의 인과 관계는 복잡다단하다.(Giugni, 1998년; Amenta 외, 2010년)

미국의 노동자, 여성, 흑인, 장애인, LGBT 공동체가 보여준 사례에서 무엇을 추론할 수 있을까. 앞에 간략히 제시한 유형을 보면 몇 가지 중복되는 결론을 발견할 수 있다. 논점을 명료하게 하기 위해 이 결론을 하나씩 구분해서 살펴보자. 첫째, 인권이라고 **상상**할 수 있는 것은 시간에 따라 변한다는 사실이다. 미국의 〈독립 선언문〉과 헌법의 〈권리 장전〉을 만들었던 제정자들은 현대 미국에 사는 사람들이 오늘날 당연하게 누리고 있는 많은 권리들을 전혀 이해하지 못할 것이다.

둘째, 인권의 언어는 매우 다양한 목적을 이루는 데 적용할 수 있다. 인권의 구문과 의미는 흔히 수동적 권리라고 규정되는 정치적 대의와 법적 보호를 요구할 때뿐만 아니라, 흔히 적극적 권리라고 규정되는 사회 보장 프로그램을 요구할 때도 자주 활용된다. 사회 보장 프로그램은 그 정의상 **정치적 정책**에 속한 사안이므로 정치권력의 변화, 그리고 정당 내 논쟁과 경쟁하는 정당 사이에서 논의의 대상이 되곤 한다.

셋째, 사회 운동과 그 지지 세력은 흔히 간접적이고 복잡하고 예측하기 어려운 중재 과정을 통해 인권의 확대에 기여하곤 한다. 사회 운동은 정부 관리들이 ― 자기 이익에 대한 새로운 인식에서 비롯되었든 진정한 공감에서 비롯되었든 간에 ― 대중의 요구에 긍정적으로 응하는 우연한 상황 또는 정치적 기회 상황을 찾지만, 이러한 정치적 기회 상황은 흔히 예상치 못한 방향으로 진화하기도 한다.

넷째, 인권은 일반적으로 연방 정부, 주 정부, 지방 정부 차원에서 법률 제정과 개정을 통해 확보되곤 한다. 따라서 정치 시스템과 사법 시스템이 여러 경쟁 세력 간의 권리 주장을 결정하는 통로 역할을 한다. 따라서 인권 영역에서 활동하는 학자, 학생, 정책 결정자, 활동가들에게 논리적인 다음 단계는 노동자, 여성, 흑인, 장애인, LGBT 공동체와 여러 운동 세력의 권리 투쟁 사이의 연결성을 연구하는 것일 뿐만 아니라, 이러한 권리 투쟁에 대해 정책이나 입법의 형태로 나타나는 국가 차원의 응답을 연구하는 것이기도 하다. 이렇게 본다면, 권리에 초점을 맞춘 동맹 세력과 국가 정책 결정자 사이에 왜 차이가 생기는지를 연구해봐도 흥미로울 것이다.

이러한 다양한 인권 운동 세력의 노력이 각기 특유한 속성을 보여주긴 하지만 이들은 넓은 의미에서 인권의 추진이라는 측면에서 서로 연결되어 있다. 페미니즘, 탈식민주의를 비롯해 계몽 사상을 비판하는 이론들의 연구 성과에 힘입어, 여러 방면의 인권 운동이 추진하는 넓은 의미의 '해방의 기획'은 그 자체로 기정사실로 여길 것이 아니라, 인권이라는 목표를 내걸고 열성적으로 그러나 신중하게 개념화되어야 한다.

원칙적으로 지역 사회 단체와 사회 운동 조직은 자신의 불만을 명확하게 표현할 수 있는 수단으로 인권이라는 프레임이 매우 유용하다는 사실을 잘 알고 있다. 실제로 "여성의 권리가 인간의 권리"라는 구호는 이 점을 아주 잘 보여준다. 한편 여성의 재생산 권리와 자유, 임신 전후의 의료, 평등한 고용 기회, 성추행으로부터 보호받기 위해 여성 운동이 제기했던 요구는 **여성에게만 해당하는 특정한** 요구였다. 다른 한편 이러한 요구는 소극적/1세대 권리와 적극적/2세대 권리를 모두 포괄하므로 다른 인권 운동에서 제기하는 권리 주장과 연결될 수 있다. 여성들도 계급, 인종, 성적 정체성, 국민 정체성 같은 특성을 지니고 있기 때문이다.(Naples and Desai, 2002년)

마지막으로, 여성 운동은 다른 여러 인권 운동과 —노동자, 유색인종, LGBT 공동체의 동원을 포함해서— 공통적인 대의를 공유할 뿐만 아니라 이들과 철학, 조직 구조, 전략, 전술에 관한 생각을 나누기도 한다. 요약하자면 인권의 실제 순환은 그것이 상향식으로, 혹은 수평적으로, 혹은 하향식으로 이루어지든 상관없이, 서로 다른 종류의 인권 사이의 이론적·현실적 연관성을 탐구할 필요를 보여준다.

인권의 순환

우리가 인권의 두 가지 분류 방식의 강점과 한계, 사용과 오용을 인정할 때 인권의 순환을 더 잘 이해할 수 있다. 사회학적 렌즈를 통해 가장 흔히 사용되는 인권의 두 가지 분류 방식, 즉 소극적-적극적 권리 분류와 세 가지 세대별 권리 분류를 이해했으므로, 지금부터는 인권이 한 사회 내에서 그리고 다른 사회들 사이에서 어떤 방식으로 순환하는지 알아보자.

인권의 순환은 인권의 두 가지 분류 방식과 어떤 관계가 있는가. 겉으로는 복잡해 보이지만 대답은 간단하다. 빈곤층과 부유층, 약자와 강자, 다양한 이해관계, 국내와 국외 등 수많은 사회적 행위자 사이에서 인권이 순환하다 보면 시간이 지나면서 과거의 권리에 의문이 제기되고 새로운 권리가 등장하곤 한다. 이 과정에 연관된 사회적 행위자는 다양하지만 권리의 순환은 외부에서 보는 것보다 더 체계적으로 이루어진다. 지구화 시대에 들어와 인권의 순환 속도가 더 빨라졌으므로 현존하는 분류 방식을 비판적으로 재검토할 필요가 있다.

권리의 순환이 현대에 빨라진 이유로 커뮤니케이션 기술의 폭발적 증가, 그와 함께 전 지구적 공공 영역의 증가, 대규모 국제 이주, 심각한 인권 침해 감시 메커니즘의 실행, 특히 냉전 종식 이후 재편된 구도로 인한 국가 간 시스템의 변화 등을 꼽을 수 있다. 이 절과 이 책의 다른 장에서 설명하는 '인권의 순환'은 일종의 사회적 과정이며, 일반적 인권 분류 방식을 복잡하게 만들 수도 있는 개념이므로 사회학적 관점을 적용하면 특히 잘 분석할 수 있다. 기존의 분류 방식에 압박이 가해지면 인권의 이론과 실제를 **혁신**할 수 있는 '여지'가 생겨나기 때문이다.

1장에서 보았듯이 정치경제-발전사회학, 사회 운동론, 정치사회학을 포함한 여러 영역의 연구 성과 위에서, 인권사회학은 특정 사회적 조건에서 인권이 어떻게 다양한 사회적 행위자―정부, 지역 사회, 개인들―사이를 '순환'하는지 밝힌다. 부분적으로 우리는 이미 권리라는 관념이 이주자와 여행자의 흐름인 '민속지적 조망(ethnoscape)', 문화의 경계를 넘어 송출되는 대중 매체의 이미지 흐름인 '미디어적 조망(mediascape)', 그리고 정부와 정부 간 기구들이 초국적 포럼에서 제시하는 아이디어의 흐름인 '사상적 조망(ideoscape)'이라는 방식을 통해 순환하는 과정을 검토했다.(Appadurai, 1996년)

실제로 이주자들은 시민적·정치적 권리, 그리고 경제적 기회를 찾아 이주에 나선다. 텔레비전, 라디오, 신문, 인터넷 같은 대중 매체는 주로 초국적 기업에 의해, 그리고 그보다 더 적게는 국가에 의해 통제를 받긴 하지만, 전 세계에서 벌어지는 인권 침해 정보를 확산시키기도 한다. 마지막으로 유엔, 국제통화기금, 세계은행, 세계무역기구 같은 정부 간 기구, 그리고 정부 간 기구와 함께 일하는 각국 정부들은 입법, 정책 제정, 제도 창출 등으로 인권을 제도화하기도 하고, 또는 제도화하지 못하기도 한다. 비정부 기구, 사회 운동 조직, 그리고 다른 시민 사회 행위자들을 이 준거 틀 속에서 쉽게 이해할 수 있을 것이다. 요컨대 우리는 인권을 둘러싼 인식 공동체의 작동 방식을 체계적으로 검토함으로써 인권의 순환에 관한 이론을 구성할 수 있다. 인권의 순환 이론은 이 책에서 다루는 권리 조건, 권리 주장, 권리 효과, 권리 꾸러미 같은 주요 개념을 하나로 묶어주는 역할을 한다.

그러나 구체적으로 인권의 순환은 무엇을 뜻하는가. 실제로 '순환'이라는 용어는 풀뿌리 세력에 의해 권리가 **주장되는** 방식, 여러 경로에서 권리가 토론되는 방식, 정부가 그런 요구를 수용하거나 거부하는 방식을 뜻할 뿐만 아니라, 새롭게 주어진 권리가 사회와 국가에 구체적으로 끼치는 영향, 즉 **권리 효과**를 뜻하기도 한다. 사회학자는 새롭게 해석되거나 발명된 권리가 통과해야 하는 '회로'를 추적한다. 권리를 침해당한 집단이나 공동체, 독립적 활동가, 사회 운동 조직, 비정부 기구들이 특정한 경제적, 정치적, 문화적 조건에서 어떤 권리를 개념화하는 것으로부터 이 회로가 시작된다. 그 다음, 제시된 권리의 지지자와 반대자 사이에서, 그리고 대중 매체와 정책 결정자 집단에서 일련의 논의가 계속된다. 이 과정은 주장된 권리를 국가 정책 또는 사법부 차원에서 받아들이느냐 혹은 거부하느냐 여부로 귀결된다.

이렇게 복잡한 중재 과정을 거쳐 만일 어떤 새로운 권리가 국가 정책이나 입법 차원에서 수용되고, 행정부에 의해 집행되거나 그리고/또는 사법부에 의해 인용된다면, 그것은 전 사회에 **파급 효과**(ripple effects)를 일으킨다. 그러한 파급 효과가 어떤 행위자를 강화하고 다른 행위자를 약화할 뿐만 아니라, 정부를 비롯한 공권력에 새로운 책임을 부과하기 때문이다. 그런 식의 최종적인 권리 효과는 인권 순환 과정에서 가장 구체적인 결과라 할 수 있다.

LGBT 운동에서 시작했고 여러 나라의 지지 세력들이 가세했던 동성애 커플의 평등한 혼인 권리를 위한 투쟁은 인권의 순환을 잘 보여주는 사례이다. 성적 지향과 무관하게 모든 사람에게 조건 없이 주어져야 하는 시민적 권리로 개념화된 평등한 결혼 권리를 추구하는 데 LGBT 공동체의 구성원은 미국 결혼평등협회(Marriage Equality USA) 같은 비정부 기구를 창설하고 지원해 대중과 만나고 일반인을 위한 교육 활동을 펼쳤을 뿐만 아니라, 더 중요하게는 선거 정치와 사법 절차를 활용해 동성 커플에게 혼인 권리를 부여하는 새로운 법률을 제정하거나 기존 법률을 재해석하게끔 한 것이다. 활동가들과 정당 지지 세력은 여러 나라와 미국의 여러 주에서 동성혼을 합법화—고용, 의료, 자녀 양육, 입양, 상속에 관한 법률, 그리고 사회 보장 프로그램과 복지 서비스에도 영향을 끼치는 과정이었다.—하도록 의회 의원들을 설득했을 뿐만 아니라 대중 매체와 대중문화의 지원을 받아 일반 대중으로부터 동성혼 지지를 끌어내는 데 성공했다. 요컨대 이렇게 서로 연결된 여러 권리는 세 가지 세대별 권리를 가로지르는 일종의 LGBT 공동체를 위한 권리 꾸러미라고 할 수 있다.

요약하자면 1990년대까지만 해도 멀게만 느껴졌던 혼인 평등 권리가 전 세계적으로 권리 논쟁의 주요한 상수가 된 것이다. 결혼 평등 권리가 실행되는 정도는 각 나라의 상황에 따른 권력 블록들의 복잡한 상호 작용에 달려 있다. 더 나아가 결혼 평등 권리를 실행하는 데 국민적 맥락과 문화적 구성 형태가 나라마다 다를 것임은 두말할 나위도 없다. 마지막으로, 여러 상황에서 결혼 평등 권리가 각기 다르게 실행되는 현실로 인해 LGBT 공동체에서 현재의 법률을 넘어서는 새로운 권리 꾸러미를 제안할 가능성이 높다. 따라서 우리는 인권 순환의 과정에는 종결 지점이 없다는 것을 알 수 있다.

소결

결론적으로 이 장은 인간의 인지 작용과 사회과학 탐구에서 '분류'라는 행위가 어떤 역할을 하는가라는 질문에서 시작해, 인권 영역에서 일반적으로 통용되는 두 가지 분류 방식을 평가하는 것까지 다루었다. 첫 번째 분류 방식은 국가와 비국가 행위자의 침해로부터 개인을 보호하는 소극적 권리와, 국가가 부여하는 수급 권리인 적극적 권리를 구분한다. 두 번째 분류 방식은 자유를 증진하는 1세대 시민적·정치적 권리, 평등을 추진하는 2세대 경제적·사회적 권리, 그리고 개인, 집단, 공동체 사이의 연대를 추진하는 3세대 집단적 권리를 구분한다.

이를 통해 우리는 두 가지 중요한 관찰을 할 수 있다. 우선, '소극적-적극적 권리' 구분은 연구, 교육, 정책 결정, 주창 활동에서 쉽게 활용할 수 있지만, 이런 분류 방식은 일반적인 권리의 범위 바깥에 존재하는 여러 권리를 간과하는 오류를 범할 수 있다. 예를 들어, 문화적·환경적 재화에 대한 집단적 권리를 소극적-적극적 권리 구분 방식 속에 공평하게 배분하기는, 불가능하진 않겠지만 매우 어렵다고 할 수 있다.

다음으로, 세 가지 세대별로 인권을 나누는 방식은 소극적-적극적 분류보다 더 포괄적이긴 하지만, 1세대 권리와 2세대 권리 사이에 교차하는 부분이 많다는 점을 간과할 뿐만 아니라 인권을 완수하는 데 일종의 직선적 진화 또는 심지어 목적론을 암시하기도 한다. 달리 말해 세 가지 세대별 분류 방식은 인권이 차례대로 발전했다는 식으로 가정하게끔 오해를 불러일으키기 쉽다. 이것은 마치 세대별 발전 과정이 신에 의해 또는 어떤 초역사적 힘에 의해 예정되어 있었다는 인상을 줄 수 있다. 후자의 쟁점에 관해 인권의 실현을 인권의 '발전 단계'라는 개념으로 이해할 수 있는 근거는 존재하지 않는다. 이 문제는 논의가 더 필요하다. 인권의 정상에 오르는 데 여러 갈래의 길이 있을 수 있다. 그리고 그 길은 결코 미리 정해진 경로를 따르지 않는다.

세 가지 세대별 인권 분류 방식의 한계를 보충하려면, 서로 다른 권리 사이의 수렴을 이론적으로나 실천적으로 강조할 필요가 있을 뿐만 아니라, 시민적·정치적 권리가 언제나 맨 먼저 보장되어야 하고, 그 다음에 경제적·사회적 권리가 뒤따르고, 맨 나중에 문화적·환경적 재화를 위한 집단적 권리가 있다는 식으로 가정해서는 안 된다. 인권 투쟁에 반드시 거쳐야 할 단계가 정해져 있다는 가정은 인권의 기원과 진화와 제도화와 미래를 바라보는 데 유럽 중심적이고 엘리트적인 전망의 잔여물에 불과하다.

이런 사고방식은 국제통화기금, 세계은행, 그리고 여러 나라의 정부 사이에서 상식으로 통용되는 '개발'의 개념과 가까운데, 이것은 어쩌면 우연이 아닌 공통점일지도 모른다.(Rist, 2009년) 앞으로 보게 되겠지만, 유럽 중심주의의 잔재와 엘리트주의의 문제는 이른바 발전권의 개념을 다시 구성해야 할 필요성을 환기해준다. 이 주제는 뒤에서 다시 다룰 것이다.

건강하게 장수하는 삶을 위해 반드시 필요한 욕구를 거부당하는 것으로 이해할 수 있는 '빈곤' 문제가 중대한 인권적 의미를 지니는 심각한 쟁점이라는 사실에는 누구나 동의할 것이다. 그러나 발전 모델 중 어떤 모델이 빈곤 문제를 경감할 수 있는지에 관해서는 합의가 존재하지 않는다.(Rist, 2009년) 또한 '발전(development)'이라는 용어가 빈곤 문제를 바로잡을 수 있도록 계획된 정책을 정확히 표현하느냐 하는 점에도 합의가 존재하지 않는다. 옛말에도 있듯이 '악마는 디테일 속에 숨어 있다.'

이 절의 핵심 질문으로 다시 돌아가자. 어째서 유럽 중심주의와 엘리트주의가 문제인가. 다시 강조하지만 그 이유는, 유럽 중심적이고 엘리트적인 비전으로는 서로 다른 국가적·문화적 맥락에서 인권이 서로 다르게 실현되는 다양한 방식을 설명할 수 없기 때문이다. 또한 유럽 중심적이고 엘리트적인 전망으로는 인권이라는 관념이 국가 내에서 또는 남반구와 북반구에서, 서로 다른 사회적 행위자 사이를 순환하면서 돌아다니는 것을 설명할 수 없기 때문이다. 또한 유럽 중심적이고 엘리트적인 준거 틀로는 특정한 권리가 논쟁과 투쟁 속에서 생겨나 국가 공무원들에 의해 공공 정책이나 법률의 형태로 불완전하게나마 실행되는 과정을 보여주지 못하기 때문이다.

그러므로 세 가지 세대별 인권 분류 방식을 인권의 발전을 보여주는 결정적 설명으로 여기기보다, 학자, 학생, 정책 결정자, 활동가들이 **권리 조건**, **권리 주장**, 그리고 **권리 효과**를 이해할 수 있도록 도와주는 **발견적 장치**(heuristic device)로 보는 편이 낫다. 또한 세 가지 세대별 인권 분류 방식은 **권리 꾸러미**(즉, 세대별 권리를 넘어서 유기적으로 연결된 권리들의 묶음이며, 새로운 인권 지지 기반의 욕구를 충족할 수 있는 권리들의 모둠)를 구성할 수 있는 계기와 재료를 제공한다.

이렇게 봤을 때 세 가지 세대별 인권 분류 방식을 비판적으로 재구성할 필요성이 이 책의 전체 구성을 규정한다고 할 수 있다. 달리 말해 이 책은 세대별 권리의 강점과 한계를 조금씩, 철저하게 설명할 뿐만 아니라, 세 범주 사이의 복잡한 연결망을 설명할 필요성에 따라 구성되어 있다. 이 책의 3장, 4장, 5장에서는 세 가지 세대별 인권을 체계적으로 분석할 것이며, 6장에서는 세대별 구분을 **넘어** 사회 운동 조직과 비정부 기구, 그리고/또는 유엔 기구들이 권리 꾸러미를 제안하고 채택하는 방식을 설명할 것이다. 마지막으로 결론에서는 이 책에서 제시한 이론과 개념에 근거하여 인권사회학이 추구해야 할 의제를 설명하겠다.

토론을 위한 질문

- 인권 영역에서 분류법이 중요한 이유는 무엇인가.
- 소극적 – 적극적 권리의 구분 방식이 지닌 장점과 한계는 무엇인가.
- 세 가지 세대별 권리 구분 방식이 지닌 장점과 한계는 무엇인가.
- 사회 운동은 인권 발전에 어떻게 기여하는가.

3장
시민적 · 정치적 권리

앞 장에서 인권을 어떻게 그리고 왜 구분하는지 간략하게 알아보았다. 이 장에서는 가장 널리 인정되고 특히 미국과 서구권 일부에서 중요하게 다뤄지는 인권 범주인 시민적 · 정치적 권리를 알아보려 한다. 자유의 기치 아래 선포되었던 시민적 · 정치적 권리는 다음을 지향한다. (1) 개인들 사이에서 벌어진, 그리고 국가가 저지른 침해로부터 개인을 보호한다. (2) 인간이 시민 사회와 정치적 활동에 자유롭고 온전하게 참여할 수 있도록 해준다. (3) 인간이 공권력의 부당한 개입 없이 자신의 정체성, 흥미, 사상, 신념, 가치를 탐구하고 발전시킬 수 있게 해준다.

한마디로 말해, 시민적 · 정치적 권리에는 법률에 규정되어 있고 사법부가 보장하는 대로 정부의 권력을 견제하는 것뿐만 아니라, 사회 내에서 개인들이 번성할 수 있는 조건을 정부가 보장해주는 것까지도 포함된다. 이런 이유로 시민적 · 정치적 권리를 이른바 가장 '중요한' 권리라고 보기도 한다. 이런 의견도 일리가 있기는 하지만 이 책에서는 그런 전통적 관점에 의문을 제기할 것이다.

시민적·정치적 권리에 관한 준비 질문

앞에서 보았듯 인권은 그 정의상 **관계론적**(relational) 개념이다. 쉽게 설명하기 위해 이러저러한 방식으로 인권을 나누고 분류하는 것이 유용할 수는 있겠지만, 서로 다른 종류의 권리라 해도 서로 간의 관계 속에서만 참된 의미를 지닐 수 있다. 유엔이 1993년 빈에서 개최했던 세계 인권 대회에서는 시민적·정치적 권리와 다른 종류의 권리들이 서로 연결되어 있음을 재확인했다. 시민적·정치적 권리가 다른 종류의 권리와 어떻게 맞물려 있는지를 설명하기 위해 이 장에서는 몇 가지 질문을 던질 것이다. 어째서 시민적·정치적 권리가 다른 형태의 권리보다, 특히 미국과 서구 일부에서 더 널리 받아들여지는가. 특히 학자, 법률가, 정책 결정자 사이에서 시민적·정치적 권리가 더 잘 수용되는 이유는 전통 때문인가. 아니면 시민적·정치적 권리에 논리적 우위 그리고/또는 도덕적 우위를 부여할 수 있는가.

이 질문들에 답하기 위해 3장에서는 시민적·정치적 권리가 널리 수용되는 경향—실제로는 그렇지 않을지 몰라도 적어도 원칙적으로는—에 대해 두 가지 논증을 다루려고 한다. 첫째는 **역사적** 논증이다. 인권의 원형을 고대에서 찾을 수 있다고 하지만(예를 들어 중동, 인도, 중국 등의 종교 전통에 들어 있던 인간 존엄의 개념), 현대적 인권 관념을 만들고 전파한 것은 유럽의 계몽주의와 18세기의 시민 혁명이었다.(Ishay, 2008년) 당시 혁명가들 — 그중 다수가 사회적 지위가 높은 사람들이었다. — 의 세계관과 관심, 그리고 시대적 한계로 인해 혁명에서 선포되었던 주요 문헌들은 시민적 · 정치적 권리를 주로 강조했다. 이 점은 미국의 〈독립 선언문〉, 〈미국 연방 헌법〉, 프랑스혁명의 〈인간과 시민의 권리 선언〉에 잘 드러나 있다. 이 선언들은 오늘날까지 상당한 영향을 끼치고 있다. 예를 들어, 1950년대와 1960년대 미국 민권 운동 현장에서, 〈독립 선언문〉과 〈미국 연방 헌법〉에 들어 있던 표현을 써서 민권 운동에 참여한 비정부 기구들이 미국의 대중과 연방 정부의 엘리트 공무원들에게 자신들의 요구를 구체화하여 전달할 수 있었다. 최근에는 우파 세력인 '티 파티 운동'*에서 자신의 요구를 '건국의 아버지'들이 품었던 비전이라는 식으로 틀을 짜서 주장한 적도 있다.

계몽주의 사상은 부분적으로는 서구 국가들 내부의 권력 투쟁, 다른 한편으로는 식민주의를 통해 매우 복잡하고 모순된 방식으로 영향력을 발휘할 수 있었다. 진정한 인간 해방과는 정반대였지만 유럽의 식민 지배자들은 아프리카, 아시아, 카리브해 등지에서 **정치적 자유**니 **과학적 진보**니 하는 개념을 통해 이른바 '문명화 사명(civilizing mission)'을 정당화하려고 애썼다. 제2차 세계대전 이후 미국 정부는 영국, 프랑스, 포르투갈 제국에 비판적이긴 했지만 모든 나라들을 직선적인 경로에 놓는 발전론적 논리를 전 세계에 퍼뜨렸다.

티 파티 운동(Tea Party Movement) 2009년 시작된 미국의 보수주의 시민운동 단체로, 버락 오바마 대통령의 의료보험 개혁에 반발하여 등장했다. 작은 정부와 감세, 지출 감소를 통해 미국 국가 부채를 줄일 것을 주장했다.

이런 접근은 당시 막 결성되었던 유엔에도 부정적 영향을 끼쳤다. 유엔은 원래 갈등 해소, 평화 유지, 탈식민, 국가 형성과 발전을 촉진하도록 역할이 정해져 있었고, 그 과업은 여러 형태의 권리를 서로 나눌 수 없다는 원칙을 대전제로 삼았는데도 말이다. 미국과 서구의 강대국들이 유엔 창설에 핵심적 역할을 했기 때문에 유엔 초기의 문헌들—〈세계 인권 선언〉을 포함한—에서 시민적·정치적 권리를 다른 권리들보다 더 중시한 것은 사실이다. 물론 이런 배경이 있었다고 해서 시민적·정치적 권리의 중요성이 사라지는 것은 아니다. 더 나아가, 유엔은 창설 직후부터 미국—유엔 본부가 자리 잡고 있으며, 유엔에서 분담금을 가장 많이 납부하는 나라—과의 관계에서 어느 정도 상대적 자율성을 확보할 수 있었다는 점도 반드시 기억해야 한다. 식민 지배를 받던 사람들은 영국, 프랑스, 포르투갈을 포함한 여러 유럽 국가들에 대항한 반식민 투쟁을 정당화하기 위해 '민족의 자기 결정권(민족 자결권the right to national self-determination)'을 내세우면서* 1960년대에 유엔 총회에서 채택한 주요 인권 문헌들에 상당히 큰 영향을 끼쳤다.(Burke, 2010년) 따라서 과거 식민지들은 실제로 인권의 일반 담론, 그리고 특히 인권 정전에 자신의 자취를 크게 남겼던 것이다.

권리에 초점을 맞춘 인식 공동체가 형성되는 데 탈식민화 과정이 수

---

* 이때 'national'을 흔히 '민족'이라고 번역해서 '민족 자결권'이라는 용어가 많이 쓰인다. 그러나 여기서 national은 종족적 민족(ethnic nation)을 지칭하기보다, 내적 응집성이 높은 정치 집단 즉 '인민(people)'과 더 가까운 뜻으로 해석된다. 즉, 근대적 국가를 구성한, 또는 구성할 수 있는 잠재력과 역사적·문화적 동질성을 지닌 정치적 공동체라는 뜻이다. 따라서 '정치 공동체를 구성하는 한 집단의 자기 결정권'이라고 쓰는 편이 정확하다고 생각하지만, 혼란을 피하기 위해 널리 쓰이는 용어인 '민족 자결권'을 그대로 따르기로 한다.

행한 역할은 생각해볼 가치가 있다. 시간이 지나면서 당시 '제3세계'라고 불리던 신생 독립 국가들이 새로운 종류의 권리를 내세우기 시작했다. 우선 그들은 경제 발전과 관련된 권리를 주장했다. 이때 경제 발전이란 서구가 누리는 생활 수준을 따라잡거나 서구와 비슷한 정도로 살 수 있는 수준을 의미했다. 그 다음에는 문화와 환경 보호를 요구하기 시작했다. 이 요구는 특히 개발 프로젝트가 산업화와 소비 지상주의를 퍼뜨리면서 각국의 문화와 생태계를 위협한 데서 비롯했다.(Rist, 2009년) 따라서 이런 과정을 거치면서 나온 인권 정전은 서구권 또는 북반구만의 작품이라고 볼 수 없다. 엄밀히 말해 인권 정전은 모든 인류가 함께 보유한 불완전하고 미완성인 작품이다. 인권 정전은 모든 인권의 기준점이되는 지위를 차지하지만, 동시에 전 세계 여러 세력으로부터 도전받고 비판을 받고 있기도 하다.

둘째는 **현실적** 논증이다. 시민적·정치적 권리는 사회 운동, 비정부 기구, 인권에 우호적인 정당에 매우 유용하다는 점을 들 수 있다. 시민적·정치적 권리가 아주 광범위한 영역을 포괄하고 있다는 사실은 분명하다. 시민적·정치적 권리에는 적법 절차 권리, 자신이 선택한 사람들과함께 모일 수 있는 권리, 공공장소에서 집회를 열거나 공공시설을 차별없이 이용할 수 있는 권리, 자유롭고 공정한 선거를 통해 투표할 수 있는 권리, 공권력으로부터 간섭이나 보복을 당할 염려 없이 공개적으로발언할 수 있는 권리, 불만을 시정하기 위해 정부에 청원할 수 있는 권리, 종교 활동을 하거나 하지 않을 권리, 자신의 양심에 따라 살아갈 권리, 사생활을 지킬 권리, 자신의 신체를 온전하게 보존할 권리 등이 포함된다. 요약하자면, 시민적·정치적 권리는 오랫동안 사회 운동이 추구했던 목표였을 뿐만 아니라, 세상을 더 좋게 만들기 위해 필요한 행동을 할 수 있게 해주는 일종의 도약대 역할을 해 왔다. 지구화 시대에도 시민적·정치적 권리가 이러한 기능을 수행하고 있음이 분명하다.

미국의 맥락에서 보면, 그 자체가 목적이기도 하면서 동시에 다른 목적을 위한 수단이기도 한 시민적·정치적 권리는, 흑인과 여타 인종적 소수자들이 사회생활, 교육, 직업, 정치 등에서 평등하게 참여할 수 있도록 투쟁했던 민권 운동에서 중요한 기능을 수행했을 뿐만 아니라, 노동계급, 여성, LGBT 공동체, 이주자, 장애인을 비롯해 권리를 침해당한 사람들을 위해서도 중요한 역할을 해 왔다. 이렇게 다양한 운동의 경험과 성취로 인해 시민적·정치적 권리는 흔히 미국 사회에서 가장 '근본적인' 권리로 여겨진다.(Soohoo 외, 2009년) 이와 유사하게, 1980년대 말 동유럽에서 관료적 사회주의 정권에 반대하던 대중 운동의 일차적 목표가 바로 시민적·정치적 권리의 성취였다. 실제로 세계 각지의 사회 운동은 시민적·정치적 권리의 성공을 중요한 목표로 설정해 왔다.(Nepstad, 2011년)

시민적·정치적 권리에 기반을 둔 **권리 주장**이 폭넓게 확산된 이유는 간단하다. 시민적·정치적 권리가 **없는** 경우에 활동가들이 자기 주장을 내세우기 어렵고 자신의 활동으로 인해 괴롭힘을 당하고, 요시찰 대상이 되거나, 구타, 투옥, 추방, 심지어 불법적 사형을 당하기도 한다. 반대로 시민적·정치적 권리가 **보장되는** 경우에 활동가들이 그 밖의 다른 목표를 추구하기가 쉬워진다. 예를 들어 개인을 위한 경제적·사회적 권리의 실현이나, 집단을 위한 문화적·환경적 권리를 요구하기가 용이해지는 것이다. 달리 말해 시민적·정치적 권리는 일단 국가 차원에서 법률이나 정책의 형태로 실현되면 주목할 만한 **권리 효과**를 가져온다.

그 이유는 무엇인가. 시민적·정치적 권리는 그 정의상 권리를 침해당한 사람에게 도덕적이고 법적인 지위와 보호 조치를 부여하므로, 국가와 사회 내의 권력 관계를 변화시키기 때문이다. 예를 들어 미국을 포함한 여러 나라에서 무산자, 여성, 인종적 소수 집단에 투표권이 주어졌을 때 이들은 다른 영역에서도 권력을 누릴 수 있는 지위를 얻을 수 있었다. 과거에 착취당하고 주변화되었던 집단이라도 일단 투표권을 확보하면 정당에 직접 영향을 끼칠 수 있게 된다. 이런 집단은 선거에 참여하는 과정에서 자신들에게 우호적인 정당 인사나 정부 관리들 같은 엘리트 지지 세력을 만날 수 있다. 이 사례는 서로 다른 종류의 인권이 어떻게 서로 연결되는지를 보여주는 유용한 교훈을 제공한다. 그렇지만 우리는 인권이 반드시 필연적으로 진보하는 것은 아니고, 미리 정해진 유형에 따라 발전하는 것도 아니라는 점을 기억해야 한다. 그러므로 우리에게는 이성과 진보에 근거를 둔 계몽주의로부터 인권의 핵심을 분리해야 할 사회 과학적 이유와 도덕적 이유가 있는 셈이다. 이 점은 남반구의 학자와 활동가들이 거듭 지적한 내용이기도 하다.

계몽주의의 유산과 세 가지 세대별 인권 분류 방식

시민적·정치적 권리를 좀 더 깊이 이해하려면 간략하게라도 앞 장에서 다룬 인권의 분류 방식을 복습할 필요가 있다. 우선, 보호 권리를 뜻하는 소극적 권리와 수급 권리를 뜻하는 적극적 권리를 나누는 방식이 있다. 그리고 개인들을 위한 1세대 시민적·정치적 권리, 개인들을 위한 2세대 경제적·사회적 권리, 집단을 위한 3세대 환경적·문화적 권리로 나누는 방식이 있다. 실제로 두 분류 방식은 서로 중복되곤 한다. 보호 권리는 유엔이 제정한 〈자유권 규약〉에 나오는 시민적·정치적 권리의 형태로 보장되는 경향이 있으며, 수급 권리는 유엔이 제정한 〈사회권 규약〉과 여타 국제 기준의 형태로 보장되는 경향이 있다. 3세대 인권을 이루는 집단적 권리—제례, 음식 전통, 삶의 방식같이 서로 연결된 문화적 권리, 그리고 농경지, 산림, 수로 같은 환경적 권리—개념은 아마 틀림없이 적극적 권리에 속할 것이다. 그런 권리를 실현하려면 국가에 의한 혁신적 정책 결정이 필요하기 때문이다. 소극적-적극적 권리 구분법은 세대별 권리 구분법보다 집단적 권리, 즉 전체 인민, 집단, 또는 지역 사회가 누리는 권리를 수용하기에 적합하지 않다.

인권의 세대별 구분 방식은 개인 권리와 집단 권리를 모두 설명할 수 있으므로 소극적-적극적 구분 방식보다 그 적용 범위가 넓다. 그러므로 이제는 분석적·교수법적·정치적·실천적 이점을 상실할지도 모른다는 염려 없이 소극적-적극적 권리 구분을 넘어서도 될 때가 왔다. 학문, 정책 결정, 법 해석, 인권 교육 등에서 거의 대다수가 세대별 인권 구분 방식을 활용하는 게 현실이다. 따라서 세 가지 세대별 구분 방식의 역사적 기원은 탐색할 가치가 있으며, 이를 통해 미국과 일부 서구권에서 가장 공통적으로 수용되는 시민적·정치적 권리—집회 및 결사 권리, 발언 권리, 청원 권리 등 18세기 이래 사회 운동과 친화성이 높았던 권리—를 깊이 있게 이해할 수 있을 것이다. 실제로 시민적·정치적 권리가 **현대적** 권리로서 제일 먼저 표현된 것은 1776년 미국의 〈독립 선언문〉, 1787년 미국의 〈연방 헌법〉, 1789년 프랑스혁명의 〈인간과 시민의 권리 선언〉, 그리고 범유럽권의 계몽주의와 관련된 여러 문헌을 통해서였다.(Ishay, 2008년) 하지만 미국과 프랑스의 혁명에서 좀 더 급진적인 요소는 더 폭넓은 인간 해방을 꿈꾸었고, 거기에는 노예 해방, 식민 지배 종식, 여성의 평등권 보장, 빈곤 완화, 그리고 아마도 기존 경제 체제—훗날 자본주의로 알려진 경제 체제—에 대한 도전이 포함되어 있었을 것이다.(Bronner, 2004년)

달리 표현하자면, 만일 미국과 프랑스의 혁명이 급진적 세력이 원한 대로 진행되었더라면 그들은 오늘날 2세대 경제적·사회적 인권으로 알려진 권리를 어떤 식으로든 완수하려 했을 것이다. 어쨌든 18세기에는 급진적 혁명 세력이 견제를 받았지만, 그 후 지속된 산업 혁명과 그 결과 야기된 도시화로 인해 사회 운동, 특히 노동 계급 운동이 조직적으로 더 커질 수 있는 조건이 만들어졌다. 이들은 노동조합, 노동당, 사회민주당, 사회당을 통해 부분적으로 대표성을 확보하게 된다.(Ishay, 2008년) 이 급진 세력은 새로운 권리 요구—오스트리아·헝가리 그리고 러시아 같은 다민족 제국에 속해 있던 여성, 민족주의자, 문화적 소수 집단의 권리—를 위한 장을 마련했다.(Ishay, 2008년) 미국과 프랑스의 혁명으로 쟁취한 발전에 근거해 지식인, 활동가, 그리고 보통 사람들은 다음과 같은 정당한 질문을 하기 시작했다. 인간 해방의 기획에는 노예제와 식민 지배 종식, 농민과 노동자의 생활 조건 향상과 보상, 그리고 여성의 평등권이 포함되어 있지 않은가. 사회학이라는 학문이 등장하기 전에 이미 제기되었던 이 질문은 실제로 그 후 2세기 동안 격렬한 토론과 투쟁을 촉발했다. 그러므로 계몽주의에서 말한 '진보'라는 관념이 콩트로 하여금 사회학은 사회를 연구하는 과학이라고 제안하게 만들었던 것이다. 그 후 이른바 사회학의 시조라 불리는 마르크스, 뒤르켐, 베버는 산업화, 도시화, 개인주의, 관료화, 근대성, 대중 사회 같은 쟁점들을 파고들었다. 초기의 사회학자들이 인권을 그 자체로 연구하지는 않았지만 이들이 오늘날 '인권의 난제'로 여겨지는 여러 사회 문제를 해결하려고 애쓴 것이 사실이다.

계몽주의와 미국-프랑스의 정치 혁명과 산업 혁명의 그림자 뒤에서 노예 제도와 식민 지배 반대자들이 주도한 사회 운동, 노동 시간 단축과 산업 안전 관련 입법의 지지자들, 그리고 여성 권리의 옹호자들이 19세기와 20세기 내내 목표를 이루기 위해 최선을 다했다. 이런 노력으로 인해 여러 나라에서 권력 관계의 변화를 초래한 일련의 입법이 이루어졌다.(Tilly and Wood, 2009년) 앞에서 보았듯 사회 운동이 이 모든 변화를 직접 초래했다고 단정하기는 어렵다. 그렇지만 사회 운동과 엘리트 지지 세력이 그 전까지 소외받은 계층의 시민적·정치적 권리를 확대해준 입법을 촉진했다고 보는 데에는 문제가 없을 것이다. 그와 동시에 사회 운동은 경제적·사회적 권리를 위한 공간도 확장할 수 있었다.(Tilly and Wood, 2009년) 결과적으로 이 모든 움직임은 한편으로 계몽주의를 비판하면서, 다른 한편으로 급진화되었다. 사회 운동은 계몽주의의 **이론적**

측면(재산을 가진 백인 남성이 보편주의의 담지자 역할을 하는 구도에서 시민적·정치적 권리를 중시하는)뿐만 아니라, 계몽주의의 **실제적** 약점(노예 제도와 식민 지배의 지속, 노동 현장에서의 착취, 여성의 종속)에도 비판을 가했다. 그와 동시에 사회 운동은 역사적으로 대표되지 못하고 착취당하고 주변화되었던 집단으로까지 인간 해방의 기획을 확대함으로써, 그리고 시민적·정치적 권리를 넘어 경제적·사회적 권리를 향한 길을 제시함으로써 계몽주의를 **급진화**했던 것이다.(Bronner, 2004년) 요컨대 당시의 사회 운동은 프랑스혁명의 3대 구호를 진지하게 받아들여, 자유가 평등이나 연대보다 더 위에 있다는 도식을 거부했다. 이런 사회 운동은 미래의 표준적 인권의 틀—세 세대로 이루어진 전체 인권—을 그 당시에 이미 어렴풋하게나마 이해하고 있었다 해도 과언이 아닐 것이다.(Ishay, 2008년)

그렇다면 유럽 계몽주의와 20세기 중반 유엔에서 제정한 인권 정전의 관계를 어떻게 이해하면 좋을까. 지금까지 설명했듯이, 유럽의 계몽주의가 인권이라는 사상 체계를 제일 먼저 창시하지는 않았고, 인권을 최종적으로 완성한 것도 아니었다. 우리가 만일 고대로부터 이어져 온 인권의 전신(前身)을 무시하거나, 오늘날 비서구권에서 비롯된 새로운 인권 사상을 무시한다면 지적 태만으로 비판받을 것이다. 그러나 계몽주의의 독창적 기여도 분명 있다. 그것은 국가와 사회의 관계를 재정립하여 군주로부터 민중에게 주권을 이양하게 한 것이었다. 실제로 위에서 말한 미국과 프랑스의 선언들은 2차 세계대전 이후 전 세계의 학자, 정책 결정자, 비정부 기구, 활동가들에게 인권의 시금석이 되었던 〈세계 인권 선언), 〈자유권 규약〉, 〈사회권 규약〉을 위한 문법과 어휘를 제공했다.

세 가지 사례를 살펴보자. 1776년의 미국 〈독립 선언문〉에는 다음과 같은 유명한 구절이 등장한다. "우리는 다음을 자명한 진리로 간주하는 바이다. 모든 인간은 평등하게 창조되었고, 모든 인간은 조물주에 의해 양도 불가한 몇 가지 권리, 즉 생명권, 자유권, 행복추구권을 부여받았다." 1789년 프랑스혁명의 〈인간과 시민의 권리 선언〉에 나오는 맨 처음 두 조항은 다음과 같다. "1. 인간은 자유롭고 평등한 권리를 타고났으며 그렇게 살아간다. 공공의 선에 근거를 두었을 때만 사회적 구분이 허용될 수 있다. 2. 모든 정치적 결사체의 목적은 인간의 자연적이고 침해할 수 없는 권리를 보존하는 데 있다. 그 권리는 자유권, 재산권, 안전권, 그리고 압제에 대한 저항권이다." 이 유명한 두 문헌은 미국과 프랑스에서 혁명 후 정부가 나아갈 방향을 제시한 데 더하여, 세 가지 세대별 인권의 맹아를 품고 있었다. 더 나아가 1948년의 〈세계 인권 선언〉에서도 이들 문헌의 언어적 되울림을 느낄 수 있다. "모든 인간은 자유롭게 태어났고, 존엄과 권리에서 평등하다. 사람은 이성과 양심을 타고났으므로 서로 간에 형제애의 정신으로 행동해야 한다." 가장 유명하고 영향력이 큰 인권 비정부 기구인 국제앰네스티도 단체의 위상에 걸맞게 〈세계 인권 선언〉을 자주 인용하곤 한다.

탈식민화와 인권

유례없는 살육과 재산 손실, 그리고 전 세계 여러 곳에서 경제적 붕괴를 가져왔던 두 차례의 세계대전이 끝난 후, 〈세계 인권 선언〉, 〈자유권 규약〉, 〈사회권 규약〉을 만든 제정자들은 이 문헌들을 〈국제 인권 장전〉의 세 기둥으로 개념화했다. 이 기획은 수많은 구상과 토론을 거쳤지만 실현되지 못했다. 1945년 이후 식민 지배에서 벗어난 신생국들이 〈자유권 규약〉과 〈사회권 규약〉의 내용에 상당한 영향을 끼쳐 현대 세계에서 인권을 더욱 포용적인 개념으로 확대하는 장을 마련했던 것이 우연은 아니다. 우리는 이런 식으로 확대된 인권 개념을 이 책의 다른 부분, 특히 집단을 위한 문화적·환경적 권리 부분에서 검토할 것이다. 이 자리에서는 1940년대부터 1970년대 사이 유엔에서 미국과 소련의 중간 지대를 개척하려 했던 제3세계가 민족 자결권을 특히 강조했다는 사실만 지적해도 충분할 것이다. 원래 민족 자결권은 미국, 프랑스, 아이티, 라틴 아메리카 등지의 근대 혁명에 그 뿌리를 두고 있으며, 1차 세계대전 후 미국의 윌슨과 소련의 레닌의 관계가 호전되면서 명확하게 표현된 개념이었다. 민족 자결권을 놓고 미소의 의견이 수렴된 것은 국제연맹이 유럽 여러 제국의 해체, 유럽 국가들의 탈군사화 감독, 집단 안보 제공에 실패했는데도 국제연맹에 상징적인 존재 의의를 제공해주었다. 달리 말해 유엔은 부분적으로는 유럽이 지배하던 식민지 주민들의 민족 자결권을 강조하고, 제1세계와 제3세계의 격차를 줄이려고 노력하고, 미국과 소련 사이의 새로운 냉전 갈등을 중재함으로써 국제연맹의 실패를 만회하기 위해 만들어졌다 해도 과언이 아니다. 유엔의 이런 목적은 민족 자결권 원칙과 발전의 개념을 놓고 미국과 소련 사이에 이루어진 암묵적인 합의로 촉진된 측면이 있다.(Rist, 2009년) 이런 암묵적 합의가 있었다

해도 미국과 소련이 제3세계 국가들의 내정에 간섭하는 일이 사라지지는 않았다. 흔히 민족 자결권이 시민적·정치적 권리의 선행 조건이 된다는—왜냐하면 우선 자율적인 국가가 존재해야 그 나라의 **시민들이** 권리를 누릴 수 있으므로—식으로 정당화되긴 하지만, 사실 민족 자결권은 **집단적** 권리의 가장 좋은 예이다. 더 나아가 민족 자결권은 〈세계 인권 선언〉, 〈자유권 규약〉, 〈사회권 규약〉, 그리고 그 후 유엔 문헌들의 '토대'가 된 것처럼 보인다. 그런데 최근 들어 '민족의(national) 자기 결정권' 개념은 국가의 토대를 넘어 '**사람들의**(인민들의, peoples) 자기 결정권'의 토대를 이룬다는 식으로 확대되었다. 요컨대 오늘날 '남반구'라 불리는 제3세계가 인권 사상에 끼친 영향은 굉장히 컸다. 사회학자들은 비서구권이 인권 정전에 기여한 점뿐만 아니라, 유엔 체제와 유엔을 중심으로 삼아 활동하는 비정부 기구들에 끼친 영향도 반드시 고려해야 할 것이다.

이런 점에서 사회학적 관점은 학자, 정책 결정자, 유엔 관료, 비정부 기구 직원, 그리고 활동가들 사이에서 통용되는 엘리트적인 인권의 분류법만이 아니라, 보통 사람들이 생각하는 인권의 분류법 역시 중요하다고 여긴다. 우리가 보았듯이 세 가지 세대별 분류 방식은 인식 공동체에 속한 참여자들이 인권을 체계적으로 생각할 수 있게끔 하는 데 도움이 된다는 점이 입증되었다. 유럽 계몽주의 시대의 문헌에 암묵적으로 포함되어 있고, 제2차 세계대전 이후 인권의 수호자로 등장한 유엔 등에서 나온 문헌에 명시적으로 표현되어 있는 세대별 인권 분류법은 오늘날 무척 큰 영향을 발휘하고 있다. 그러나 많은 학자와 인권 교육자들이 지적한 것처럼, 세대별 분류법은 현실 속의 실제 인권 침해 문제를 평가하고 해결하는 데 일정한 한계가 있다. 특히 빈곤 문제, 인종주의, 계급 차별, 성차별, 동성애 혐오, 외국인 혐오, 장애인 차별과 관련된 구조적 폭력 등 지속적으로 나타나는 사회 문제를 다룰 때 한계가 드러난다. 그러므로 인권에 관심 있는 사람들은 세대별 인권 분류법을 완전히 폐기하지 않으면서도 그것을 철저히 분석해 권리 꾸러미라는 개념을 더 깊게 이해하도록 노력할 의무가 있다. 이런 과정을 거치면서 권리를 침해당한 사람들 그리고/또는 문제에 공감하는 학자와 정책 결정자들이 일반적인 권리의 범주를 넘어서는 새로운 '권리 주장'을 만들어낼 수 있을 것이다. 재즈 음악의 즉흥 연주에 비유하여 설명해보자. 즉흥 연주를 잘하려면 먼저 재즈 음악의 기본 규칙을 제대로 익혀야 하듯, 인권에서도 모든 권리를 잘 다루려면 1세대 시민적·정치적 권리부터 철저히 익혀야 하는 것이다. 이 장의 마지막에 여러 권리들의 맥락 속에서 1세대 시민적·정치적 권리가 어디에 속하는지를 평가할 때 다시 재즈 음악의 비유로 돌아갈 것이다.

시민적·정치적 권리가 인권 정전의 기반인가

앞에서 보았듯이 인권 정전의 **실제** 기반은 민족 자결권의 형태로 이루어져 있으며, 민족 자결권에 대한 내용은 여러 유엔 문헌 중에서도 〈세계 인권 선언〉, 〈자유권 규약〉, 〈사회권 규약〉의 서두에 나와 있다. 따지고 보면 자율성을 지닌 국민 국가가 있어야 인권의 주체인 시민들이 존재할 수 있다.* 더 나아가, 국적을 불문하고 모든 인간에게 보장되어야 할 극히 기본적인 보호 권리들을 제외하면, 시민적·정치적 권리의 일차적인 담지자는 특정 국가에 속한 시민들인 것이다. 그런데 인권의 인식 공동체 구성원은 투표권이나 사회생활에 자유롭게 참여할 권리 같은 시민적·정치적 권리를 흔히 '근본적인' 권리라고 소개하곤 한다. 위에서 보았듯 시민적·정치적 권리를 가장 중요한 권리인 것처럼 추정하는 이유가 서구 문화에서 흔히 통용되는 소유적 개인주의의 정신과 관련이 있는지도 모른다. 당연히 이 질문은 무척 포괄적인 답변을 요구한다. 인권 사회학의 역량을 총동원하여 개인의 권리와 집단의 권리를 둘 다 정당화해야 하기 때문이다.

이 지점에서 좀 더 고차적인 분석을 해야 하겠지만, 이 장에서 추구하는 원래의 질문으로 돌아가 보자. 왜 시민적·정치적 권리의 범주가 **가장 널리 받아들여지고**, 인권 정전 중에서 **가장 논란이 적은** 부분인가. 그 이유는 한 나라의 전체 인민이건, 사회 운동 조직이나 지역 사회 또는 개인이건 간에 인권을 주장하는 사람들, 그리고 국민 국가와 국민들에게 권리를 부여할 수 있는 공권력이 2백 년도 넘게 시민적·정치적 권리를 매우 중요하게, 지속적으로 지지해 왔기 때문이다. 다시 말하자면, 유독 시민적·정치적 권리가 다른 권리들보다 더 오랫동안 고려 대상이 되어 온

---

* 이것은 오늘날 세계가 다수의 국민 국가로 이루어진 국제 체제임을 전제로 해 하는 말이다. 이론적으로는 모든 인류의 인권을 동일한 수준에서 보호하려면 단일한 세계 정부가 존재해야 하겠지만, 현실적으로 그런 세계를 상정하기가 어렵기 때문에 국가들로 이루어진 국제 질서의 바탕 위에서 인권을 논하는 것이다. 이 점은 '보편적' 인권 담론의 현실적 한계와 특징을 보여 주는 사례다.

데는 두 가지 주요한 이유가 있었다.

첫째, 후대에 엄청난 영향을 끼친 18세기의 두 근대 혁명에서 시민적·정치적 권리를 무척 중요하게 다뤘기 때문이다. 미국 독립혁명은 영국의 식민 지배에 대항하여 발생했고, 프랑스혁명은 부르주아와 대중 계급이 이미 쇠퇴하고 있던 귀족에 결정적인 타격을 가한 사건이었다.(Ishay, 2008년) 하지만 이 혁명들은 여러 한계를 지니고 있었다. 예를 들어, 여성을 포함하여 수많은 사람들의 참정권을 인정하지 않았고, 노예 제도를 확실하게 폐지하지 않았으며, 식민 지배를 종식하지도 않았다. 하지만 미국 독립 혁명과 프랑스혁명은 군주로부터 인민에게 주권을 이양함으로써 서구 세계와 서구의 식민 지배를 받던 지역에 매우 큰 영향을 끼친 것도 사실이다.

둘째, 미국과 여타 서구 강대국들의 영향으로 인해 시민적·정치적 권리는 〈세계 인권 선언〉이나 〈자유권 규약〉의 사례에서 보듯, 유엔 체제 그리고 유엔과 긴밀한 관계를 맺고 활동하는 인권 비정부 기구들 사이에서 가장 중요한 인권 의제로 다뤄져 왔다. 특히 국제앰네스티는 원래 전 세계 권위주의 국가들의 '양심수'를 위한 활동을 조직의 설립 목적으로 내세웠고, 소련과 동구 위성 국가들의 인권 침해를 감시하기 위해 설립되었던 휴먼라이츠워치 역시 시민적·정치적 권리를 중심에 두고 활동해 왔다.

어느 저명한 인권학자가 지적했듯이, 유엔 체제의 창설과 그에 따른 인권 정전의 성문화로 인해 북반구와 남반구 사이, 그리고 서구와 동구 사이에 초국적 차원의 격한 논쟁이 벌어지면서 갈등이 극심해졌다. 충분히 예상할 수 있듯이 이런 갈등은 미국과 여타 강대국들이 스스로 보편주의의 수호자라고 자처한 오류에서 비롯되었다. 〈세계 인권 선언〉이 제정되었을 때의 일이다.

> "사회주의 국가나 이슬람 국가에서 유보적인 견해를 제기했는데도 인권은 지역적인 틀이나 문화적인 틀과는 상관없는 독자적인 실체라는 식으로 선포되었다. …… 고전적인 인권 가치와 규범이 보편적이라거나, 모든 인류의 합의로 만들어졌다는 주장은 그 후 정치적·도덕적 측면에서 서구의 헤게모니를 비판한 탈식민주의의 현실을 철저하게 무시하는 결과로 이어졌다."(Frick, 2013년: 17)

유엔 창설 과정에서 규범적인 원칙을 둘러싸고 마찰이 심하긴 했지만, 그렇다고 해서 사회주의권이나 비서구권이 인권 정전에 영향을 끼치지 않은 것은 아니다. 뒤에서 다시 보겠지만 하위 주체 세력(subaltern forces)이 1945년 이후 목소리를 내기 시작했고, 냉전이 끝난 후에는 더 큰 목소리를 낼 수 있었던 것이다.

미국과 여타 서구 세력이 부분적으로는 자신의 문화적 가정에 근거하여 유엔 창설을 주도하는 과정에서 시민적·정치적 권리를 무척 중시했다고 말한다고 해서 비서구권에서 시민적·정치적 권리를 가볍게 생각했다는 뜻은 아니다. 또한 유엔이 자신의 활동을 시민적·정치적 권리 영역에만 국한했다는 뜻도 아니다. 유엔은 세 가지 세력 — 나중에 제3세계로 불린 탈식민 국가들, 소련과 동구권의 위성 국가들, 그리고 서유럽의 노동당, 사민당, 사회당—의 영향을 받아 2세대 경제적·사회적 권리와 3세대 문화적·환경적 권리를 포함하여 아주 광범위하게 인권을 논의하는 장이 되었다.(Burke, 2010년) 그렇다 해도 여러 종류의 인권에 앞서 시민적·정치적 권리를 우선시하는 일이 통례가 되었다. 오늘날 이런 경향은 거의 관행 비슷하게 자리 잡았다.

유엔의 역할

유엔은 창설 당시부터 외교관들이 모이는 장소였을 뿐만 아니라 학자와 활동가들의 만남의 장이기도 했으므로, 유엔 기구인 유네스코를 중심으로 해 내부와 외부를 통틀어 유엔의 **지식 생산 기능**(knowledge-production function)'을 과소평가해서는 안 된다. 시간이 지나면서 일반적으로 유엔이, 특히 유네스코가 대학의 인권, 평화, 발전에 관한 학제간 연구 프로그램뿐만 아니라, 비정부 기구의 연구와 활동에서도 결정적인 영향을 행사해 왔다. 유엔의 지식 생산 기능에 관한 사회학적 고찰은 이 책의 범위를 넘어서지만 유엔이 60년 넘게 인권 분야에 관한 규범의 공식화와 전파에서 핵심 역할을 수행해 온 점을 강조할 필요가 있다.

유엔은 지식 생산을 통해 인권 인식 공동체에 무척 큰 영향을 끼쳐 왔다. 이 자리에서는 여러 형태의 인권이 서로 연결되어 있는 점을 이해하는 데 유엔이 엄청난 기능을 수행했다는 사실을 지적하는 것만으로도 충분할 것이다. 유엔의 의뢰를 받아 〈세계 인권 선언〉을 작성했던 제정자들은 처음부터 〈자유권 규약〉과 〈사회권 규약〉에 관해 일관된 비전을 품고, 두 종류의 권리가 언어로 표현되는 방식은 서로 달라도 둘 다 똑같이 중요한 권리라는 점을 명확하게 밝혔다.(Glendon, 2002년)

이른바 〈국제 인권 장전〉이라 불린 세 문헌을 설계한 작성자들은 다른 종류의 권리라 해도 같은 천을 잘라서 만든 다른 옷이고, 각 종류의 권리가 각각의 구체적 기준을 필요로 한다는 점을 믿어 의심치 않았다. 작성자들은 각각의 인권에 포함될 구체적 기준을 정하는 문제가 미래 세대의 몫이라는 점을 인정했다. 사회학자들이 재빨리 지적하겠지만, 인권의 구체적 기준을 결정할 때에는 언제나 많은 갈등이 따른다. 〈세계 인권 선언〉, 〈자유권 규약〉, 〈사회권 규약〉을 제정하는 과정에서도 다양한 권력 블록과 문화 구성체가 영향력을 행사하려 했다. 그런 갈등은 인권의 초기 개념화에서 최종적인 이행에 이르기까지 인권의 모든 순환 과정에 반드시 포함될 수밖에 없는 요소라 할 수 있다.

사회학적 관점에서는 인권에서 서로 경합하면서도 보완하는 두 가지 동향을 지지한다. 첫째, 현실 세계에서 일어나는 침해와 구제는 흔히 일반적인 인권 범주를 넘어선다는 점을 보여주기 위해 인권의 분리 불가능성(inextricability)을 탐구한다. 둘째, 학자, 학생, 정책 결정자, 활동가들이 현대 세계에서 나타나는 권리 주장에 관해 명료하게 생각하고 말할 수 있도록 하기 위해 여러 종류의 인권에 관한 구체적 기준을 탐구한다.

이런 탐구의 궁극적 목표가 인권 공동체 구성원이 권리 주장을 구성하고 해체하고 재구성할 수 있는 역량을 키우도록 하려는 것이라는 점은 두말할 나위도 없다. 이런 탐구가 필요한 이유는 우리 세계가 거의 80억 명에 가까운 인류, 각각 개별적인 정치적·법적 시스템을 지닌 193

개 국민 국가, 수많은 문화권, 그리고 셀 수 없이 많은 생태계로 이루어져 있기 때문이기도 하고, 우리 세계가 정보, 문화적 인공물, 돈, 상품, 그리고 피와 살을 가진 인간들이 놀라운 속도로 국경선을 넘나드는, 끊임없는 변화의 길에 있기 때문이기도 하다. 그 결과 지구화 시대 들어서 인권에 관해 생각하고 실천할 수 있는 범위는 계몽주의 시대 당시에 인권에 관해 상상하고 행할 수 있던 범위와는 무척 다를 수밖에 없다.

예를 들어, 1세대 인권에 속하는 권리 주장인 동성 파트너 사이의 평등한 결혼 권리 그리고 3세대 인권에 속하는 권리 주장인 원주민의 집단적 권리 — 예컨대 조상 대대로 살아온 삶의 터전과 수로에 관한 접근권 등 — 는 계몽주의 시대의 철학자, 정치인, 그리고 심지어 혁명가들에게 전혀 이해되지 않고, 실천하기 어려운 권리라고 생각되었을 것이다. LGBT 공동체와 원주민 집단의 권리 주장은 250년 동안 인권 사상으로부터 간접적으로 영감을 받았을 수는 있겠지만, 그러한 권리 주장은 유럽 계몽주의의 준거 틀 바깥에 있었던 것이다. 물론 18세기에도 LGBT 공동체와 원주민이 이러저러한 권리를 '보유하고' 있고, 그런 권리들이 '보장받아야 마땅하다'라고 철학적·도덕적 차원에서 주장할 수는 있었을 것이다. 당연히 그런 주장은 합당하고 정당하다.

그러나 이들 정체성 집단 중 어떤 집단도, 그리고 '동성 평등 결혼권'이나 '원주민의 땅 거주권' 등의 권리 주장도 18세기에는 충분히 가시적으로 형성되어 있지 않았다. 이런 권리들이 수 세기 동안 암묵적으로 존재하다 마침내 구체적인 권리 목록에 포함되었다고 해서 그 과정이 필연적이었던 것은 아니다. 그 길을 가는 도중 수많은 굴곡과 성취와 후퇴가 있었다. 달리 말해 그 과정에는 우연적 요소도 많이 작용했다. 인권 투쟁에서 인간이 행위의 주체성을 최대한 행사한다 하더라도 그 투쟁의 결과를 사전에 예측할 수는 없다. 이 점이 사회과학적 인권 연구가 인권 주창자에게 주는 교훈이다.

시민적·정치적 권리가 들어설 자리

1세대 시민적·정치적 권리와, 2세대 경제적·사회적 권리, 3세대 문화적·환경적 집단 권리를 비교해서 살펴보자. 물론 1세대 인권은 국가와 비국가 행위자에 의한 침해로부터 개인을 보호하고, 정부 운영에 대해 최소한의 참정권을 보장하며, 시민 사회의 각 조직에 대중이 참여할 수 있도록 해주는 권리다. 구체적 사례를 들어 설명하면 더 쉬울 것이다. 앞서 우리는 명망 있는 비정부 기구인 옥스팜이 권리에 기반한 접근을 활용해 남반구의 빈곤 문제를 해결하기 위해 전통적 인권의 범주 내에서 (마치 재즈 음악에서 즉흥 연주를 하는 것처럼) '체계적인 임기응변'을 실험했던 사례를 언급했다.

이제 좀 더 높은 수준에서 이 문제를 다시 분석해보자. 세 가지 종류의 상호 길항─보편주의와 문화 다원주의, 지구화론과 지역화론, 개인 권리와 집단 권리─을 화해시키기 위해 옥스팜은 빈곤의 해독제로서 서로 연관이 있는 권리들을 **꾸러미로 묶었다.** (1) 안전한 작업 조건, 자연 자원을 활용할 능력, 적정한 생태적 실천을 전제로 한 '생계'를 누릴 권리. (2) 깨끗한 물, 공중 위생 시설, 교육 등 '기본적 공공 서비스' 권리.

(3) 인재와 천재로부터 보호받는 것을 의미하는 '재해로부터 안전할' 권리. (4) 공적인 논의에서 자기 목소리를 내고, 의사 결정 과정에서 역할을 하는 것을 전제로 한 '경청의 대상이 될' 권리. (5) 마지막으로, 인종, 문화, 종교, 성별, 장애로 차별받는 소수 집단이 직업과 자원과 정보에 평등하게 접근할 수 있도록 보장해주는 정책과 프로그램을 전제로 한 '평등한 존재로 대우받을' 권리.

옥스팜은 '권리의 난제'라 할 수 있는 빈곤 문제가 시민적·정치적 권리—인신의 안전과 신체의 통합권, 발언의 자유, 민주주의 등—를 포함한 다각적인 접근 방식을 요구한다고 믿는다. 빈곤은 북반구의 복지 국가와 남반구의 발전 국가 모두에서 사회과학적으로 잘 고안된 정책을 실행해도 쉽게 해결되지 않는 '난제'로 남아 있다. 빈곤의 난제는 특히 남반구에서 심각한 문제다. 남반구는 2차 세계대전 이후 개발 프로젝트를 추진했지만 불균등한 성과를 낸 지역이다. 어쨌든 빈곤이 다중적 원인이 있는 문제이고, 순수하게 경제적 요인만으로 설명할 수 없는 난제라는 점은 분명하다. 그러므로 빈곤을 현실적으로 해결하려면 다각적인 대책이 필요할 것이다.

옥스팜이 제안한 권리 꾸러미를 자세히 살펴보면 시민적·정치적 권리의 흔적을 발견할 수 있다. 옥스팜이 제안한 연관 권리 가운데 '경청의 대상이 될' 권리는 명백하게 시민적·정치적 권리의 범주에 속한다. '경청의 대상이 될' 권리는 정부의 보복을 당할 염려 없이 '자유롭게 발언할 권리'와, 국민 투표를 통한 직접적 방식으로 또는 입법부를 통한 간접적 방식으로 '정치적으로 자신의 뜻을 표현할 권리'를 다른 방식으로 표현한 것이다. 좀 더 미묘한 방식으로 표현된 '평등한 존재로 대우받을' 권리는 차별로부터 보호받는다는 뜻을 담고 있으며, 사실상 인종적 정체성을 지닐 권리, 특정 문화 전통의 구성원임을 내세울 수 있는 권리, 그리고 종교 활동을 하거나 하지 않을 권리 등 시민적·정치적 권리를 전제로 한다. 이 모든 보호 조치는 개인 권리에 속한다.

빈곤을 완화하기 위해 옥스팜이 제시한 '권리에 기반한 접근'에서 무엇을 추론할 수 있을까? 옥스팜은 왜 그렇게 다양한 목적을 캠페인 대상으로 삼았을까. 한마디로 말해 다음과 같은 결론을 내릴 수 있다. 빈곤은 순수하게 경제적인 문제만이 아니다. 돈을 벌지 못하고 사회 복지 혜택을 받지 못해서 빈곤이 발생할 수도 있지만, 문화적 파괴(자신의 문화로부터 말 그대로 혹은 비유적으로 분리됨), 환경 훼손(산림 파괴, 경작지 황폐화, 호수와 강과 바다 오염), 주요 의사 결정에서 대중의 참여 배제, 그리고 여러 정체성 특징에 기반한 차별 때문에 빈곤이 지속되고 악화될 수 있는 것이다. 실제로 5개 권리 중 마지막 2개 권리—정치적 대의의 필요성과 차별 철폐의 중요성—는 확실히 1세대 시민적·정치적 권리에 속한다. 옥스팜 전체 조직의 지도부와 회원과 지지자들의 핵심 목표라 할 수 있는 '빈곤 퇴치'는 인권의 일반적 구분을 포괄해서 접근해야 제대로 풀릴 수 있는 문제이다.

달리 말해 빈곤을 완화하려면 빈곤 상태에 빠져 있는 사회와 공동체와 개인들에게 1세대 시민적·정치적 권리, 2세대 경제적·사회적 권리, 그리고 3세대 문화적·환경적 권리를 함께 부여해야 한다. 물론 현지의 구체적인 조건을 감안해서 빈곤을 없애기 위한 프로그램을 고안해야 한다는 것은 두말할 나위도 없다. 그러한 구체적 조건에는 정치적 구조, 과거로부터 내려온 제도, 젠더 관계, 문화적 전승, 지리적 위치, 환경 훼손의 심각성이 포함된다. 그런데 빈곤이 흔히 시민적·정치적 권리의 박탈과 연관이 있다는 점 또한 분명하다.

이 점이 왜 중요한가. 일반적으로 우리는 빈곤을, 전체적으로 정당한 시스템에서 개인이 운이 나빠서 가난해진다고 생각하거나, 아니면 정당하지 않은 시스템에서 경제적·사회적 분배 정의가 제대로 이루어지지 않아 가난해진다고 생각한다. 하지만 우리는 빈곤을 시민적·정치적 권리의 문제로는 **생각하지 않는** 경향이 있다. 여기서 두 가지 점을 지적해야 한다. 첫째, 집단과 공동체와 개인들이 토지, 산림, 수로를 포함한 기타 자연 자원의 민영화 때문에 가난해지기도 하지만, 정체성에 근거한 차별 때문에 가난해지기도 한다는 점이다. 둘째, 빈곤 상태에 빠져 있는 집단이나 공동체나 개인들은 공식적 차원에서 인정되는 시민적·정치적 권리조차 누리지 못할 가능성이 크다는 점이다. 예를 들어, 자유롭고 공정한 선거에 참여해 투표권을 행사할 권리는 인류가 성취한 중요한 인권이고 당연히 지켜져야 하는 권리이지만, 빈곤을 겪고 있는 사람에게는 어떤 정당이 집권하든 자신의 삶에 큰 의미가 없어서 스스로 투표권을 포기하는 경우가 많다.

빈곤과 시민적·정치적 권리의 침해가 관련이 있다는 점을 인정한다면 그 다음 단계로 무엇을 말할 수 있을까. 학자, 유엔 기구, 비정부 기구들은 오랫동안 빈곤의 해결책으로 '발전권' 개념을 확장해 왔다. 이때 발전권이란 국민 국가, 사회, 또는 공동체의 물질적 복리를 개선해주기 위해 계획된 사회 변화를 의미한다. 발전권은 문화 전통을 보존하고 환경을 회복할 수 있는 조치와 함께 고안되어야 할 뿐만 아니라, 빈곤층에게 공적 영역에 접근할 수 있는 기회와 적절한 정치적 대의를 제공할 수 있는 조치와 함께 논의되어야 한다. 그러므로 옥스팜이 제안한 모든 권리가 포함된 일종의 권리 꾸러미인 '발전권'에는 좋은 거버넌스 요구(예를 들어 투명성, 책무성, 일관성, 공평함) 그리고 심지어 민주주의(직접 결정하든 대표를 통해 간접 결정하든 간에)에 대한 요구까지 포함된다.

남반구에서 시행된 대다수 개발 프로젝트의 결함 중 하나가 의사 결정 과정에서 대중의 참여가 없었다는 사실이다. 이것은 시민적·정치적 권리의 **침해**에 해당한다. 바로 이것이 옥스팜의 발전권 개념과, 세계은행이 각국 정부와 연계하여 시행했던 개발 프로젝트가 구분되는 점이다.

이런 점에서 학자와 활동가들은 인간이 '**민주주의 권리**(right to democracy)'를 지니는지, 혹은 그런 권리를 요구할 수 있을 것인지에 관해 질문을 던져 왔다. 논리를 끝까지 밀고 나가 해석해보면 시민적·정치적 권리가 민주주의 권리의 선언으로 귀결된다고 할 수도 있다. 다당제가 있고 자유롭고 공정한 선거를 통해 투표할 수 있는 권리는 적어도 거의 모든 시민적·정치적 권리 목록에 포함되는 권리다. 그러나 민주주의 권리를 주창하는 사람은 문화 다원주의를 상당히 넓게 인정하면서도 전 지구적 차원에서 민주주의를 실현하는 데 따르는 현실적 문제를 깊이 있게 따져보아야 한다.

달리 말해 국제적 차원에도 민주주의 권리가 있다고 주장하는 사람들은 193개나 되는 국가들로 이루어진 국제 체제—대의민주주의 국가와 권위주의 국가, 잘살고 힘센 나라와 가난하고 약한 나라, 제각기 다른 국내 정책과 대외 정책을 추구하는 나라들로 이루어진 — 를 민주주의를 실천하는 전 지구적 거버넌스의 방향으로 유도할 방안을 찾아야 할 것이다. 이것은 국제통화기금, 세계은행, 세계무역기구 등 기존의 국제 기구를 개혁할지 아니면 다른 어떤 것으로 대체할 것인지에 관한 논쟁으로 이어진다. 영국의 언론인이자 사회비평가인 조지 몬비오트는 일종의 세계 의회를 제안했다. 전 세계 모든 사람들이 직접 선출하는 입법부인 '세계 의회' 그리고 국제통화기금, 세계은행, 세계무역기구를 대체하는 새로운 조직이 공존하는 시스템이 바로 그것이다.(Monbiot, 2004년)

더 나아가, 국내 차원에서 민주주의 권리를 주창하는 사람들은 '대의 민주주의 대 참여민주주의' 문제를 숙고할 필요가 있다. 미국과 유럽연합 국가의 시민들은 대의민주주의 혹은 간접민주주의에 익숙하다. 대의민주주의는 시민들이 대표들 — 대통령, 하원의원과 상원의원, 또는 국회의원, 그리고 국무총리 — 을 선출하여 의사 결정을 대리하게 하는 시스템이다.(Tilly, 2007년) 그러나 민주주의 권리의 주창자들은 남반구에서 유래된 민주주의 모델인 참여민주주의 — 의회의 권한을 줄이거나 우회하는 — 에도 진지한 관심을 기울여야 한다. 따라서 이 책에서는 인권사회학자들이 여러 종류의 민주주의 모델에 폭넓은 관심을 기울여야 한다는 점을 강조한다.

소결

이 장에서는 인권에서 가장 잘 알려진 범주인 시민적·정치적 권리를 알아보았다. 시민적·정치적 권리는 국가 또는 제3자가 저지르는 침해로부터 개인을 보호하고, 개인들이 시민 사회와 정치에 참여하도록 촉진하며, 자기 인격을 계발하고 신념을 표현할 수 있도록 해준다. 하지만 시민적·정치적 권리에는 또 다른 측면도 있음을 논의했다. 이 장에서는 시민적·정치적 권리와 여러 다른 권리들이 분리된다는 점을 당연시하지 않고, 그 정반대의 주장을 했다. 다시 말해 계몽주의 사상에서 그토록 중요하게 취급했던 시민적·정치적 권리, 그리고 그 후에 등장한 다른 종류의 권리 주장—다당제를 포함하면서 정치 동맹의 형성과 해체를 촉진했던 의회 제도의 진화와 함께 나타난—사이에 본질적인 연관성이 있음을 검토했다. 더 정확히 말해, 사회학적 관점으로 보면 시민적·정치적 권리는 그 자체로 중요할 뿐만 아니라, 추가적인 목적을 위한 수단이기도 하다는 점이 드러난다. 특히 집회와 결사의 자유, 발언의 자유, 청원의 자유 등은 그 외의 다른 목적을 내건 사회 운동에도 도움이 된다.

이 장에서는 학문에서나 대중적 담론에서 시민적·정치적 권리가 널리 수용되는 현상에 특히 주의를 기울였다. 사회학에서는 1세대 시민적·정치적 권리의 인기를 겉으로 보이는 그대로 인정하기보다, 그런 현상의 저변에 놓인 사회적 조건을 분석하는 데 더욱 노력해야 한다. 시민적·정치적 권리가 특히 미국에서 그리고 일반적으로 유럽에서 중요하게 다뤄지는 현상이 우리에게 무엇을 말해주지를 조사해볼 가치가 있다. 미국에서는 소유적 개인주의 전통이 유난히 중요하게 여겨지고, 법률 체계에서 재산권을 특히 강조하는 경향이 시민적·정치적 권리가 누리는 인기의 이유를 어느 정도 설명해준다. 앞으로 연구를 통해 문화, 풍광, 지정학적 역할 등에서 미국적인 특성이 어떤 방식으로 시민적·정치적 권리에 대한 미국식 선호로 나타나게 되었는지 밝힐 수 있기를 기대한다.

그러나 우리에게 당장 중요한 과제는 시민적·정치적 권리가 **미국만이 아니라** 전 세계 모든 인권 인식 공동체에서 중요하게 여겨지는 이유를 조사하는 것이다. 따라서 다음과 같은 질문이 제기된다. 인권 공동체와 전 세계에서 공통적으로 시민적·정치적 권리가 **가장 폭넓게 수용**되며, **제일 논란이 적은** 형태의 권리라고 인정되는 이유가 무엇인가. 이 질문을 추론을 통해 풀어보자.

첫째, 시민적·정치적 권리의 인기가 높다고 해서 그것이 다른 형태의 권리보다 더 중요하다고 **보편적으로** 인정된다는 뜻은 아니다. 전 세계를 조망해보면 권리를 침해당한 사람들이 2세대와 3세대에 속하는 권리를 요구하는 사례도 있음을 알 수 있다. 둘째, 시민적·정치적 권리가 다른 형태의 권리로 반드시 진화하는 것은 아니다. 역사적으로 보면 1세대 인권에서 2세대와 3세대 인권으로 발전하는 경로는 결코 직선적 과정이 아니었다. 최종 결과는 정치 시스템, 문화 전통, 그리고 특정 지역에서 우세한 생태적 조건에 따라 무척 다르게 나타난다. 셋째, 시민적·정치적 권리가 없다고 해서 다른 형태의 권리를 성취하지 말라는 법은 없다. 하지만 이것은 **개연성**에 관한 질문이기도 하다. 평균적으로 보면 시민적·

정치적 권리가 보장되는 곳에서 여타 권리 주장—경제적·사회적·문화적·환경적 구제책을 포함해서—을 제기하기가 좀 더 쉬워진다. 실제로 헌법적으로 그리고 민주 제도에 의해 시민적·정치적 권리가 보장되는 나라에서는 설령 권위주의적 정부가 집권한다 하더라도 사회 운동을 전개하기가 더 쉽다. 더 정확히 말해 집회와 결사의 자유, 발언의 자유, 그리고 청원의 자유를 뜻하는 1세대 인권이 있을 때 2세대와 3세대 인권을 포함한 여러 다른 권리의 명분을 내걸고 사회 운동을 전개하기가 쉬워진다는 뜻이다. 2세대와 3세대 인권에 대해서는 4장과 5장에서 다룰 것이다.

토론을 위한 질문들

- 시민적·정치적 권리의 일차적 기능은 무엇인가.
- 왜 시민적·정치적 권리가 널리 받아들여지는가.
- 시민적·정치적 권리가 인권 정전의 토대를 이룬다는 말은 무슨 뜻인가.
- 시민적·정치적 권리는 사회 운동에 어떤 도움이 되는가.
- 시민적·정치적 권리가 미묘한 방식으로 다른 여러 형태의 권리들과 연결되는 점을 기술하시오.

4장
경제적·사회적 권리

　현재 널리 통용되는 세대별 인권 분류법은 이미 유럽 계몽주의 사상에 함축되어 있었고 1945년 이후 인권 정전의 주요 문헌들에도 명확하게 나와 있다. 또한 세대별 분류법은 시민적·정치적 권리가 모든 인권의 '토대'라고 가르친다. 그러나 3장에서 배웠듯, '민족' 그리고 어쩌면 '인민'에도 속하는 집단적 권리인 민족 자결권은 〈세계 인권 선언〉, 〈자유권 규약〉, 〈사회권 규약〉에서 시민적·정치적 권리 이전의 선행 조건처럼 다뤄진다. 근거는 명확하다. 시민적·정치적 권리를 실행하고 집행하려면 독립된 국민 국가에서 권리를 보장할 수 있는 적절한 메커니즘이 먼저 마련되어 있어야 하기 때문이다. 비슷한 논리로, 앞 장에서 우리는 인권이 언제나 관계적이라는 점도 살펴보았다. 즉, 권리들은 복합적이고 역동적인 상호 작용 내에서만 제대로 이해될 수 있기 때문이다.

　이 장에서는 계몽주의 사상의 발전 역사에서 자유와 평등의 복잡한 관계를 검토하면서, 인권의 관계적 성격을 조명할 것이다. 그 후 유럽연합의 복지 국가에서 많이 수용되고, 미국의 복지 제도와 라틴아메리카의 포스트-발전 국가에서는 적게 수용되었던, 평등과 관련된 권리의 범주를 탐구하려고 한다. 평등을 내걸고 선포되었던 경제적·사회적 권리는 다음을 목표로 한다.

- 경제 위기, 불운, 자연 재해로부터 인간을 보호한다.
- 인간의 삶에 필요한 기초 필수 재화―의, 식, 주, 의료―를 제공해준다. 또한 인간의 생애 주기에 맞춰, 특히 영유아기와 노년기에 필요한 도움을 제공한다.
- 인간이 교육, 직업 훈련을 받고, 과학과 기술의 혜택을 누리고, 문화적 소양―대중문화를 통하든 '고급문화'를 통하든―을 쌓고 자신을 향상시킬 수 있는 여타 수단에 접근할 권리와, 인종, 계급, 젠더, 성적 지향, 출신 민족, 그 밖의 정체성의 특징과 무관하게 위로 사회 이동을 할 수 있도록 보장한다.

한마디로 말해 경제적·사회적 권리는 사람의 신체, 지성, 성격, 직업적 발전을 도와주는 수급 권리―헌법에 명시되기도 하지만 흔히 공공 정책을 통해 실현되는―라고 정의할 수 있다.(Esparza, 2011년) 요컨대 경제적·사회적 권리는 **개인들이** 자신의 잠재력을 실현하려면 다양한 사회적 지지 기반이 필요하다는 생각에 근거를 둔다.

또한 문화적 권리도 원래는 개인을 위한 2세대 인권으로 나왔다가 3세대 인권으로 발전했음을 기억할 필요가 있다. 문화적 권리를 개인에게 적용하면, 그것은 어떤 사람이 음악, 미술, 문학, 대중 매체, 그리고 여러 형태의 오락을 포함한 문화생활을 즐길 수 있는 능력 또는 '어떤 문화에 속할' 수 있는 능력을 말한다. 이때 어떤 문화에 속한다는 것은 특정한 종족 집단, 종교 집단 또는 언어 집단에 공개적으로 소속할 수 있음을 의미한다. 1966년의 〈사회권 규약〉에서 문화적 권리는 아주 간단하게만 언급되었다.* 그러나 1970년대 들어서, 예를 들어 1972년 〈스톡홀름 선언〉을 제정할 때에 남반구 국가 대표들의 압력 덕분에 문화적 권리가 집단적 권리로 개념화되기 시작했다. 조상 대대로 살아온 땅, 산림, 수로에 대한 권리 그리고 소수 언어와 소수 집단 전통 같은 문화적 권리는 5장에서 자세히 다룰 것이다.

경제와 사회

지금부터 국가의 정책 결정자들이 부여하는 **수급 권리**로서 경제적·사회적 권리를 상세하게 알아보자. 경제적·사회적 권리인 수급 권리는 개인들이 "행복을 추구할" 수 있도록 돕기 위해 만들어진 사회 보장 프로그램의 성격을 띠고 있으므로 현대의 인권 논의에서, 특히 미국의 경우, 약간 모호한 위치를 차지하고 있다. 그러나 이런 논의는 앞으로 인권 정전을 해석하는 데 무척 중요하다.(Esparza, 2011년)

예를 들어, 만일 미국에서 더 많은 학자, 정책 결정자, 활동가, 그리고

---

* 〈사회권 규약〉의 15조 1항에는 본 규약의 당사국이 모든 사람의 "문화생활 참여 권리"를 인정한다고만 나와 있다.

일반인들이 구호 식권, 주택 지원, 실업 급여, 장애 보험, 퇴직 연금, 의료 등을 단순한 **공공재**가 아니라 **인권** 개념으로 보게 된다면 큰 변화가 올 수 있을 것이다. 그러한 변화는 논쟁의 구도 자체를 바꿀 가능성이 크다. 미국 양대 정당—전통적으로 사회 보장 프로그램을 더 지지하는 민주당과, 사회 보장에 덜 우호적인 공화당—의 서로 대립하는 정책 구도를 인권이라는 공통 의제로 묶을 수 있기 때문이다.

지난 수십 년 동안 미국에서는 민주당이든 공화당이든 국내에서는 인권을 많이 다루지 않았다. 예외가 있다면, 연방 헌법 수정 조항 2조의 무기 소지 권리 및 총기 규제에 관해 반복적으로 제기된 논란, 태아의 권리 대 여성의 재생산 자유, 주 정부의 권리 대 연방 정부의 권리 정도가 있을 것이다.

사회 보장법이나 메디케어/메디케이드같이 미국이 잘 내세우는 프로그램을 포함한 수급 권리 관련 논쟁에서 인권이라는 언어를 잘 사용하지 않는다는 점은 우리에게 많은 것을 알려준다. 따라서 다음과 같은 의문이 생긴다. 미국의 주요 정당들이 국내에서 인권을 거론하지 않으려는 경향을 어떻게 설명할 것인가. 실제로 이들은 시민적·정치적 권리—침해로부터 개인을 보호하고, 시민 사회와 정치 활동에 시민들의 참여를 보장하며, 개인이 자신의 정체성을 계발할 수 있도록 하는—에 국한해서 미국에서는 인권이 거의 달성되었다고 가정하고 논의를 진행한다. 이런 식의 통념적 가정에 따르면 민권 운동과 여성 권리 운동은 기대한 목적을 이미 거의 달성한 셈이 된다.

그 결과 미국의 양대 정당은 인권을 특히 최근 들어 남반구에서 양호한 거버넌스를 강조하는 국제 개발 협력 지원과 관련해서 이해하거나, 갈등이 극심한 지역에 '인도적 개입'을 강조하는 대외 정책 목적과 관련해서 이해하는 경향이 있다. 흑인들의 선거 참여를 보장하기 위해, 그리고 흑인들이 민권의 혜택을 입을 수 있도록 돕기 위해 1965년에 통과된 〈선거권법〉이 오늘날에도 중요한 역할을 하고 있는지, 또는 남부의 인종 평등 정책으로 인해 주 정부나 지방 정부가 〈선거권법〉을 잘 준수하는지 여부를 감시할 필요가 더는 없는지를 놓고 민주당과 공화당 사이에 대화가 진전되면 상황이 바뀔 수도 있다.

어쨌든 현재 미국에서는 경제적·사회적 권리의 방향으로 공적 논의가 이루어질 가능성은 희박하다. 더 나아가, 군소 정당 가운데 사회적·생태적 정의를 강조하는 녹색당(Green Party)이나 시민적 자유와 자유 시장을 옹호하는 자유당(Libertarian Party)은 경제적·사회적 권리에 관한 논쟁을 이끌어 갈 만한 정치적 역량이 부족하다. 마지막으로, 경제 불평등과 빈곤을 좌파적 관점에서 비판하는 '월가를 점령하라' 운동이나, 사회적 수급 권리에 대한 정부의 지출을 우파적 관점에서 비판하는 티파티 운동 역시 경제적·사회적 권리에 관한 논쟁을 정치적 의제로 승격시키지는 못했다.

미국의 정치 문화에서 인권에 초점을 둔 논의가 적다는 사실은 다음과 같은 질문을 불러온다. 어떤 사회 보장 프로그램을 인권의 실행이라는 식으로 개념화하는 것은 구체적으로 무엇을 의미하는가. 우리가 어떤 사회 보장 프로그램이 인권을 대변한다 혹은 그것이 인권을 의미한다고 말한다면, 어떤 식으로든 정부의 역량으로 그 프로그램을 제공해야 한다는 뜻이 된다. 특히 권위주의 정권의 '양심수'를 위해 **시민적·정치적 권리**를 주창해 명성을 떨친 비정부 기구인 국제앰네스티 역시 흥미롭게도 비슷한 주장을 하고 있다. 국제앰네스티는 최근 들어 원래의 설립 목적을 넘어서 다음과 같은 경제적·사회적·문화적 권리를 옹호하는 캠페인을 전개해 왔다.

"■노동에서의 권리, 특히 공정하고 공평한 고용 조건, 강제 노동과 의무 노동으로부터의 보호, 그리고 노동조합을 결성하고 조합에 가입할 권리. ■자유교육과 의무교육으로 이루어지는 초등교육, 충분히 많고 가깝고 만족스러우며 개인의 욕구를 감안하는 학교 등 교육 권리. ■소수 집단과 원주민들의 문화적 권리. ■건강한 생활 조건, 그리고 충분히 많고 가깝고 만족스러우며 질이 높은 의료를 포함하는, 성취 가능한 최고 수준의 심신 건강 권리. ■임대 기간 보장, 강제 퇴거 금지, 저렴하고 거주할 만하며 위치가 양호하고 문화적으로 적절한 주택 등을 포함하는 적절한 주거 권리. ■굶주림에서 벗어날 권리, 영양가 있는 음식에 대한 항시적 접근성 또는 그런 음식을 구할 수 있는 수단을 포함하는 먹거리 권리. ■수량이 충분하고 물리적으로나 경제적으로 접근이 가능한 안전한 물과 위생 시설을 확보할 권리, 즉 물에 대한 권리."

국제앰네스티는 전 지구적 차원에서 이런 권리들을 주창하기 때문에, 그런 권리들을 실질적으로 보장할 수 있는 **국가 차원**의 구체적인 사회 보장 프로그램을 제시하지는 않으며, 사회 보장 프로그램을 국민들에게 제공할 수 있는 역량—부, 권력, 지정학적 위치, 관료제의 효율성, 문화적 다양성과 응집력, 그리고 환경적 안정성 등—이 국가마다 다르다는 점도 인정한다. 예를 들어, 적어도 이론적으로는, 미국이 가난한 이웃 나라인 멕시코에 비해 경제적·사회적 권리를 위한 정책을 시행할 수 있는 여력이 더 크다고 할 수 있다. 하지만 단순히 국력의 문제를 넘어 정치적 의지의 문제도 있을 수 있다.

국제앰네스티같이 주로 시민적·정치적 권리를 다루던 단체가 시민적·정치적 권리의 보완으로 또는 시민적·정치적 권리의 결과로 경제적·사회적 권리까지—특정 국가 내에서 사회 보장 프로그램이 실제로 어떻게 실행되든 간에—포용하기 시작했다는 사실은 상당히 교훈적이다. 요컨대, 옥스팜의 빈곤 퇴치 프로그램과 마찬가지로, 국제앰네스티에서 경제적·사회적·문화적 권리를 위한 캠페인을 도입한 것은 비정부 기구, 유엔 기구, 학자와 여러 인권 인식 공동체의 구성원이 서로 다른 종류의 권리들이 모두 연결되어 있다는 사실을 점점 더 인식하기 시작했음을 보여준다. 이 책에서 계속 말해 왔듯이 사회학적 관점으로 인권을 탐구한다는 것은 인권을 서로 연결된 권리들의 총체로 보는 관계적 비전을 의미하고, 권리가 국가와 사회와 지역 사회 공동체 내에 깊이 뿌리를 내리고 있는 실체임을 의미한다. 이 때문에 인권을 사회학적으로 접근하는 데 정부와 엘리트 행위자와 각종 단체, 그리고 대중 세력의 적절한 역할을 연구하는 방식으로 국가와 사회의 관계를 분석하는 학문인 정치사회학이 결정적으로 중요하다.

경제적·사회적 권리에 관한 예비 질문들

지금까지 봤듯이 명망 있는 비정부 기구인 국제앰네스티는 원래 주 활동 무대였던 시민적·정치적 권리 — 적법 절차 권리, 불법적 고문과 구금으로부터 보호받을 권리, 자유롭게 발언할 권리, 공개적으로 집회를 열 권리, 침해 사건의 구제를 위해 정부에 진정할 권리 등 — 를 넘어서 활동 반경을 대폭 확장해 왔다. 처음에는 앰네스티가 양심수의 권리를 옹호하는 활동을 전개하여 유명해진 단체이지만 이제는 그 외에도 음식, 물, 주거, 교육, 노동, 의료 영역에서의 주창 활동으로도 진출했다. 또한 앰네스티는 소수 집단과 원주민들이 **자신만의 고유한 문화**의 결실을 누릴 수 있도록 하기 위해 3세대 인권을 주창하기 시작했다.

6장에서 다시 보겠지만 국제앰네스티와 옥스팜의 활동이 하나로 수렴되고 있는 현실은 '유엔-비정부 기구-사회 운동 조직 연계'에서 여러 형태의 권리가, 그것이 개인 권리이든 집단 권리이든 간에, 서로 교차된다는 사실을 강조하는 인권의 **총체적 시각**(holistic view)'이 점점 더 관심을 끌고 있다는 사실을 방증한다. 이것은 지구화 시대를 맞아 새로운 인권 지지 세력의 욕구에 부응하기 위해 서로 다른 종류의 권리들을 하나의 묶음으로 묶는 방식인 '권리의 꾸러미'가 더욱 중요해졌음을 의미한다. 실제로 지구화로 인해 국민 국가의 국경선에 더 많은 틈새가 생기고, 경제, 정치, 사회, 문화, 환경 분야가 예상치 못한 방식으로 뒤섞이면서 일단의 새로운 '권리의 난제'들이 등장했다. 이런 난제들을 해결하려면 권리 꾸러미에 의존하는 수밖에 없을 것이다.

권리 꾸러미를 만드는 첫 단계는 경제적·사회적 권리가 실현될 수 있는 공간을 고려하는 것이다. 이 장에서는 경제적·사회적 권리가 여타 종류의 권리들과 어디에서 만날 수 있을지를 설명하기 위해 몇 가지 질문을 제기하려 한다.

개인들의 **평등**과 관련이 있는 경제적·사회적 권리가 어째서 개인들의 **자유**와 관련이 있는 시민적·정치적 권리보다 더 엄격한 검토의 대상이 되어야 하는가. 왜 특히 미국에서 이런 토론이 필요한가. 이런 이분법적 토론이 어느 정도나 계몽주의 사상 ─ 넓은 뜻으로 해방의 기획으로서 자유와 평등이 서로 긴밀하게 연결된다는 원칙을 발전시켰던 사상 ─ 의 복합성을 불분명하게 만드는가. 그리고 이런 이분법적 토론이 어느 정도나 미국 정치 전통의 복합성을 불분명하게 만드는가. 미국에는 매우 짧은 기간이긴 하지만 1930년대와 1940년대에 케인스식 복지 국가가 등장하고 발전하면서 당시로서는 세계적으로 첨단이었던 경제적·사회적 권리 개념을 내놓았던 전통이 있지 않은가. 유엔 기구나 비정부 기구나 사회 운동 조직이 경제적·사회적 권리를 시민적·정치적 권리와 동일한 위치에 올려놓기 위해 노력하는 활동으로부터 우리는 무엇을 배울 수 있는가.

이 질문에 답하기 위해 이 장에서는 다음과 같은 점들을 탐구해야 한다고 주장할 것이다. 즉, 19세기의 노동자, 여성, 민족주의자와 그 외 여러 운동가들이 1세대 시민적·정치적 권리와 2세대 경제적·사회적 권리를 하나로 결합해 다양한 투쟁을 전개했다는 사실, 그리고 1933~1945년 사이 루스벨트 행정부에서 단기간이긴 했지만 경제적·사회적 권리가 꽃을 피웠다는 매우 중요한 역사적 사실 말이다. 이러한 역사적 사례들이 오늘날 완전히 잊혀졌다고 주장한다면 과장이겠지만 현재의 인권 논의에서 세대별 인권들을 서로 완전히 구분되는 별도의 권리인 것처럼 개념화하는 경향이 있는 것도 사실이다. 이러한 역사적 사례들은 1세대 인권과 2세대 인권 사이의 복잡한 상호 연결성을 새롭게 바라볼 수 있게 해준다. 이것은 우리 시대의 대중 운동에서 다시금 부각되고 있는 쟁점이기도 하다.(Esparza, 2011년)

다시 미국의 예를 들어보자. 공화당에 영향력을 행사하기 위한 풀뿌리 단체인 티 파티 운동은 시민적·정치적 권리를 특별히 강조한다. 이와 대조적으로, 민주당을 거치지 않고 시민들에게 직접 호소하는 풀뿌리 단체인 '월가를 점령하라' 운동은 시민적·정치적 권리나 문화적·환경적 권리를 결코 경시하지 않으면서도 경제적·사회적 권리의 중요성을 강조해 왔다. '월가를 점령하라' 운동은 세계사회포럼에 참여한 수많은 사회 운동 조직과 유사점이 많다. 이런 점들을 보면 남반구의 운동이 미국(그리고 '점령하라'라는 구호를 외쳤던 그 외 수많은 지역)에 큰 영향을 끼쳤다는 사실을 알 수 있다.

자유와 평등 그리고 계몽주의의 유산

경제적 곤경이나 자연 재해로부터 우리를 보호하고, 최소한의 생활 수준을 보장하며, 인간의 생애 주기 단계별로 필요한 욕구를 제공하고, 인간 심신의 발전을 돕는 2세대 경제적·사회적 권리가 인권에서 어떤 위치에 있는지를 이해하려면 1세대 시민적·정치적 권리의 한계를 먼저 짚어볼 필요가 있다.

1세대 인권과 2세대 인권이 18세기 유럽 계몽주의를 단적으로 보여주었던 시민 혁명으로부터 둘 다 함께 출현했지만, 2세대 경제적·사회적 권리가 명백하게 발현된 것은 노동 계급 운동(혁명적 사회주의자, 의회 사회주의자, 아나키스트들이 주도했던)의 등장, 노예 제도와 농노제 반대 운동, 여성 해방 운동, 그리고 19세기 왕정에 저항하는 자유주의적 민족주의 운동 같은 사건을 통해서였다. 사회학이 유럽에서 독자적 학문으로 자리 잡은 19세기는 여러 측면에서 인권을 실험하는 도가니나 마찬가지인 시대였다. 저명한 정치학자이자 인권역사가인 미셸린 이샤이의 말을 들어보자.

"19세기의 격변은 하나의 사건이라기보다 일련의 정치적 충격이 인민 봉기의 연쇄 반응을 몰고 온 것이었다. 즉, 노동자들이 궐기해 경제적·정치적 권력을 요구하고, 자유주의적 민족주의자들이 전제적 왕정으로부터 독립을 요구하며, 농노와 노예들이 예속에서 풀려나기 위해 싸우고, 여성 운동가들이 여성의 참정권을 요구했던 일련의 격변이었다. 따라서 19세기 인권 논쟁의 형태는 주로 이들 집단이 사회적 불평등에 대항하여 표출했던 분노를 중심으로 해 그려졌다. 이러한 논쟁은 보수주의 세력이 자본주의의 행진 앞에 무릎을 꿇고, 급격한 산업화로 사회적 갈등이 깊어지면서 더욱 격화되었다."(Ishay, 2008년: 118)*

미셸린 이샤이의 역사적 서술은 이 책에서 주장하는 주요 논점 중 한 가지를 입증해준다. 즉, 특히 계몽주의 이래 사회 운동이 전개해 온 활동으로 인해 인권에서 **상상할 수 있는** 범위와 **실현할 수 있는** 목표가 엄청나게 확장되어 왔다는 사실이다. 그러나 이러한 인권 개념의 확장은 언제나 복잡하고 모호한 과정을 동반했다. 하지만 노동자, 노예제 폐지 운동가, 농노제 철폐 운동가, 민족주의자를 비롯한 여러 운동가들의 지지 기반 사이에 큰 차이가 있긴 했어도 이들은 인권 정전의 주요 문헌들을 인용하고 재해석하면서 그것을 의도적으로 확장해 왔다. 이런 다양한 운동들은 서로 이론적으로 상충되고 현실적으로 한계가 많았지만, 나중에 1세대 시민적·정치적 권리의 초점이 되었던 **자유**, 그리고 나중에 2세대 경제적·사회적 권리의 초점이 되었던 **평등** 사이의 복잡한 관계를 헤쳐 나왔던 것이다.

인권과 정치적 장기판

이러한 사회 운동은 흔히 자유와 자유를 떠받쳐 주는 시민적·정치적 권리, 그리고 평등과 평등을 유지해주는 경제적·사회적 권리를 **모두 함께** 쟁취하기 위해 싸웠다. 달리 말해 대중 세력이 경제적·사회적 권리를 요구하기 시작했을 때에도 시민적·정치적 권리를 위한 전 세계적 투쟁이 아직 미완의 상태에 남아 있었던 것이다. 예를 들어, 모든 종류의 경제적·사회적 권리를 보장해줄 사회주의의 비전으로 '무산 계급 국제주

---

* 다음을 보라. 미셸린 이샤이, 《세계인권사상사》, 조효제 옮김, 도서출판 길, 2005, 212쪽.

의'를 추진하기 위해 1864년 창설된 국제노동자협회(IWMA)는 인권의 언어를 활용하여 다양한 요구를 내걸었다. 즉, 노동자와 무산 계급을 위한 투표권, 노동 시간 단축과 노동 조건 개선을 위한 노동 관련 입법, 미국을 비롯해 여러 지역에서 노예제 폐지, 폴란드와 아일랜드 등 억압받는 인민을 위한 민족 자결권 같은 요구였다.(Nimtz, 2002년) 이처럼 마르크스, 엥겔스 그리고 국제노동자협회의 지도자들은 **인권의 총체적 관점**에 따라 활동했던 것이다.

물론 마르크스와 국제노동자협회의 동료들 그리고 그들의 국제 노동 계급 운동 후계자들이 인권 문제에서 언제나 일관된 관점을 지녔던 것은 아니다. 그렇더라도 운동가이자 학자, 그리고 사회학의 창시자 중 한 사람이었던 마르크스는 아직도 여전히 중요한 인물이다. 인권의 총체적 비전을 어느 정도 유지하고 심화해 온 인권사회학자들이 있지만, 인권에 초점을 맞춘 대다수 사회학자들이 자신을 마르크스 이론의 당파적 신봉자로 내세우는 경우는 드물 것이다. 그러나 인권사회학자들은 다음과 같은 점을 강조하는 마르크스와 여타 **총체적** 사상가들의 사회학적 관점을 즐겨 인용할 것이다. 즉, 다양한 종류의 권리들이 **서로 연결**되어 전체를 이룬다는 점, 권리는 **역사적 성격**을 띠고 있다는 점, 인권은 **전 지구적 차원**에서 분석할 필요가 있다는 점 등이다. 다시 말해, 많은 인권사회학자들은 인권의 총체성(holism), 역사성(historicism), 전 지구성(globalism)을 중시한다. 그러나 그와 동시에 연구자들은 소련과 불가리아, 체코슬로바키아, 동독, 헝가리, 폴란드, 루마니아 등의 동유럽 위성 국가들 그리고 여타 사회주의 정권에서 벌어졌던 인권 침해의 실상을 직시해야 한다. 국가사회주의 정치 체제에서 경제적·사회적 권리 보장은 진전이 있었지만, 시민들의 시민적·정치적 권리는 흔히 침해되곤 했었다. 그 결과 1989년의 동유럽 혁명이 부분적으로는 시민적·정치적 권리의 회복을 내걸고 터져 나왔던 것이다.

그렇다면 1세대 시민적·정치적 권리와 2세대 경제적·사회적 권리를 위한 투쟁의 공통 부분에서 어떤 결론을 내릴 수 있을까. 3장에서 보았듯이 시민적·정치적 권리가 가장 중요하다는 사실을 강조해야 하는 역사적·실천적 이유가 있었다. 역사적으로 보면 계몽주의 혁명과 그 혁명의 영향을 받은 국가들이, 비록 혜택 받은 계층에 국한하긴 했지만 시민적·정치적 권리를 우선시하곤 했다. 실천적으로 보면 집회와 결사의 자유, 자유롭게 발언할 권리, 청원의 권리 등 시민적·정치적 권리가 사회 운동이 경제적·사회적 권리를 요구할 수 있도록 촉진하는 역할을 해주었다. 달리 말해 사회 운동 조직은 흔히 시민적·정치적 권리를 최대한 활용하여 임금 상승, 노동 조건 개선, 퇴직 연금, 의료 보험 같은 2세대 인권을 위한 투쟁을 전개했다. 그렇지만 우리는 다음과 같은 점들을 기억해야 한다. 즉, 경제적·사회적 권리 투쟁이 시작되었을 때에도 시민적·정치적 권리가 완성된 상태가 아니었을 뿐만 아니라, 인권을 달성할 수 있는 단일한 보편적인 길은 없다는 사실이다. 요컨대 인권의 선포, 투쟁, 실현은 한 사회 내에서나 여러 나라들 사이에서나, 고르지 않은 과정을 거치면서 이루어졌다. 지금까지도 사회과학적 인권 연구는 인권을 실현할 수 있는 단일한 보편 등식을 찾지 못했다.

이런 이유 때문에 2장에서 설명했던 세대별 인권 분류법을 조심스럽게 다루어야 한다. 이미 19세기부터 정치철학자, 사회비평가, 정책 결정자, 운동가들이 다음과 같은 질문들을 제기해 왔다.

노동 착취, 극빈, 여성의 종속, 노예제, 식민 지배 같은 여러 형태의 불의가 공공연히 존재하는 가운데 시민들이 정치적 자유를 누리고 있다면 그것이 무슨 소용이 있는가. 반대로, 개인의 자유를 침해하지 않으면서 어느 정도나 평등을 추구할 수 있는가. 사회 변화가 얼마나 빨리 일어나는 것이 좋은가.

너무나 당연하지만, 서로 다른 사회 세력은 이런 질문에 전혀 다른 답변을 내놓았다. 보수주의자는 계몽주의의 성과를 뒤로 물리려 시도했고, 보통 자유주의자로 이루어진 중도파는 점진적인 변화를 통해 계몽주의의 성과를 굳게 하려 했으며, 보통 사회주의자와 국제노동자협회의 임원과 회원으로 이루어진 혁명론자들은 신속한 변화를 통해 계몽주의 사상을 급진화하고 싶어 했다. 한 저명한 세계 체제 분석가가 말한 것처럼, 근대의 주도적 이념인 보수주의, 자유주의, 사회주의는 19세기의 사회 변화 현실에 관해 가장 구체적인 방법론을 제시했다.

"요컨대 근대성 그리고 사회 변화를 '정상화'하여 설명하려는 세 가지 관점이 등장했다. 보수주의는 변화에 따른 위험을 최대한 제한하려 했다. 자유주의는 적절한 시간 내에 가능한 한 이성적으로 모든 인류의 행복을 달성하고자 했다. 사회주의/급진주의는 변화를 가로막는 세력에 강하게 저항함으로써 진보를 최대한 밀고 나가려 했다."(Wallerstein, 2011년: 11)

이 책은 이매뉴얼 월러스타인이 보수주의, 자유주의, 사회주의의 갈등을 설명한 것에 바탕을 두고 이렇게 주장할 것이다. 즉, 19세기에 이미 분명해지긴 했어도 2차 세계대전 후 유엔의 창설, 〈국제 권리 장전〉―〈세계 인권 선언〉, 〈사회권 규약〉, 〈자유권 규약〉으로 이루어진―제정 시도, 탈식민 운동, 국가 건설, 그리고 제3세계의 개발 과정을 통해, 소극적/1세대 시민적·정치적 권리와 적극적/2세대 경제적·사회적 권리 사이의 긴장과 보완성이 더욱 극명하게 드러났다고 말이다.

〈자유권 규약〉과 〈사회권 규약〉

2차 세계대전 이후 서유럽 의회에서 좌파 정당들이 부상하고, 피식민 지역에서 식민 지배에 반대하는 여론이 확산되는 상황이 〈자유권 규약〉과 〈사회권 규약〉의 내용을 토의하던 제정자들에게도 영향을 끼쳤다. 〈국제 인권 장전〉의 청사진을 마련하던 제정자들은 1세대 인권과 2세대 인권의 연관성과 차이점을 포착하려고 노력했다. 한편으로 제정자들은 〈세계 인권 선언〉에 대략적으로 나와 있고 〈자유권 규약〉과 〈사회권 규약〉에서 좀 더 구체적으로 열거된 모든 권리들이 서로 긴밀하게 연결된다고 주장했다. 다른 한편으로 그들은 〈자유권 규약〉과 〈사회권 규약〉에 외형상의 독자적 자율성을 부여했다. 이런 점은 두 규약의 제정 과정에서 이루어진 논의에 반영되었고, 상이한 정치 세력, 각국 정부, 권력 그룹은 각기 다른 규약을 선호하게 되었다.

두 규약을 해석하는 방식 역시, 시민적·정치적 권리를 선호한 미국,

그리고 경제적·사회적 권리를 선호한 소련 사이의 냉전 경쟁의 영향을 어느 정도 받지 않을 수 없었다. 유엔에서 전개된 냉전 갈등에서 특히 제3세계의 탈식민 운동 진영은 미국 편에 설 것인지, 소련 편에 설 것인지, 아니면 인도, 인도네시아, 이집트, 가나, 유고슬라비아가 주도한 비동맹권 편에 설 것인지를 놓고 딜레마에 빠졌다.

문제가 더 복잡해진 것은 서유럽 국가들의 동향 때문이었다. 서구는 소련에 대항하는 미국 진영에 가담하긴 했어도 미국보다 경제적·사회적 권리에 훨씬 더 적극적이었다. 이것은 미국의 뉴딜 정책과 그 프로그램보다 더욱 폭넓은 사회 안전망 정책을 유럽에서 시행했던 점에서 잘 찾아볼 수 있다.(Levine, 1988년) 유럽식 사회 안전망이 가능했던 부분적 이유는 노동 운동, 사회민주당, 그리고 프랑스와 이탈리아의 경우 의회에 진출한 공산당이 있었기 때문이었다.

경제적·사회적 권리에 대한 높은 수용성은 서유럽 복지 국가 정책과 그 프로그램에 잘 반영되어 있었다.(Esping-Andersen, 1990년) 이러한 시대적 흔적은 〈유럽 사회 헌장(European Social Charter)〉으로 가시화되었다. 유럽이사회(European Council)가 1961년에 제정하고 1966년에 개정한 〈유럽 사회 헌장〉은 주택, 의료, 공정한 고용, 사회 보장, 빈곤과 장애로부터 보호 등을 **인권**으로 규정했고, 당사국들이 헌장을 준수하는지 여부를 감시하기 위해 유럽사회권위원회를 창설했다.

경제적·사회적 권리의 성격과 범위를 놓고 벌어진 논의를 사회학적 관점에서 파악해보면 2차 세계대전 이후의 세계에 깊은 차원에서 큰 변화가 온 것이라고 해석할 수 있다. 시간이 흐르면서 이 같은 역사적 변화로 인해 학자, 정책 결정자, 운동가들은 자유, 평등, 연대와 관련된 딜레마를 국내적 차원에서만이 아니라 전 지구적 차원에서도 따져봐야 하게 되었다. 추상적인 사상의 세계에서는 자유와 평등을 이분법적으로 추론하는 것이 비교적 쉽다. 그러나 권력 투쟁과 이해관계가 걸려 있는 구체적 세계에서는 자유를 향한 투쟁과 평등을 향한 투쟁이 흔히 하나의 갈등으로 수렴되곤 한다. 지금까지 봤듯이 이런 쟁점들은 오늘날까지도 인권의 난제로 남아 있다.

인권의 관계적 특성

이 책을 통해 지금까지 봤듯이 인권은 추상적으로 존재하는 것이 아니라, 인권이 구성되고, 전파되고, 실행되고, 집행되고, 위배되는 **사회적 맥락**과 관계를 맺으며 존재한다. 또한 다른 종류의 인권은 서로 간의 관계 속에 존재한다. 인권이 관계적이라고 해서 인권이 구체적 현실에 기반해 있지 않다는 말은 아니다. 보호 권리이든 수급 권리이든 간에 개인과 집단이 소중하게 여기는 권리는 인간의 생리적 취약함, 또는 인간의 사회성(이 때문에 가족, 부족, 공동체, 사회를 구성하는 성향이 있을 수도 있다), 또는 심지어 인간의 내재적 공감 능력과 협동심과 연대성에 근거를 두고 있다고 볼 여지가 충분히 있다. 이런 입장은 인권의 '본질주의'적 해석이다. 그러나 권리라는 것이 수 세기에 걸친 갈등과 대화와 반대와 합의에 의한 사회적 관습이 축적된 것에 불과하다고 보는 '사회 구성주의'적 관점 역시 가능하다.(Turner, 2006년; Gregg, 2012년)

우리가 인권의 본질적 특성에 찬성하든 사회 구성주의적 관점을 따르든 또는 그 중간의 어떤 입장을 따르든 상관없이, 우리는 인권에 관해 상상 가능하고 실행 가능한 범위가 역사를 통해 변해 왔다는 사실, 그리고 인권 지식과 제도와 관행의 변화가 직선적으로 이루어지지 않는다는 사실을 인정해야 한다. 따라서 인권이 어떻게 성취되었는지를 **사후에** 이해할 수는 있어도, 앞으로 인권이 어떻게 발전할 것인지를 사전에 **예측**할 수 있는 능력은 매우 제한적이다. 따라서 우리의 과제는 현재 추세의 가능성을 확인하는 정도에 그칠 수밖에 없다. 현재 인권의 경향을 살펴본 후에 앞으로 어떤 분야에 우리의 지적 역량을 집중할지를 정할 수 있다. 그런데 합리적인 사람이라 해도 앞으로 어떤 권리와 프로그램을 강조할 것인지에 관해 견해가 갈릴 수 있다.

우리는 앞에서 미국을 비롯한 여러 지역에서 LGBT 공동체가 발전시킨 동성 간 혼인 권리—기존의 1세대 시민적·정치적 권리에 추가되는 권리—에 대한 사례를 살펴보았다. 동성 결혼 권리는 LGBT 공동체의 투쟁과 노력 위에서 성취된 점도 있지만, 비록 간접적이긴 해도 여성 운동의 성과(재생산 권리와 이혼 자유에 관한 입법) 그리고 민권 운동의 성과(이들의 요구 중 하나였던 인종 간 결혼의 합법화)라는 기반 위에서 이루어진 측면도 있다. 이런 권리 운동들이 자유 추구뿐만 아니라 평등 추구도 강조했던 점을 기억해야 한다.

여기서 포괄적 무상 의료 권리도 살펴볼 필요가 있다. 이 권리는 기존의 2세대 경제적·사회적 권리에 추가되는 권리이다. 가구주의 건강 보험 가입의 형태로 또는 사회화된 국가 의료의 형태로, 미국에서 추진되었고 유럽에서 결실을 맺었다. 포괄적 무상 의료는 분명 미국의 뉴딜 정책의 성과(노동 계급 운동과 민주당의 엘리트 세력이 연합한 결과로) 위에서, 그리고 유럽의 폭넓은 의료 관련 입법의 성과(노동 계급, 노동조합, 노동당, 사민당, 사회주의 계열 정당들이 집권한 결과로) 위에서 진전되었다. 흥미롭게도, 동성 결혼 권리와 포괄적 무상 의료라는 두 영역의 권리가 LGBT 공동체 구성원에게 응급실에 입원한 동성 파트너를 방문할 권리를 허용할 것인지, 또는 자기 파트너를 대신해서 의료에 관한 결정을 내릴 권리를 부여할 것인지 하는 문제로 수렴된다.

지금부터 이러한 평등에 초점을 둔 움직임이 어떤 결과를 낳았지 살펴보자. 동성 결혼 권리든 포괄적 무상 의료 권리든 19세기만 하더라도 권리의 실행은 고사하고 그런 권리를 상상하기도 어려웠을 것이다. 동성 결혼 권리의 경우, 그때만 해도 'LGBT'라는 논리적으로 분명한 정체성이 아직 확실하게 형성되지 않았다. 포괄적 무상 의료의 경우, 그 당시에는 전 국민에게 표준화된 의료를 제공할 수 있는 의학 지식 자체가 발전하지 못한 상태였다. 심지어 오늘날에도 동성 결혼 권리나 포괄적 무상 의료 권리를 실현할 수 있는 문화적·사회적·정치적·경제적 조건이 괜찮은 나라가 있고 그렇지 못한 나라가 있다. 결과적으로 말해 전 지구적 기준에 따른 인권을 옹호하려면 그 나라의 여건, 특히 정당과 의회와 여러 제도, 헌법, 현행 정책, 그리고 사법부의 판례 같은 선행 조건들을 고려해야 한다.* 인권의 기원을 본질주의에서 찾을 것인지, 아니면 사회 구

---

* 인권 달성의 근본 조건에 관한 연구로는 다음을 보라. 조효제, 《인권의 지평》, 후마니타스, 2016.

성주의를 받아들일 것인지 하는 논쟁은 철학이나 심리학에 맡기는 편이 나을 것이다. 이 책에서는 그런 논쟁에 대한 입장을 정하기보다, 권리를 침해당한 당사자들이 국가에 보호 권리나 수급 권리를 요구하는 과정, 즉 '권리 주장'이 어떻게 역사적 시간대와 지리적 공간대를 가로질러 '권리 효과'—권리 주장이 권력 관계의 변화를 이끌어내고, 축적하고, 생성한 것의 결과—를 발생시키는지를 사회학적으로 설명한다.

개념 정의상, 사회학적 관점은 인권이 어떻게 작은 공동체부터 큰 사회까지 모든 종류의 사회 구성체에 뿌리를 내리고 있는지를 밝히는 데 주안점을 둔다. 이 점은 1세대 시민적·정치적 권리에도 해당되지만, 2세대 경제적·사회적 권리의 경우에 더 잘 해당된다. 사람들의 생애 주기를 통해, 특히 어린이와 노인처럼 취약한 사람들의 생애 주기 과정에 필요한 사회적 수급 권리와 보호 조치를 제공해주도록 2세대 인권이 고안된 경우라면 더더욱 그러하다.

요약하자면 3장에서는 적법 절차, 인신의 안전, 집회 및 결사 권리, 자유 발언, 청원 같은 시민적·정치적 권리에 관하여, 실제로는 그렇지 않을지 몰라도 적어도 이론적으로는 널리 받아들여지는 두 가지 논증을 소개했다. 한편으로, 시민적·정치적 권리는 18세기 미국과 프랑스에서 일어난 시민 혁명 시기에 발표된 문헌에서 중요하게 다뤄졌으며 전 세계적 차원에서 정치적, 법적 시스템의 중요한 선례를 마련했다. 다른 한편으로, 시민적·정치적 권리는 오늘날까지 사회 운동과 그 연합 세력에 매우 유용한 도구 역할을 해 왔다. 대중 세력은 시민적·정치적 권리를 통해 공적 영역에 대한 접근성과 정치적 활동에 대한 참여성을 확보한 후 그 외의 다른 목표들을 추구할 수 있었다. 이러한 또 다른 목표들은 대개 경제적, 사회적, 그리고 간혹 문화적 권리—처음에는 민족 자결권과 소수 민족의 거주지 확보를 위한 요구—의 형태로 제시되었다. 지금부터는 미국에서 경제적·사회적 권리가 잠시나마 활짝 꽃피었던 사례를 살펴보자. 당시에 문화적 권리는 아직 본격적으로 논의되지 않았음을 기억하자.

미국의 맥락과 경제적·사회적 권리

미국 사회에서 경제적·사회적 권리는 어떻게 받아들여지고 있는가. 지금까지 보았듯 미국에서는 정치인이든 일반 시민이든 경제적·사회적 권리를 약간 미심쩍게 여기는 경향이 있다. 정확히 말해 미국인들은 사회 안전망과 관련된 다양한 프로그램을 모든 시민이 누릴 수 있는 **경제적·사회적 권리**의 구체적인 사례라고 생각하지 않고, 경제 상황과 이념적 경합에 따라 늘어날 수도 있고 줄어들 수도 있는 가변적인 **공공재** 정도로 여기는 경향이 있다. 이런 지적 조건 때문에 수많은 분석가들이 미국에서 다수의 사회 보장 프로그램이 만들어졌던 역사적 전례—인권의 이름으로 사회 안전망을 정당화하는 것이 흔치는 않았어도 합당한 요구라고 여겨지던 시대적 사례—가 있었다는 엄연한 사실을 간과하곤 한다. 지금부터 보겠지만 미국의 경제적·사회적 권리의 역사는 우리에게 인권이 직선적으로 발전하지 않고, 영구적으로 보장되는 것도 아니라는 점을 알려준다.

미국에서 경제적·사회적 권리의 불빛이 잠시나마 깜빡거렸던 역사적 상황을 살펴보자. 대공황으로 인한 피해를 뉴딜 정책으로 복구하는 데 성공하고 2차 세계대전에 참전하기로 결정한 루스벨트 행정부는 연합국 측이 추축국 세력을 물리쳤을 때 국제적으로 미국의 지도력을 확립할 방안을 계획하기 시작했다.(Borgwardt, 2005년) 그 과정을 통해 전 세계 차원에서는 인권을 수호하고, 외교의 장을 마련하며, 평화 유지 메커니즘을 운영할 유엔 창설을 계획했다. 같은 시기에 국내 차원에서는 뉴딜 프로그램을 경제적·사회적 권리의 형태로 성문화할 계획을 추진했다.(Levine, 1988년) 루스벨트 행정부는 1941년과 1944년에 대통령 국정 연설을 통해 〈경제 권리 장전/제2 권리 장전〉을 제안했지만 결국 의회의 동의를 받지 못했다. 행정부에게 이 결과는 미국이 현재와 미래의 사회 보장 프로그램을 **인권의 실행**으로 정당화하는 데 실패한 사건이었다.(Borgwardt, 2005년)

저명한 두 인권사회학자들이 지적한 대로, 루스벨트 행정부가 당시 대중의 정서(특히 빈곤층, 실업자, 노동 계급) 그리고 정부의 능력 사이에 정치적 기회가 열렸다고 판단한 것은 충분히 일리가 있었다.

"1940년대 초만 해도 정부가 제공하는 사회 보호를 미국인들이 반대하는지 여부가 그다지 확실치 않았다. 뉴딜 프로그램의 형태로 시행된 케인스식 경제 정책 덕분에 대공황에서 회복할 수 있었고, 나중에는 경멸의 대상이 되었지만 적어도 그때까지는 소련식 사회주의 경제에 대한 대중의 반감도 적었다. 루스벨트 대통령은 굶주리거나 일자리가 없거나 필수 욕구조차 채우지 못하는 미국인이 존재하는 현실을 절대 용납할 수 없다고 주장했다."(Blau and Moncada, 2009년: 99)

루스벨트 행정부가 최선을 다해 노력했는데도 경제적·사회적 권리는 헌법 차원에서도, 일반 법률 차원에서도 공식화되지 못했다. 1930년대의 뉴딜 정책, 1960년대의 '위대한 사회(Great Society)' 정책*과 그 외 다른 시기의 사회 보장 프로그램은 계속해서 논쟁과 개정의 대상이 되었다.

미국에서 경제적·사회적 권리에 관한 쟁점은 이런 시도를 끝으로 더는 논의가 이루어지지 않았지만, 〈유럽 사회 헌장〉은 경제적·사회적 권리를 획기적으로 성문화했다. 요컨대 미국에서는 경제적·사회적 권리가 개인을 위한 권리로 구상되었고 어느 정도는 국가 공공 정책으로 실현되었지만(예를 들어, 구호 식권, 공공 임대 주택, 정부 보증 금융 기관, 학자금 대출, 실업 보험, 장애 보험, 사회 보장, 메디케어/메디케이드, 그리고 최근에 통과된 〈오바마 케어법〉), 경제적·사회적 권리는 빈곤층, 부유층을 가리지 않고, 인권 자체의 실현이 아니라 공공재 제공으로 인식되었던 것이다. 미국의 이런 특징은 인권을 사회학적으로 분석할 때 매우 중요하다.

여기서 의문이 제기된다. 인권과 공공재 간의 근본적인 차이가 무엇인가. 그리고 그 차이가 왜 중요한가. 〈사회권 규약〉에 규정된 인권을 포함해서 모든 '인권'은 정부가 최선을 다해 실행하여 결실을 거둘 의무를 전

---

* 1960년대 중반 린든 B. 존슨 대통령이 시작한 사회 개혁 프로그램으로 빈곤의 완전한 퇴치와 인종 차별의 철폐를 목표로 했다. '빈곤과의 전쟁', 교육, 의료(메디케어/메디케이드) 같은 프로그램을 전 사회적으로 시행했다.

제로 하지만, 공공재는 정치적 환경과 이념적 분위기가 변하면 확장되거나 축소될 수 있다. 개인주의 정신과 자립심 문화가 미국 전체의 정치적 활동과 시민 사회에 속속들이 배어 있지만, 뉴딜 그리고 '위대한 사회'와 관련된 사회 보장 프로그램은 1970년대 말까지 대중의 큰 지지를 받았다. 그 후 수많은 사회 보장 프로그램이 축소되었고, 나머지도 신랄한 비판에 직면해야 했다. 실제로 사회적 수급 권리의 개념—사회학적 관점의 토대를 이루고, 이 책의 핵심 주장 중 하나이면서, 인권의 일반적 정의에 들어 있는—자체에 의문이 제기되기도 했다.

이런 상황은 단순히 공공 정책을 통해 경제적·사회적 혜택을 보장받는 것이 얼마나 불안정한지를 입증할 뿐만 아니라, 헌법 개정과 의회의 폭넓은 입법을 통해 권리 주장을 공식화하는 것이 얼마나 유리한지도 증명해준다. 이론상으로 경제적·사회적 권리를 신장하는 데 헌법에 의한 보호가 분명 효과적일 것이다. 국제통화기금, 세계은행, 세계무역기구 등이 이끄는 신자유주의에서도 최근 들어 2세대 경제적·사회적 권리뿐만 아니라 3세대 문화적·환경적 권리를 보호하라고 촉구해 왔다. 각국 정부는 이런 움직임에 다양한 방식으로 반응하고 있다.(Esparza, 2011년)

미국에서는 2세대 인권에 대한 제안이 드문 편이지만, 유럽연합, 특히 심각한 부채 위기와 예산 삭감 사태를 겪은 그리스, 에스파냐와 여타 남부 유럽 국가에서는 이런 제안에 대한 반향이 컸고, 라틴아메리카에서도 다양한 대중 운동이 좌파 정부들과 복잡하고 모순적인 방식으로 협력하며 경제적·사회적 권리에 관한 각종 조치를 추진하기도 했다. 미국의 텔레비전에서는 주로 최루 가스 속에서 긴축 조치에 항의하는 시위대의 이미지만 보도하곤 했지만, 실제로 그런 시위의 사회적 배경과 예산 삭감 위기의 결과에 대해 깊은 논의는 거의 다루지 않았다.

사회 운동과 그들의 비정부 기구 동맹은 점점 더 자신의 요구를 다음과 같은 식으로 제기했다. (1) 개인을 위한 경제적·사회적 권리. (2) 집단을 위한 문화적·환경적 권리. (3) 개인과 집단을 위한 권리 꾸러미들. 이런 식의 혁신적 인권 제안에 응답하는 것이 인권 인식 공동체의 의무일 것이다. 사람들, 집단, 지역 사회 공동체의 문화적·환경적 권리는 5장에서 상세히 다룰 주제이다. 또한 일반적인 인권의 범주를 가로지르는 유기적인 보호 권리와 수급 권리의 모둠을 뜻하는 '권리 꾸러미'는 6장에서 다룰 주제이다. 집단 권리 범주는 그 성격상 권리 꾸러미로 나아가는 관문 역할을 한다. 예를 들어, 한 나라의 '발전이라는 난제'는 개인을 위한 경제적·사회적 권리뿐만 아니라 집단을 위한 문화적·환경적 권리도 포함하는 문제이기 때문이다.

소결

이 장에서는 역사가 길지만 여전히 논란이 되고 있는 인권의 범주, 즉 경제적·사회적 권리의 문제를 다루었다. 경제적·사회적 권리는 (1) 경기 침체, 개인의 불운, 자연 재해 등 삶의 고통으로부터 사람을 보호하고, (2) 개인에게 음식, 주택, 의료 등 삶에 반드시 필요한 재화를 제공하고, 생애 주기별로 필요한 도움을 제공하며, (3) 개인에게 인격 향상과 자기 계발 및 교육과 직업 훈련과 구직 기회와 다양한 문화적 경험을 제공해 사회적 계층 이동의 기회를 보장한다. 이런 권리는 1940년대에 미국의 정책 공동체 내에서 폭넓게 논의되기도 했다.(Borgwardt, 2005년) 하지만 경제적·사회적 권리가 헌법 개정이나 의회의 입법을 통해 성문화되지는 못했다. 이와 대조적으로 유럽의 복지 국가에서는 제2차 세계대전 이후 미국의 헤게모니 우산 아래에서 경제적·사회적 권리가 미국보다 훨씬 높은 수준에서 공식적으로 보장되었다. 역사적으로 보면 경제적·사회적 권리에서 초기에는 앞섰다가 나중에 뒤처진 나라가 되어버린 미국 복지 국가의 이중적 성격은 정치사회학자들에게 수수께끼로 남아 있다.(Skocpol, 1995년; Amenta, 1998년)

유럽의 정치권과 일반 대중이 경제적·사회적 권리를 널리 받아들인 결과 유럽연합에서는 사회 보장 프로그램이 무척 견고한 실체가 될 수 있었다. 그런데도 신자유주의적 지구화의 냉정한 현실은 유럽에서도 영향을 끼치기 시작했다. 어쨌든 〈유럽 사회 헌장〉과 〈사회권 규약〉과 여타 인권 문헌에 나와 있는 경제적·사회적 권리는 인권 공동체 구성원에게 매우 유용한 기준점이 된다. 북반구의 복지 국가들, 구 소련권 국가들(구유고슬라비아, 동유럽, 구소련)과 남반구의 구 발전 국가들이 예산 삭감 위기를 맞았을 때, 대중 세력은 다양한 경제적·사회적 권리를 무기로 삼아 위기에 대항했다. 각국 정부가 대중의 이러한 권리 요구를 받아들일 의향과 능력이 있는지는 앞으로 두고 보아야 할 것이다.

토론을 위한 질문들

• 경제적 · 사회적 권리의 일차적 기능은 무엇인가.

• 왜 경제적 · 사회적 권리가 시민적 · 정치적 권리에 비해 널리 수용되지 못하는가.

• 국제앰네스티가 경제적 · 사회적 · 문화적 권리 캠페인을 벌이는 것이 왜 중요한 발전인가.

• 개인을 위한 2세대 문화적 권리의 한계를 설명하시오. 왜 집단을 위한 3세대 문화적 권리가 필요한가.

• 미국에서 사회 보장 프로그램을 경제적 · 사회적 권리로 규정하는 것을 많은 사람들이 반대하는 이유는 무엇인가.

• 국가가 사회 보장을 축소했더니 왜 경제적 · 사회적 권리를 요구하는 목소리가 커졌는가.

5장
문화권, 환경권 그리고 지속 가능한 발전권

2장에서 인권을 종류별로 나누는 방식의 장단점을 살펴본 후, 인권의 세대별 분류법을 자세히 알아보았다. 3장에서는 가장 널리 받아들여진, 이른바 1세대 시민적·정치적 권리의 범주를 검토했고, 4장에서는 그보다 덜 수용되기는 하지만 여전히 친숙한 인권이라 할 수 있는 이른바 2세대 경제적·사회적 권리의 범주를 검토했다. 1세대와 2세대 인권은 개인에게만 적용되는 범주이다. 그렇지만 인간은 개인이면서 가족과 지역 공동체의 구성원, 국가의 시민, 그리고 인종, 종족, 계급, 젠더, 성적 지향 같은 집단 '정체성의 표식(identity marker)'을 보유한 존재이기도 하다. 따라서 개인 권리와 집단 권리의 연결성을 깊이 생각해보아야 한다. 구체적으로 말하자면, '개인 권리 대 집단 권리'의 문제는 어떤 사람이 특정 집단의 구성원이라는 사실이 무엇을 의미하는가라는 질문과 연결되어 있다. 하지만 사람을 개별적인 인간으로 인정하는 개인화 과정과 사람을 집단에 속한 구성원으로 보는 집단화 과정은 문화권에 따라 크게 차이가 난다.

연대 또는 사람들을 엮어주는 결속

개인에게 자유를 보장하는 1세대 권리와 개인에게 평등을 보장하는 2세대 권리는 인간 해방을 추구했던 계몽주의 기획의 양대 측면을 대변한다. 프랑스혁명의 '자유, 평등, 박애'라는 격문에 간결하고도 비장하게 표현되어 있듯, 사람들을 권위주의의 속박으로부터 해방해 자유롭게 해주려는 노력과, 사람들 사이의 관계를 더욱 평등하게 구성하려 했던 두 가지 역사적 과정은 처음부터 무척 깊이 연결되어 있었다.(Ishay, 2008년) 계몽주의 이래 사회 운동과 동맹 세력은 시민적·정치적 권리를 목적으로 추구했을 뿐만 아니라, 경제적·사회적 권리를 진전시킬 수 있는 수단으로도 추구했다.

그러나 이 장에서 검토하겠지만 자유와 평등 다음에 나오는 세 번째 용어인 '박애(fraternité, 영어에서 성 중립적으로 표현하면 '연대solidarity')'의 의미에 대해서는 오랫동안 큰 관심을 두지 않았다. 따라서 연대라는 개념을 이론적으로 공식화하고 실증적으로 구체화하는 작업이 필요하다. 왜냐하면 이 연대 개념은 처음부터 계몽주의 사상에 들어 있긴 했지만 1970년대 이후 유엔 체제 안팎에서 민중 동원이 거세게 표출된 후에야 비로소 본격적으로 다뤄지기 시작했기 때문이다.

연대권이 계몽주의 사상에서 중요하게 다뤄졌지만 그 후 이론적으로 가장 지체되었던 개념이라고 주장하는 학자도 있고, 반면 18세기만 해도 연대권 같은 집단 권리를 상상하기가 어려웠을 것이라고 보는 학자도 있다. 이런 주장은 모두 일리가 있다. 어쨌든 계몽주의 사상가 그리고 그들의 후예들이 개인 권리와 구분되는 집단 권리를 다룰 수 있는 역량이 부족했을 뿐만 아니라, 연대를 요구하는 권리의 내용 —예를 들어 문화적 재화, 환경과의 조화, 그리고 지속 가능한 발전 —이 20세기 말과 21세기 초의 시대 상황을 반영하고 있다는 점 또한 분명하다. 요컨대, '사회 집단, 사람, 종족 집단, 지역 공동체를 한데 묶는 결속'이라고 정의할 수 있는 연대권 주장은 **역사적으로 이해**되어야 하는 권리일 뿐만 아니라, 전형적으로 **비서구권의 문화**와 연결되곤 하는 권리이다.

더 자세히 말하면 연대권은 제3세계의 개발주의적 국가 비전이 사라지고, 지구화가 전 세계를 크게 바꾸면서 개도국의 문화와 환경에 대한 위협이 커지면서 이에 대처할 필요가 커진 현실 속에서 만들어지고 전파되었다.(Burke, 2010년) 소비 지상주의가 확산되고 심화된 결과 문화 동질화와 자연환경 파괴가 초래되었던 것이다.(Appelbaum and Robinson, 2005년) 이런 배경이 3세대 문화적·환경적 권리가 지구화 시대에 중요하게 부각된 이유이다.

이 장에서는 연대의 이름으로 선포된 이른바 문화적·환경적 권리 —제일 새롭고, 제일 복잡하고, 제일 다양하며, 가장 논란이 큰 인권 범주 —를 자세히 알아볼 것이다.(Clausen, 2011년; Toussaint, 2011년) 연대권이 지향하는 목표는 이렇다.

- 문화 전통을 보호하고 육성한다. 예를 들어, 물질적 생계를 꾸리는 전통

적 생활 양식, 의례와 제례, 지역 사회 공동체와 가족생활을 조직하는 방식, 그리고 자연과의 상호 작용 등이 여기에 포함된다.

- 자연환경을 보호하고 육성한다. 예를 들어, 수로, 경작지, 산림, 자연 자원이 여기에 포함된다.
- 지속 가능한 발전을 추구한다. 예를 들어 식량 생산, 사회 기반 시설, 공중 보건, 의료 등 물질적 안녕을 증진할 수 있는 사회 변화 계획이 여기에 포함된다. 그러나 발전이 지역 문화나 생태계에 피해를 주어서는 안 된다.(Rahnema and Bawtree, 1997년; Peet and Hartwick, 1999년; Pieterse, 2004년)

이렇게 다양한 권리 주장들의 공통점이 무엇인가라는 질문을 당연히 제기할 수 있을 것이다. 이러한 권리 주장들은 겉보기에 이질적일지 몰라도 그것들을 한데 묶는 중요한 통일성이 있다.(Clausen, 2011년; Toussaint, 2011년) 한마디로 말해 연대권은 사회의 규범, 풍습, 의례, 식생활이 자연환경과 깊게 연관되어 있다는 사실을 나타낸다. 북반구에 거주하는 대다수 사람들은 소비 지상주의로 인해 문화가 자연 속에 '뿌리내려 있다(rootedness)'는 감각이 많이 흐려져 있다. 반면 남반구에 사는 많은 사람들에게 이러한 '문화적 뿌리내림'의 감각은 무척 중요하다. 3세대 권리의 역사와 지리를 검토해보면 문화와 자연환경의 연결성을 더욱 명확하게 이해할 수 있을 것이다.

집단적 권리의 자리매김

얼핏 보기에 3세대 집단 권리는 이질적인 요소로 이루어진 혼성물처럼 보인다. 이런 인상이 형성된 이유는 3세대 인권이 충분히 이론화되지 않아서가 아니라—물론 인권학자들이 3세대 인권을 많이 연구하지 않은 것이 사실이지만—3세대에 속한 권리들이 현실 속에서 대단히 복잡하게 얽혀 있기 때문이다. 3세대 권리는 다양하고 복잡하며 모호하고 생소한 탓에 이들을 하나로 엮기가 쉽지 않다. 그러나 좀 더 자세히 관찰해보면 3세대 권리 주장—문화 보호 권리, 환경 보전 권리, 지속 가능한 발전 권리—사이에 밀접한 연관성이 있음을 알 수 있다. 연대권은 그 개념 정의상 개인에 속한 권리가 아니라, 지역 공동체, 집단, 그리고 사람들 모두에게 속한 권리이다. 이러한 권리에는 **서로 나눌 수 없는** 각종 재화, 예컨대 문화유산, 생활 양식, 조상 대대로 살아온 땅, 수로, 그리고 발전의 혜택을 누릴 접근성 권리들이 포함되어 있다.

지구화 시대를 맞아 문화의 문제가 중요해졌음을 이 책에서 여러 번 지적했으므로 문화적 권리부터 이야기를 시작하면 이해가 빠를 것이다. 문화는 흔히 음악, 미술, 문학, 연극, 영화 예술 같은 '고급' 문화, 아니면 민속 음악, 수공예, 민간 설화, 전통 무용 같은 '대중' 문화와 연관되어 연상되곤 하지만, 문화는 또한 땅과 밀접한 관련이 있다. 영어 단어 'culture'의 라틴어 어원인 'cultura(갈다, 경작하다)'가 의미하듯, 한 집단의 삶의 양식과 그들이 살아가는 땅을 **일구는** 행위 사이에는 깊은 연관성이 있다. 흥미롭게도 고대 로마인들 역시 정교한 교육 방법을 통한 **정**

신의 수련 개념을 세심한 농사 기법을 통한 **대지의 경작** 개념과 거의 같은 의미로 사용했다. 이렇게 정신과 땅 사이의 깊은 연관성은 조리법과 식문화의 기원과 진화를 살펴보면 명확하게 알 수 있다.

어쨌든 문화적 즐거움, 환경적 재화, 지속 가능한 발전의 관계는 단순히 사냥, 채집, 천렵, 농사 기술, 절기에 따른 명절, 음식 예절, 다양한 요리 방법을 넘어선 폭넓은 개념이다. 달리 말해 어떤 사회, 사람들, 종족집단, 또는 지역 공동체의 문화유산에는 인간이 자연환경과 만나는 방식이 필수 요소로서 반드시 포함되어 있다. 더 나아가 물과 토양과 대기의 오염, 자연 자원의 과도한 추출, 벌목, 대형 댐 건설, 도시와 도시 주변부의 난개발, 주요 수로에서의 남획, 해수면 상승, 기후 변화 같은 자연환경에 대한 위협 역시 필연적으로 문화를 손상시킨다.(Rahnema and Bawtree, 1997년; Peet and Hartwick, 1999년; Pieterse, 2004년)

마지막으로, 1940년대에 시작하여 1970년대에 막을 내린 제3세계의 개발주의는—오랜 기간 주변화되었다가 새롭게 독립한 신생국 국민들의 빈곤을 줄이고 그들에게 최소한의 경제적·사회적 보호와 수급 권리를 보장해주려는 선의에서 출발한 프로젝트였지만—문화적 동질화와 환경파괴라는 **의도하지 않은 심각한 부작용**을 낳았다.(Rist, 2009년) 이러한 결과는 여러 이유로 지구화 시대에 들어 열병 수준의 악영향을 끼쳤다.

문화와 환경 그리고 발전

앞으로 살펴보겠지만, 경제 개발의 의도하지 않은 결과 앞에서 문화와 환경을 보전하기 위한 취지로 발전권(right to development) 개념을 재구성하려는 시도가 체계적으로 시작되었다. 경제 개발 계획이 자연 경관에 끼치는 실제적·상징적 영향력이 워낙 커서 그러한 개발 계획은 언제나 위험성을 내포하고 있고 앞으로도 그럴 것이다. 예를 들어, 과대 성장한 도시에 물과 전기를 공급하기 위해 강에 댐을 건설하고 계곡을 수몰시키거나, 환금 작물을 재배하기 위해 오래된 산림을 벌채하거나, 석탄 화력 발전소와 매연 배출 공장을 무더기로 짓거나, 강과 개울에 폐기물을 무단 방류하거나, 광물을 캐기 위해 광산을 개발하거나, 시골에서 도시로 수많은 사람들을 이농시키는 일들이 개발이라는 명목으로 이루어졌던 것이다. 이런 현상은 가난한 나라에서 국민들에게 고도의 소비 생활을 보장해주기 위해 시행했던 경제 개발 계획의 전형적인 모습이었다.

만일 남반구 국가들이 새로운 형태의 경제 개발 계획—국민들의 물질적 복리를 개선하는 사회 변화 기획이라고 정의할 수 있는—을 실행하려 한다면, 우선 개발이 문화적, 환경적으로 어떤 영향을 끼칠 것인지를 주의 깊게 고려해야 할 것이다. 따라서 개발의 어떤 부분을 잘 취사 선택하면—예를 들어 기술 집약적이고 환경 친화적인 농법, 공중 보건, 의료, 환경 친화적 건축—국가나 사회나 지역 공동체의 욕구를 가장 잘 충족시킬 수 있을 것인가 하는 점이 언제나 개발의 과제가 된다. 이 문제를 해결하려면, 적어도 이론적으로는 대안적 발전에 필요한 기술적·물질적·물류적 자원을 제공하는 것뿐만 아니라, 의사 결정에 대중이 폭넓고 깊이 있게 참여할 수 있는 공간을 창출해야 한다. 요컨대 '대안적 발전 권리'는 민주주의 권리와 매우 밀접하게 연결되어 있다.(Rahnema and Bawtree, 1997년; Peet and Hartwick, 1999년; Pierterse, 2004년)

3세대 인권의 구체적 특징

오늘날의 인권 담론은 어떻게 해서 지금과 같은 모습을 갖추게 되었을까. 1세대 시민적·정치적 권리와 2세대 경제적·사회적 권리는 계몽주의의 유산, 〈세계 인권 선언〉, 〈자유권 규약〉, 〈사회권 규약〉 등 유엔의 주요 문헌과 인권 정전에 나오는 규정들, 그리고 개인에 초점을 맞추는 권리 등의 특성에 힘입어 학자와 실천가들 사이에서 널리 받아들여져 왔다. 이와 대조적으로 문화 전통과 환경의 조화 그리고 지속 가능한 발전에 대한 3세대 **집단 권리**는 낯선 권리들을 무작위로 모아놓은 것처럼 보이기도 한다. 그러나 3세대 인권을 깊이 연구해보면 '무작위'한 혼성물이라는 느낌이 사라질 것이다.

이 장에서는 지구화 시대에 접어들어 특히 중요해진, 서로 연관된 두 가지 인권 문제를 상세히 알아본다.

- 문화: 특히 북아메리카와 남아메리카 원주민들의 삶의 양식뿐만 아니라, 전 세계 곳곳의 제한된 거주지에 모여 사는 소수 종족들의 삶의 양식에 대한 위협(Toussaint, 2011년)
- 환경: 자연 자원의 대량 추출과 오염 유발 공장의 밀집, 폐기물 매립지 같은 남반구의 환경 훼손 문제(Clausen, 2011년)

물론 이런 문제들이 오늘날 갑자기 등장한 것은 아니다. 첫째 문제는 15세기 말 유럽인들이 '신세계'를 정복했을 때부터 이미 발생했다. 이때 아메리카 원주민 다수가 총 또는 세균에 희생되었다. 둘째 문제는 18세기 말과 19세기 초에 범서구 세계에서 일어난 산업 혁명으로 인해 발생했다. 그 후 산업 혁명은 전 세계 모든 지역으로 확산되었다. 위에서 봤듯이 도시화, 산업화, 소비 지상주의의 기원과 그 영향이라는 문제에 대해 이른바 사회학의 시조인 마르크스, 베버, 뒤르켐은 몹시 우려했고 각각 다른 해법을 제시했다. 따라서 다음과 같은 질문이 제기된다. 왜 이런 문제들이 지구화 시대에 들어 더욱 학자들과 활동가들의 주목을 받게 되었는가. 남반구의 생산자와 북반구의 소비자를 잇는 상품 사슬의 역할에 관한 전문가이자 세계 체제의 저명한 이론가인 필립 맥마이클은 극빈, 극심한 불평등, 문화적 배제, 환경 훼손의 연관성을 이렇게 묘사한다.

"오늘날 우리는 지구화를 당연한 사실처럼 말하고, 지구화에 동의한다. 그러나 지구화를 지지한다고 해도 극지방의 빙하가 녹는 문제에 대한 우려가 사라지지는 않는다. 우리 삶의 양식에 어떤 한계가 있을 것이라는 사실을 우리는 점점 더 깨닫고 있다. '생태의 한계'가 곧 '자연의 한계'다. 이것에 더해 '사회의 한계'도 있다. 전 세계 인구의 4분의 3 이상이 세계적 소비자의 이미지를 텔레비전으로 접하지만 그런 식의 소비 지향적 경제를 누릴 수 있는 현금이나 신용을 보유한 사람은 전 세계 인류 중 4분의 1도 채 안 된다. 우리는 이제 어떤 결정적인 지점에 도달해 있다. 소비 지상주의적 개발을 소수 사람들의 전유물로 한정할 것인지, 아니면 전 세계 인류 대다수의 활동으로 확산시킬지 둘 중 하나를 선택하게 된 것이다. 그런데 두 가지 선택은 사회적으로 용납할 수 없거나(불평등으로 쪼개진 지구), 환경적으로 용납할 수 없거나(지속 불가능한 지구), 혹은 그 둘 모두라는 식으로 귀결될 수밖에 없다."

(McMichael, 2012년: 1)

'소비 지상주의로서 개발'이라는 패러다임이 급격히 문화적·환경적 한계에 봉착하고 있다는 맥마이클의 주장에 사회과학과 환경학 분야의 수많은 전문가들이 동의한다. 맥마이클의 이론을 좀 더 분석해보자. 맥마이클의 주장은 학문 분야로서 인권사회학뿐만 아니라, 실제 세계에서 벌어지는 인권의 투쟁도 매우 중요한 의미가 있다. 소비 지상주의적 개발이 헤게모니의 지위를 누리면서 우리 일상생활 깊숙이 들어와 있지만, 그런 식의 대량 소비 체제는 장기적으로 북반구 주민과 남반구 일부 엘리트로 이루어진 주된 수혜자들에게도 지속 가능하지 않을 뿐만 아니라, 오늘날 전 세계 80억 명 가까운 인류에게는 일반화해서 적용할 수 없는 것이다.

설상가상으로 국제통화기금, 세계은행, 세계무역기구 같은 정부 간 기구들, 대다수 정부, 그리고 현재와 미래의 수많은 소비자들이 열성적으로 추구할 '소비 지상주의로서 개발'은 문화적 배제(문화의 표준화 과정을 통해)와 환경 훼손(지구 온난화, 자연 자원 감소, 물과 공기와 토양의 오염을 통해)이라는 의도하지 않은 결과를 초래했다. 요컨대 소비 지상주의가 편안하고 흥미로운 삶을 위한 수단을 제공해준 것은 사실이지만, 그것은 문화적 권리와 환경적 권리를 주장하고 실행하고 집행하는 것을 차단하는 효과를 낳는다. 달리 말해 문화적·환경적 재화에 대한 집단 권리는 그 개념 정의상 개인적 활동으로서 소비 지상주의적 생활에 도전 하는 역할을 한다.

지속 가능한 발전의 여러 의미

물론 이런 문제들을 심각하게 여기는 인식이 국제통화기금, 세계은행, 세계무역기구의 지속 가능한 발전 프로그램 속에, 또 초국적 기업의 환경 책임 경영 프로그램 속에, 그리고 사회적, 환경적으로 책임 있는 소비를 장려하는 단체들의 노력 속에 담겨 있다.(Appelbaum and Robinson, 2005년) 예를 들어, 북아메리카, 유럽, 중동, 동아시아 등지에서 화장품과 각종 생활용품을 판매하는 인기 있는 기업인 바디숍(Body Shop)은 남반구 소규모 생산자들을 위한 프로그램을 운영하고, 천연 재료의 사용을 강조하며, 동물 실험을 반대하고, 지역 공동체 발전을 위한 프로그램에 경제적 지원을 하고 있다. 세계적으로 알려진 커피 판매 체인인 스타벅스(Starbucks) 역시 공정 무역 커피와 유기농 커피를 판매한다. 또한 다수의 기업이 사회 책임 경영, 환경 책임 경영을 위해 전문가를 영입하고 있다. 이러한 추세는 분명 점증하는 사회적·환경적 현실 인식에 대한 정교한 대응을 반영하는 것이다. 이는 인권 운동가들에게 긍정적인 상황이라 할 수 있다.

이런 기업들은 소비 지상주의가 문화적으로나 환경적으로 부정적인 결과를 초래한다는 사실을 모르지 않으며, 그런 사실에 무관심하고 냉담

하지만도 않다. 북반구의 활동가들로부터 압력을 받기 때문이기도 하고, 권리를 침해당한 문화권으로부터 지탄받지 않거나 회복 불능 상태로 환경을 파괴하지 않는 것이 자신들의 장기적 이익을 위해서도 중요하다는 점을 인식하기 때문이다. 기업들이 문화적·환경적 측면의 보호 활동을 전개하는 것이 나쁘지는 않다. 그럼에도 불구하고, 기업은 국민 총생산의 증가를 경제적 활동(그리고 모든 삶의 활동)의 일차적 목표로 보는 패러다임 자체에는 의문을 제기하지 않는다.

더 나아가, '지속 가능한 발전' 개념은 비록 유엔 기구와 관련 비정부 기구들이 권리라고 규정했지만, 아직도 이 개념을 둘러싼 논란이 많다. 서로 경쟁하는 권력 블록이 지속 가능한 발전 개념을 제각기 아전인수 식으로 끌어다 쓰는 형편이다. 일관성을 유지하기 위해 우리는 이 책에서 '지속 가능한 발전'이라는 용어를 3세대 인권의 범주에 속한 주요한 권리 주장의 한 개념으로 사용할 것이다. 그러나 이 개념이 1970년대 초 발전학, 유엔, 비정부 기구들 사이에서 처음 소개된 이래 지금까지 많은 진화를 거듭해 왔다는 단서를 달아야 한다. 따라서 우리는 대중의 참여 권리 또는 민주주의 권리를 지지하는 지속 가능한 발전 모델을 강조하려 한다. 그런 모델을 채택했을 때 비서구 사회에 서구식 가치를 또 다시 강요하는 우를 범하지 않을 수 있기 때문이다.(Rahnema and Bawtree, 1997년; Peet and Hartwick, 1999년; Pieterse, 2004년)

1970년대 초 '지속 가능한 발전' 용어가 처음 도입되었을 때만 해도 이 개념은 당시에 널리 통용되던 기존의 개발 개념에 대한 **비판적** 개념으로 소개되었다. 그때까지의 개발 개념은 산업화 전략 프로그램을 통해 어떻게든 미국과 서유럽의 생활 수준을 '따라 잡는' 노력을 강조했다. 달리 말해 그 당시에 나왔던 지속 가능한 발전 개념은 그 이전 한 세대 동안 자리 잡았던 기존의 개발 모델, 즉 문화적·환경적 파괴를 무릅쓰고라도 반드시 개발을 추구해야 한다는 식의 개발 관념을 거부하는 내용이었다.

그러나 그 당시에 새로운 지속 가능한 발전 개념을 내놓았던 사람들이 경제 개발 자체를 거부한 것은 아니었음을 기억할 필요가 있다. 이들이 거부했던 것은 다음과 같은 관점들이었다. (1) 경제가 인간 삶의 가장 중요한 측면이라고 믿는 **경제 환원주의**. (2) 경제 이론과 개발 활동이 '가치 중립적'일 수 있다고 보는 **실증주의**. (3) 전 세계 모든 곳에서 서구, 특히 미국과 영국의 산업화 모델을 따라야 한다고 생각하는 **서구 중심주의**.(Rahnema and Bawtree 1997; Peet and Hartwick, 1999년; Pieterse, 2004년) 요컨대 경제 우선주의, 실증주의, 서구 중심주의로 이루어진 나쁜 삼위일체가 기존 개발 패러다임의 극단적인 문화적 무감각과 환경 파괴의 주된 원인이라고 보았던 것이다.

따라서 새롭게 등장한 지속 가능한 발전 개념은 인권 분야에서 획기적인 돌파구가 되었다. 6장에서 보겠지만 실제로 지속 가능한 발전 개념과 그것의 후속 개념들은 다음과 같은 목표를 추구하는 권리 꾸러미의 방향을 제시해주었다. 즉, (1) 기본 욕구 충족, 공중 보건, 의료 등을 통해 건강하게 오래 살 수 있도록 해주는 '건강 장수 권리' 꾸러미, (2) 권력의 부당한 간섭 없이 자신의 재능과 생각과 정체성을 발전시키도록 해주는 '인격의 온전한 발달 권리' 꾸러미, (3) 국가 간 전쟁, 내전, 범죄 위협, 그리고 인종 차별, 계급 차별, 성차별, 동성애 혐오, 외국인 혐오와 관련된 구조적 폭력 없이 살 수 있게 해주는 '평안할 권리' 꾸러미 등이다. 지속 가능한 발전은 3세대 인권의 핵심 키워드일 뿐만 아니라, 세대별 권리의 틀을 넘어서 권리 꾸러미를 구성할 수 있는 이론적·실천적 개념이 되었다. 따라서 이 책에서는 지속 가능한 발전을 목적 그 자체로 여길 뿐만 아니라, 권리 꾸러미를 만들 수 있는 장을 마련해주는 수단으로도 본다.

그런데 오늘날에는 '지속 가능한 발전'이라는 용어를 흔히 다음 용어들과 동의어로 취급하거나, '지속 가능한'이라는 말을 빼고 표현하기도 한다. 즉, "대안적 발전(alternative development)", "자급자족 접근법(subsistence approach)", "발전의 대안(alternative to development)" 등이 그것이다.(Bennholdt-Thomsen and Mies, 2000년) 새롭게 등장하고 있는 '비판적 발전학(critical development studies)' 영역 ─ 남반구의 나라들과 각 지역의 문화적·환경적·지정학적 특수성을 고려하는 ─ 에서 21세기의 발전에 대한 이러한 접근 방식에 관해 정교한 개념 규정을 내리고 있음을 언급해 두는 게 좋겠다.

이른바 발전권에 대해서는 이 책 3장에서 옥스팜의 빈곤 퇴치 프로그램에 담겨 있는 시민적·정치적 권리와 연관해서 설명했고, 4장에서는 제3세계 개발주의에 담겨 있는 경제적·사회적 권리와 연관해서 설명했다. 그러나 이 주제는 이번 장에서 지속 가능한 발전 요구에 담긴 집단 권리와 연결 지어 설명할 것이고, 6장에서 문화와 젠더와 환경 문제를 중요하게 받아들이면서 발전 개념을 현 시대에 다시 불러내야 한다는 최근의 목소리와 연결 지어 다시 설명할 것이다. 따라서 이 책 전체를 관통하는 하나의 주제인 발전권―식량 생산, 공중 보건, 의료, 주거 등을 신중하게 개선해 삶의 물질적 욕구에 충분히 접근할 수 있도록 해주는 상태라고 정의되는―개념이 세대별 권리를 완전히 가로지르는 권리 개념이어서, 발전권 자체를 하나의 권리 꾸러미로도 볼 수 있다는 점을 반드시 기억해야 한다. 그러나 이 장의 설명을 위해서 우리는 지속 가능한 발전을 국민 국가, 대규모 사회, 원주민들, 작은 지역 공동체 등 집단에 속한 3세대 권리로 다룰 것이다. 그러나 발전권이 집단에 속한다고 해도, 사람들이 경제적·사회적 권리를 개인적으로 누리는 것처럼 발전권의 혜택 역시 개인적으로도 누릴 수 있다. 더 나아가, 대안적 발전의 주창자들 역시 경제적·사회적 발전의 가치를 중요하게 여기고 있다.

지금부터 무엇이 3세대 인권의 범주를 하나로 묶을 수 있는가 하는 질문으로 돌아가보자. 위에서 인용한 맥마이클의 주장에서 유추해보면 문화 규범과 관습, 생태적 조화, 지속 가능한 발전에 대한 3세대 집단 권리의 범주를 일관되게 하나로 엮는 공통점을 발견할 수 있다.(McMichael, 2012년) 바로 대량 소비 체제와 그 지원 세력, 광범위한 산업화, 대형 농기업체가 이끄는 공장식 축산업과 집약적 어획이 과연 옳은 것인지를 다시 생각해봐야 할 시급한 필요성이다.(Bennholdt-Thomsen and Mies, 2000년)

어째서 전 세계 소비 지상주의의 네트워크를 비판적으로 재검토해야 하는가. 요컨대 개인을 소비자로 칭송하는 대량 소비 체제가 문화와 환경 같은 불가분의 재화를 크게 훼손하기 때문이다. 소비 지상주의는 임금 노동과 소유적 개인주의—서구에서 태동하여 다른 지역으로 수출되었던 두 가지 특성—에 근거한 삶의 양식이 복잡하게 분화되어 확산된 결과 의도치 않게 파생된 것이지만, 지구라는 행성의 미래에 끼칠 심각한 영향을 절대로 무시할 수 없는 지경이 되었다. 따라서 발전권—비록 남반구에서, 권리를 침해당한 당사자들이 밀어붙인 권리이긴 하지만—과 문화적·환경적 보호 및 수급 권리는 남반구와 북반구를 가리지 않고 전 세계적으로 심대한 의미를 지닌다. 요약하면, 이제는 모두가 '발전이라는 난제'에 관심을 기울여야 마땅하다. '발전의 난제'를 어떻게 풀 것인가 하는 질문의 해답을 찾는 방식이 전 세계 문화적·환경적 다양성에 결정적인 영향을 끼칠 것이다.

3세대 인권의 기원

우리는 지금까지 인권사회학의 주요 관점 중 하나인 정치경제-발전사회학의 시각으로 지구화로 인해 3세대 인권의 필요성이 널리 인식되었음을 살펴보았다. 그 이유는 3세대 집단 권리가 취약한 집단의 이익만이 아니라 지구 자체의 이익 또한 보호해주기 때문이다. 또 다른 시각으로 보면 문화사회학은 인접 학문인 문화인류학처럼 지구화의 문화적 영향을 밝힐 수 있다. 다른 한편, 환경사회학은 인접 학문인 환경과학처럼 지구화의 환경적 영향을 밝힐 수 있다. 지구화의 환경적 영향은 상세한 설명이 필요하다. 남반구의 일부 학자와 실천가들은 전 인류와 지구상의 다양한 인간 문화권만이 환경적 권리의 주체가 아니라고 주장해 왔다. 이들은 인간뿐만 아니라 지구 자체 — 인간과 지상의 살아 있는 모든 생명을 포함하는 총체적 실체 또는 시스템, 또는 '존재' 자체 — 를 환경권의 보유자로 보아야 한다고 주장한다.(Shiva, 1988년; 1997년; 2005년)

만일 지구 자체가 권리의 주체라고 보는 잠재적 권리 주장이 널리 받아들여지고 실행된다면 지속 가능한 발전이든 다른 형태의 발전이든 모든 발전 프로젝트에 제동이 걸려야 할 것이다. 왜냐하면 인간이 손을 대는 모든 형태의 발전은 자연 자원의 추출이든, 사회 인프라 시설과 도시 공간의 건설이든, 소비재의 생산과 소비와 폐기이든 어느 정도는 환경을 훼손할 수밖에 없기 때문이다. 따라서 최근 대지의 권리를 헌법에 규정한 볼리비아 같은 나라들이 있기는 하지만* 이 책에서는 일단 지구 자체의 권리는 보류하려 한다.

지구 대지의 권리라는 문제는 충분히 토론해볼 가치가 있는 주제이지만, 그런 권리는 전 세계 차원에서 자급자족형, 생계 충족적 생활 양식을 실천하기 위해 인류가 현재의 발전과 소비 지상주의적 생활 양식을 완전히 초월할 수 있을 것인가 하는 점을 깊이 고민해야 하는 과제를 우리에

---

* 남아메리카의 에콰도르는 2008년 헌법에 다음 조항을 신설했다. "다양성 속에서 자연과 조화를 이루는 '수마크 카우사이(sumak kawsay)' 정신, 즉 '좋은 삶의 길(부엔 비비르buen vivir)'을 달성하기 위해 새로운 공적 공존의 형태를 구축할 것을 천명하는 바이다." '수마크 카우사이'란 안데스 산맥 지역의 케추아 부족 원주민들이 애용하는 용어로 '좋은 삶의 길'이라는 뜻인데 이를 에스파냐어로 옮긴 표현이 '부엔 비비르'이다. 이웃 나라인 볼리비아 역시 2009년 부엔 비비르 원칙을 국정 지표로 삼는다는 조항을 헌법에 명시했다. 볼리비아의 노력으로 유엔은 그해 4월 22일을 '국제 어머니 대지의 날'로 선포했다. 안데스 지역에서 대지의 여신 파차마마를 기리는 풍습을 국제적으로 기념한 것이다. 볼리비아는 2010년 세계 최초로 자연계의 권리를 인정한 '어머니 대지의 권리법(Ley de Derechos de la Madre Tierra)'을 제정하고 공포했다.

게 던진다. 그런 질문을 철저히 파고들면 인권사회학, 발전사회학, 환경학, 사회 이론과 사회철학과 정치철학의 근본 전제를 정면으로 비판해야 한다. 그러한 이론적·철학적 탐구를 끝까지 밀고 나간다면 "자율적 공생성(conviviality)"*에 관한 과거의 연구와 최근의 '자급자족적 관점'을 연결하는 어떤 대안이 나올 수 있을지도 모른다.(Bennholdt-Thomsen and Mies, 2000년)

3세대 인권과 관련된 권리 주장의 역사적 기원을 알아볼 과제가 우리에게 남아 있다. 공교롭게도 3세대 인권은 케인스주의의 쇠락, 국가사회주의의 몰락, 그리고 1970년대 들어 제3세계 개발주의가 막을 내린 연후에야 전면에 등장하기 시작했다. 당시 전 세계 여러 나라의 국가 역량, 관료제의 효율성, 시민적·정치적 권리 존중 여부, 문화적 조건과 지리적 조건 등이 서로 크게 달랐지만, 제1세계의 케인스주의, 제2세계의 국가사회주의, 제3세계의 개발주의가 모두 산업화를 강조했다는 점에서는 동일했다. 대다수 인구 집단의 대량 소비 체제 또는 적어도 물질적 복리로 가는 지름길로 모든 나라들이 산업화를 지지했다.(Bennholdt-Thomsen and Mies, 2000년) 여러 측면에서 보아 이러한 국가 주도의 경제 개발 형태, 특히 제1세계의 케인스식 복지 국가는 국민의 생활 수준을 높이는 데 성공했다. 케인스식 복지 국가는 대량 소비를 장려함으로써 달성되었을 뿐만 아니라, 시장 실패와 재난으로부터 개인을 보호하는 경제적·사회적 권리 실행, 그리고 생애 주기 여러 단계에서의 지원을

---

* 이반 일리치가 주장한 개념인 'Conviviality'는 공생성, 공생공락, 자율적 공생성, 또는 절제로 번역된다. 다음을 보라. 이반 일리치, 《절제의 사회》, 박홍규 옮김, 생각의나무, 2010.

통해서도 달성되었다. 그러나 국가가 주도했던 여러 형태의 개발은 이제 그 자연 수명을 다했고, 그 과정에서 전 세계의 경제 조건, 문화, 생태계를 영구적으로 변화시켜놓았다. 나중에 지구화 — 경제적·정치적·사회적·문화적 통합이 심화되는 상황을 의미하는 — 라고 불리게 된 현상이 시작될 무렵에 케인스주의, 국가사회주의, 개발주의 같은 국가 형태들은 내부적으로 와해되었다.

서로 나눌 수 없는 문화적·환경적 재화를 보장하는 3세대 집단 권리를 위한 공간이 형성된 것은 서구 케인스주의, 동구 국가사회주의, 제3세계 개발주의의 붕괴라는 역사적 맥락에서 가능해졌다. 당시 남반구 국가의 대표들은 유엔에서 3세대 집단 권리를 제정하는 데 특히 큰 역할을 수행했다.(Burke, 2010년) 실제로 이들은 다음과 같은 질문을 강하게 제기했다. 문화와 환경을 파괴하지 않으면서 빈곤을 극복하려 했던 개발주의 — 미국과 세계은행의 지원을 받았을 뿐만 아니라, 특히 미국과 영국에서 개발경제학을 공부한 남반구의 많은 엘리트들이 동의했던 — 가 결국 실패했음을 고려한다면 앞으로 무엇을 해야 할 것인가.

이 같은 질문의 해답을 찾는 과정에서 유엔은 개발을 놓고 세계은행, 기타 여신 기관과 마찰을 빚게 된다. 그 결과 오랜 기간에 걸쳐 유엔과 세계은행 사이에 갈등의 골이 깊어졌다. 그 와중에 유엔은 **대안적 발전의 비전**을 더욱 강조하게 되었다. 대안적 발전이란 지구화 시대에 빈곤, 경제 불평등, 문화적 배제, 심각한 환경 훼손 같은 과제를 해결하려 했던 옥스팜과 다른 비정부 기구들의 비전과 맥을 같이하는 사상이었다.

여기서 학자, 유엔 관리, 비정구기구 직원, 사회 운동 조직 활동가들 사이에서 주요한 논의 안건이 되었던 3세대 집단 권리가 출현하게 된 역사적 맥락을 다시 짚어보자. 문화, 환경, 그리고 지속 가능한 발전에 대한 권리 주장은 1972년의 〈스톡홀름 선언〉에서 처음 제기되었고, 그 후 1992년의 〈환경과 발전에 관한 리우 선언(리우 선언)〉과 2007년의 〈원주민 권리 선언〉에서 더욱 상세하게 규정되었다. 최근 들어 전 세계적 소비 지상주의로 인해 삶의 양식과 자연환경이 파괴된 소수 민족 문화권에 속한 구성원, 원주민 집단, 소농을 비롯해 여타 권리를 침해당한 사람들이 이런 권리 주장을 더욱 발전시켰다. 3세대 집단 권리 주장은 부분적으로는 2차 세계대전 이후 과도한 개발주의에 대한 반발일 뿐만 아니라, 최근 신자유주의가 2세대 경제적·사회적 권리―약간씩 차이는 있었지만 서구 케인스식 복지 국가, 동구 국가사회주의, 제3세계 개발주의에서 어느 정도 성취했던―를 해체한 것에 대한 반발인 측면도 있다. 또한 3세대 집단 권리가 부분적으로는 정체성에 기반한 사회 운동에서 기인한 측면도 있다. 6장에서 다시 살펴보겠지만, 이런 식의 복잡하고 서로 상반되는 움직임들이 하나로 수렴되어 **집단을 위한** 3세대 문화적·환경적 권리와, **개인을 위한** 2세대 경제적·사회적 권리를 한데 묶은 권리 꾸러미가 출현하게 되었다.

이런 권리들을 제대로 이해하려면, 자유를 위한 1세대 개인 권리와 평등을 위한 2세대 개인 권리가 전 세계 모든 사람들의 삶의 질을 위해 매우 중요하기는 하지만, 문화와 환경 같은 **서로 나눌 수 없는 재화**를 보호하는 데는 미흡하다는 사실을 인정해야 한다. 그렇다면 어떤 사회 시스템이 문화생활의 결실에 대한 접근성과 깨끗하게 잘 보전된 환경에 대한 접근성을 공평하고 합리적으로 개인들에게 배분할 수 있을까. 다른 한편으로, 문화와 환경을 적절하게 관리하게끔 보장할 수 있는 시스템을 어떻게 갖출 수 있을까. 오랫동안 '공유재(commons)'로 여겨진 이러한 집단적 재화는 국민, 집단, 지역 공동체에 속한 모든 구성원에게 속한 재화이다. 그러나 저명한 인권사회학자들이 이야기하듯 집단적 재화를 관리하는 일은 대단히 복잡한 문제이다.

> "집단적 재화는 마치 공적 재화처럼 '비배제성(non-excludability)'의 특징을 보인다. 구성원 중 누구도 그러한 재화를 누리지 못하게끔 방해받지 않는다. 그리고 집단적 재화는 마치 사적 재화처럼 '경쟁성(rivalrousness)'의 특징을 보인다. 한 사람의 소비는 다른 사람의 소비 기회를 줄인다. 흔히 집단적 재화는 호수, 개울, 산림, 어장, 염수 습지, 또는 소문난 동네 공유지 같은 자연 자원으로 이루어져 있다. 이런 것들은 민감한 생태계이므로 남용하거나 부실하게 관리하면 쉽게 균형이 깨지며 그렇게 되면 집단적 재화를 상실하게 된다."(Blau and Moncada, 2009년: 123-4)

위의 저자들은 집단적 권리의 환경적 측면을 특히 강조한다. 인류가 살아가는 서식처인 환경은 자본주의적 개발 앞에서 절대적인 한계가 있기 때문이다. 이른바 '녹색 자본주의'의 가능성에 관한 논의가 현재 인권사회학의 연구 범위를 넘어 진행되고 있는 것이 사실이다. 하지만 지속적인 축적을 지상 과제로 삼는 자본주의는 **유한한** 지구를 무대로 해 이루어지는 **무한한** 경제 체제이므로 언제나 새로운 원자재와 자연 자원,

새로운 노동력의 공급, 새로운 시장, 새로운 폐기물 매립지를 찾아다닐 수밖에 없다. 이러한 이유로 대량 소비 체제는 강도를 높이고 범위를 계속 넓히면서 문화와 환경을 함께 위협할 수밖에 없다.(Appelbaum and Robinson, 2005년; McMichael, 2012년)

위 인용문 저자들의 분석을 자세히 살펴보면 문화가 어떻게 환경 속에 **심어져** 있는지를 쉽게 알 수 있다. 그러므로 건강한 개인과 건강한 공동체를 **양성하기**(cultivation) 위해서는 자연환경의 보전이 반드시 필요하다. 실제로, 공통의 이익과 공통의 책임을 인정하는 데서 출발하는 '인간들의 결속'이라고 정의할 수 있는 '집단적 연대권' 사상이 있어야만 **서로 나눌 수 없는** 문화적·환경적 재화를 적절하게 사용하고 관리하고 보존할 수 있다. 또한 우리는 문화, 환경, 지속 가능한 발전을 잇는 하나의 공통점 — 대량 소비 체제를 비판적으로 재평가하고, 그러한 체제를 지속시키는 기본 전제, 관행, 제도를 비판적으로 재평가할 필요성 — 이 있다는 사실을 인정해야 한다.(Bennholdt-Thomsen and Mies, 2000년) 대량 소비 체제를 비판적으로 재평가하는 일이 특히 북반구 주민과 남반구의 윤택한 계층에게 결코 쉽지 않은 과제임은 두말할 나위도 없다. 하지만 이 문제가 지구화 시대를 살아가는 모든 사람들에게 시급한 현안이라는 점은 분명하다. 소비 지상주의의 휘황찬란한 매력이 대중 매체를 통해 세계의 가장 오지에 속하는 곳까지 전파되는 시대이므로 더욱 그러하다.

집단적 권리에 관한 나머지 질문들

지금까지 봤듯이 3세대 집단 권리는 우리로 하여금 '보편주의 대 문화 다원주의', '글로벌 지향 대 로컬 지향', '집단 권리 대 개인 권리', 그리고 경제, 정치, 사회, 문화, 환경 간의 관계 같은 딜레마를 깊이 고민하게 만든다. 3세대 권리의 불명확성은 그것의 가장 중요한 강점이자 가장 심각한 약점이다. 3세대 권리를 주창하는 데 제일 어려운 문제는 여러 집단—서로 중복되기도 하고 간혹 **경쟁**하기도 하는—에 문화적·환경적 권리를 어떻게 고르게 분배할 것인가 하는 점이다. 그러나 이 문제를 적절하게 분석하려면 전 지구적 거버넌스, 국제법과 국내법의 연관성, 그리고 전 세계 각국의 정치적·법적 관할권 간의 유사점과 차이점에 관한 별도의 연구가 필요할 것이다.

또한 '보충성 원리'* —예를 들어 발전 프로젝트 같은 주요 사항은 가능한 한 그것의 영향을 가장 많이 받는 사람들이 직접 결정해야 할 뿐만 아니라, 권력이 중앙이 아닌 지역 수준에서 행사되어야 한다는 원리—의 기원, 진화, 적용에 관한 엄밀한 연구가 필요할 것이다.(Iber, 2010년)

물론 이런 과제들이 중요하긴 하지만 그것은 인권 인식 공동체에 참여하는 정치학자와 법학자들에게 맡기는 편이 더 나을 것 같다. 그 대

보충성 원리(subsidiarity) 정책을 결정할 때 상위 단위의 개입을 줄이고 최소 단위의 의사 결정권을 존중하는 사회 조직 원리이다. 이 원리에 따르면 행동의 우선권은 최소 단위에 있고 여기에서 처리될 수 없을 때 그 다음 단위가 보충적으로 개입할 수 있다. 1975년 유럽위원회가 처음 공식화했다.

신 사회학적 관점에서는 다른 범주의 인권과 비교하여 3세대 인권을 아주 고차원의 분석 수준에서 재검토할 수 있을 것이다. 이렇게 했을 때 집단적 권리 주장과 개인적 권리 주장의 공통점과 차이점을 밝힐 수 있다. 분석적, 교수법적 명료성을 확보하기 위해 이 책에서는 지금까지 세대별 권리들—개인에게 자유를 보장하는 1세대 시민적·정치적 권리, 개인에게 평등을 보장하는 2세대 경제적·사회적 권리, 그리고 집단에 연대를 보장하는 3세대 문화적·환경적 권리—간의 복잡한 관계에 주로 주목했다.

지금까지 봤듯이, 자유 개념과 평등 개념 사이에는 깊은 연관성이 있다. 이 점은 19세기 이래 계몽주의 사조와 사회 운동 활동뿐만 아니라, 〈세계 인권 선언〉과 〈자유권 규약〉과 〈사회권 규약〉을 관통하는, 법적 주체이자 권리의 담지자인 개인이라는 관념에 관해서도 그러하다. 자유와 평등 사이의 연관성으로 인해—이론가와 실천가가 보기에—1세대 인권과 2세대 인권 사이에 두터운 연계가 만들어졌다. 그러나 1세대 인권과 2세대 인권에서 집단을 전혀 다루지 않는 것은 아니다. 대부분의 경우 1세대 권리와 2세대 권리에서도 **개인들로 구성된 집단**을 다루곤 한다. 이때 개인들이 집단과 동일시되거나, 그 집단의 구성원이 되는 정도는 경우에 따라 다양하다.

하지만 그런 차이가 처음 봤을 때만큼 그렇게 명확하지 않을 수도 있다. 실제로 우리는 지금까지 여러 집단의 사례를 살펴보았다. 예를 들어 (1) 흑인과 다른 소수 인종이 법 앞에서 평등한 보호를 받을 권리와 공적 활동과 정치에 평등하게 참여할 권리, (2) 노동자들이 노조를 통해 대표성을 확보하고 괜찮은 수준의 임금, 건강보험을 포함한 각종 보험, 안전한 작업 환경, 실업 급여와 연금 같은 혜택을 누릴 권리, (3) 여성이 재생산 자유를 인정받고, 성추행과 성차별로부터 보호받고, 산전-산후 조리, 유급 출산 휴가, 양육에서의 지원을 요구할 권리, (4) LGBT 공동체가 특히 학교와 직장에서 차별과 괴롭힘으로부터 보호받고, 결혼을 할 수 있는 권리, (5) 이주노동자가 공정한 임금을 받고, 안전한 노동 조건을 보장받고, 인권 유린과 착취로부터 보호받고, 시민권 취득 가능성을 확보할 권리, (6) 마지막으로, 원주민과 소수 문화 구성원이 자신의 언어를 사용하고, 종교 활동과 관습을 유지하고, 삶의 양식을 보존하고, 조상 대대로 살아온 땅에서 거주하고 자연환경과 조화를 이루며 살아갈 권리 등을 예로 들 수 있다.

지금까지 살펴본 권리 주장들은 인종, 계급, 젠더, 성적 지향, 출신 민족 등 기본적인 사회학 범주를 다루는 데 세 가지 세대별 인권을 모두 포괄하면서도, 흔히 그런 권리들을 **넘어서는** 경우가 많다. 그 과정에서 이런 권리 주장들은 우리에게 개인이면서 동시에 이러저러한 집단의 구성원이라는 **'인간의 이중적 지위'**를 일깨웠다. 세 가지 세대별 인권들의 분리 불가능성 그리고 인간 존재의 이중적 성격을 고려하면서 우리는 다음 6장에서 권리 꾸러미를 이론적으로 그리고 실천적으로 고찰할 것이다.

소결

이 장에서는 가장 최근에 연구되었고, 아직 모호하며, 논란의 여지가 큰 인권의 범주, 즉 다음 목적을 추구하는 3세대 집단 권리를 알아보았다.

- 문화 전통의 보존. 여기에는 사냥, 천렵, 채집, 농사, 먹거리, 제례와 풍습, 일상생활을 꾸리는 방식, 지식을 축적하고 퍼뜨리는 전통적 방식이 포함된다.
- 자연환경의 보전. 여기에는 수자원, 경작지, 산림, 자연 자원 등이 포함된다.
- 지속 가능한 발전의 실현 또는 대안적 발전. 이것을 위해서는 식량 생산을 위한 신중한 기술 개발, 사회 인프라 확충, 주택, 공중 보건, 의료 체계가 필요하며, 이때 지역 문화나 생태계를 파괴하지 않도록 신중하게 계획을 세워야 한다.

3세대 권리를 탐구하면서 우리는 문화적 권리, 자연과 조화를 이루고 살 권리, 지속 가능한 발전 권리 사이에 깊은 연관성이 있음을 발견했다. 그러나 이러한 연관성을 제대로 파악하려면 현대 세계에서 소비 지상주의가 발휘하는 역할을 체계적으로 고민해야 한다. 마지막으로, 문화와 환경과 지속 가능한 발전 사이의 연관성을 검토하면서 우리는 세 가지 세대별 인권 간의 상호 연결성을 확인했을 뿐만 아니라, 개인이면서 동시에 국가, 사회, 집단, 지역 공동체의 구성원인 인간의 이중적 지위 또한 확인했다. 그러므로 이제 우리는 이 책의 핵심에 해당되는 내용, 즉 인간의 이중적 지위를 인정하면서도 동시에 세 가지 세대별 권리들을 가로지르는 권리의 모둠이라 할 수 있는 권리 꾸러미를 6장에서 검토할 사전 준비를 마쳤다고 할 수 있다.

토론을 위한 질문들

- 3세대 권리의 특징은 무엇인가.
- 1세대와 2세대의 개인 권리에 비해 3세대 집단 권리가 잘 조명되지 않았던 이유는 무엇인가.
- 문화적 권리, 환경적 권리, 그리고 지속 가능한 발전 권리의 주된 목적은 무엇인가.
- 어떠한 세계사적 조건에서 문화, 환경, 지속 가능한 발전에 대한 집단 권리 요구가 나타났는가.
- 어떻게 해서 3세대 권리 사상 덕분에 권리 꾸러미가 출현할 수 있게 되었는가.

6장

권리 꾸러미

3장에서 다룬 1세대 시민적·정치적 권리, 4장에서 다룬 2세대 경제적·사회적 권리, 그리고 5장에서 다룬 3세대 문화적·환경적 권리의 바탕 위에서, 이 장은 '권리 꾸러미' 개념을 검토한다. 권리 꾸러미란 여러 세대의 범주에 걸쳐 있는 권리들을 모둠으로 묶은 것인데, 세대별 인권 분류 방식의 결함을 **바로잡기** 위해 고안되었다. 원래 권리 꾸러미 개념은 물권법 영역에서 차용한 것인데, 부동산을 취득한 소유자가 지니게 되는 권리의 덩어리를 말한다.(Klein and Robinson, 2011년)

노벨 경제학상 수상자인 아마르티아 센(Amartya Sen)이 시민적·정치적 권리와 개발 프로젝트를 나눌 수 없다고 강조한 것도 일종의 권리 꾸러미 비슷한 사상이라 할 수 있다.(Sen, 1999년) 권리 꾸러미 **개념**은 아직 세대별 인권 분류법만큼 공식화되거나 대중의 주목을 받지는 못했지만, 권리 꾸러미의 **실천**은 오래 전부터 유엔 기구, 비정부 기구, 사회 운동 조직, 지역 사회 단체들 사이에서 흔하게 이루어져 왔다. 즉, 여러 세대의 범주를 가로지르는 권리 주장—권리를 침해당한 당사자가 정부에 요구하는—을 한데 묶어서 다루는 경향이 있었다. 따라서 인권사회학자와 그 외 다른 분야의 학자들은 권리 꾸러미의 이론적 토대와 현실적 개선 가능성을 추적함으로써 유엔과 여러 단체들, 특히 옥스팜이나 국제앰네스티 같은 명망 있는 비정부 기구들이 거둔 성과를 공식화하거나 성문화하는 과제를 수행해야 한다.

옥스팜, 국제앰네스티, 그리고 권리 꾸러미

우리는 앞에서 옥스팜의 빈곤 퇴치 프로그램과 국제앰네스티의 경제적 · 사회적 · 문화적 권리 캠페인을 통해 권리 꾸러미가 실제로 작동하는 사례들을 살펴보았다. 옥스팜과 국제앰네스티는 인권 공동체와 정책 결정 집단 일부에서 제기한 논란에 아랑곳하지 않고 그들의 창설자가 원래 제시한 것보다 활동 범위를 더 크게 넓히는, 이른바 '사명의 확장(mission creep)'을 과감하게 추진해 왔다. 이들이 사업 범위를 넓히긴 했어도 조직의 목적 자체를 위배한 것은 아니었다. 옥스팜의 빈곤 퇴치 프로그램에서는 자원에 접근할 필요, 그리고 참여의 틀 내에서 다양한 참여 주체를 인정할 필요라는 두 가지 요소를 결합한다. 국제앰네스티의 경제적 · 사회적 · 문화적 권리 캠페인은 전체 권리를 구성하는 요소로서 음식과 물에 대한 접근 권리, 적절한 주거 권리, 성취할 수 있는 최고 수준의 심신 건강 권리, 교육받을 권리, 노동 권리, 원주민과 소수 민족의 문화적 권리 등을 종합적으로 망라하여 개념화하는 과제가 중요함을 보여준다.

우리는 지금까지 명망 있는 이들 비정부 기구들이 권리 꾸러미의 유용한 사례들을 이미 제시해놓았음을 알아보았다. 권리 꾸러미는 '유엔-비정부 기구-사회 운동 조직' 연계에서 특히 중요하다. 지금까지 봤듯이 이들 연계는 옛 권리들을 **재해석**하고 새 권리들을 **만들어내는** 초국적 세력의 장(force field)이다. 이런 초국적 세력의 장은 지구화와 연관된 여러 현상—예를 들어, 냉전 종식 이후 국가 간 시스템의 변화와 이슬람의 부상, 포스트-포드주의적 생산 체제, 수많은 나라들이 추진한 신자유주의적 정책 실행—에 대한 응답으로 출현했다. 권리를 침해당한 당사자와 그 동맹 세력이 자신의 권리 주장을 구성하는 데 **의도적으로** 기존의 세대별 권리 프레임을 넘어서는 경우가 자주 나타났다. 따라서 기존 인권 정전의 미비점이 자꾸 드러나는 시대적 맥락에서 인권사회학자들이 권리 꾸러미 개념을 검토하는 일이 매우 중요해졌다. 〈세계 인권 선언〉, 〈자유권 규약〉, 〈사회권 규약〉의 깊이와 지향성에도 불구하고 이런 문헌들은 21세기 초반에 나타나는 모든 종류의 인권 침해와 그 처방을 다루기에는 역부족이다. 따라서 인권 정전에 가해지는 외부 압력과 긴장이 발생하게 되는 정치적·현실적 이유는 앞으로 다뤄볼 만한 연구 주제이다.

여러 해 동안 권리 꾸러미가 함축하는 의미에 힘입어, 국가 간 전쟁과 내전, 빈곤, 경제 불평등, 비자발적 이주, 문화적 배제와 잠식, 환경 파괴 같은 사회 문제를 해결하려는 여러 집단과 단체들—소수 인종과 소수 민족, 노동자, 소농, 여성, LGBT 공동체, 이주자, 원주민, 문화적 소수 집단, 환경 운동가와 이들의 여러 지지 세력—이 열성적으로 종합적 인권 활동을 펼칠 수 있었다. 위에서 말한 여러 인권 문제들이 가장 소외되고 가장 취약한 인구 집단에 가장 가혹한 고통을 입히고 있는 것이 사실이다. 예를 들어, 소비 지상주의의 혜택을 가장 적게 받는 빈곤층이 대량 소비 때문에 빚어진 환경 파괴로 인해 가장 불공평하게 피해를 입는 경향이 있다. 전 지구적으로도 그러하고 한 국가 내에서도 그러하다.

물론 인권의 여러 지지 세력이 〈자유권 규약〉, 〈사회권 규약〉 같은 인권 정전, 그리고 최근에 나온 집단 권리에 관한 선언들을 인용하고 활용하는 것은 의미가 있다. 하지만 그와 동시에 인권 지지 세력은 일상에서 경험하는 문제들을 해결하는 데 세 가지 세대별 권리만으로는 한계가 있다는 점을 누누이 지적해 왔다. 예를 들어, 인종적 정의와 재생산 권리 개념을 활용하여 미국 정부에 〈국제 인종 차별 철폐 협약〉을 준수하라고 요구했던 활동이 얼마나 복잡하게 전개되었는지를 분석한 연구도 있다.(Falcon, 2008년) 그 결과 인권 지지 세력은—서구 중심주의의 잔재에 반대하거나, 아니면 21세기의 변화상에 적응하기 위해—인권 정전을 인용하면서도 권리 꾸러미를 제안하고 옹호하기 위해 여러 다양한 정치적·문화적 전통으로부터 논거를 끌어온다. 이런 식으로 고안되는 권리 꾸러미는 다양한 인권 지지 세력의 요구에 부합하는 방향으로 만들어진다. 이런 현상은 앞으로도 계속될 것이다.

대안적 발전

예를 들어, 흔히 제안되는 '대안적 발전 권리'는 빈곤과 빈곤에 따르는 빈곤층의 사기 저하와 생활 침체를 바로잡으면서도 진보적 젠더 관계를 옹호하고 문화유산을 보호하며 남반부의 환경을 보전할 수 있는 권리 꾸러미라는 이유 때문에, 여성 권리, 문화적 권리, 환경적 권리에 관심이 있는 비정부 기구, 사회 운동 조직, 지역 공동체 단체들에 호소력이 있다.(Rahnema and Bawtree, 1997년; Peet and Hartwick, 1999년; Pieterse, 2004년)

최근에 나온 '**여성, 문화, 발전**(Women, Culture, Development, WCD)' 패러다임의 옹호자들이 기여한 바를 살펴보자.

"WCD 패러다임은 생산과 재생산을 통합하고 여성의 자유 의지를 확실히 인정함으로써, 젠더, 문화, 남반구에서의 관습과 담론이 제3세계 여성의 일상 생활에서 어떻게 하나로 모이는지를 고려한다. 세 가지 연구 관점, 즉 페미니즘 연구, 문화 연구, 제3세계와 비판적 발전론으로부터 만들어진 WCD 개념은 이론적, 정치적, 정책적으로 여성과 발전 프로젝트의 관계를 패러다임 차원에서 변화시켜야 한다고 제안한다."(Bhavnani 외, 2005년: 324)

위 글의 저자들이 '권리 꾸러미'라는 명칭을 사용하지는 않지만, 사실 상 WCD를 하나의 권리 꾸러미 — 빈곤 문제를 해결함으로써 물질적 상황을 개선할 수 있는 — 로 제안하면서, 젠더 관계와 문화, 환경을 가능한 한 폭넓게 존중하자고 말한다. 이들은 총체적 관점을 택하면서, 빈곤 퇴치라는 목표로부터 젠더 평등(서로 다른 문화적 틀에서 개념화된), 문화적 감수성과 포용성, 환경 보전 같은 목표를 분리해서 다룰 이유가 없다고 주장한다. 따라서 위 글의 저자들은 개인을 위한 2세대 경제적·사회적 권리를 전제로 하는 '대안적 발전 권리'가 흔히 개인을 위한 1세대 권리에 속한다고 하는 여성 권리, 그리고 흔히 집단을 위한 3세대 권리로 분류되는 문화적·환경적 권리와 반드시 연계되어야 한다고 주장한다.

WCD 패러다임에서는 의사 결정 과정에서 대중의 참여가 중요하다는 점을 자주 강조한다. 일반적으로 대중의 참여는 투표할 권리와 정치적 행위를 할 수 있는 권리 등 흔히 1세대 권리로 분류된다. 요컨대 WCD 패러다임은 다음 두 가지를 전제로 하는 일종의 권리 꾸러미라 할 수 있다. (1) 심신 건강에 도움이 되는 기초 욕구를 충족하지 못하는 상태로 정의되는 빈곤은 세 가지 세대별 인권을 모두 포괄하는 인권 침해다. (2) 빈곤 문제를 풀기 위한 인권적 해법에서는 반드시 모든 세대별 권리를 한꺼번에 다뤄야 한다. 더 나아가 WCD 패러다임은 개인 권리와 집단 권리를, 보편성과 문화 다원성을, 그리고 글로벌 관점과 로컬 관점을 화해시키고자 한다. 이런 점들은 무척 야심차기는 하지만 충분히 실현될 수 있는 목표다.

WCD 패러다임은 옥스팜이 제시했던 '권리에 기반한 발전'의 관점과 세부적인 면에서는 다르지만 여러 면에서 흡사하다. 둘 사이에 차이가 있다면, WCD 패러다임이 지역 사회 단체의 관심 사안과 확실히 연결되어 있는 반면, 옥스팜의 접근법은 남반구에서 활동하는 대형 비정부 기구의 활동 범위와 긴밀하게 연계되어 있으면서 여러 차원에서 국가의 정책 결정자에게 구체적 조치를 요구하는 방식으로 구성되어 있다는 점이다. WCD 패러다임과 옥스팜의 사례에서 보듯, 인권의 사회학적 분석은 비판적 발전론—주류 개발주의로 인해 초래된 문제들을 다루기 위해 유엔이 후원한 몇 차례의 학술 대회를 통해 다듬어진—의 관심 사항과 많은 면에서 겹친다.(Rahnema and Bawtree, 1997년; Peet and Hartwick, 1999년; Pieterse, 2004년) 오늘날 인권사회학, 비판적 발전론, 비판적 지구화론, 평화 연구 같은 연구 분야가 하나로 수렴되고 있는 현실은 세계의 다양한 문제들을 인권에 초점을 맞춘 해결책으로 다루어야 한다고 주장할 수 있는 가능성과 전망을 보여준다. 그렇게 된 전 지구적 거버넌스의 미래를 고려할 때 국제통화기금, 세계은행, 세계무역기구 등의 개혁 또는 해체, 그리고 잠재적으로 유엔의 변혁까지 포함한 전 지구적 거버넌스를 새롭게 상상할 수 있을 것이다.(Wilkinson, 2005년) 이 책의 결론 장에서 그러한 학술 연구의 수렴을 다룬다.

일단은 정치경제-발전사회학의 연구 성과를 통해 세계경제적 조건—국가, 사회, 집단, 지역 공동체들이 다음과 같은 점을 수행할 수 있도록 해주는 조건—이 밝혀짐으로써 인권사회학이 성장하는 데에 큰 도움이 되었다는 정도만 기억하면 충분할 것이다. (1) 빈곤, 문화적 배제, 환경 파괴를 권리 침해로 규정한다. (2) 이러한 권리 침해를 권리 주장으로 번역하여 정부와 그 외 공권력에 압력을 가한다. (3) 유엔 기구와 다른 비정부 기구에 협조를 요청한다.

권리 꾸러미의 **필요성과 정당성**을 내세울 수 있었던 것도—하나의 연구 과제로서, 규범적인 열정으로서, 그리고 실천적인 훈련으로서 ─ 바로 이러한 과정을 통해서였다. 물론 정치경제-발전사회학이 모든 권리 조건, 특히 권리 침해를 발생시킨 **정치적**이거나 **문화적**인 상황들을 일일이 설명하지는 못한다. 정치경제-발전사회학만으로 사회 운동 연구를 통해 많은 성과가 도출된 '권리 주장'이나, 정치사회학 연구를 통해 많은 성과가 도출된 '권리 효과'를 충분히 설명하지 못한다는 점도 분명하다. 결국 인권의 주창 활동과 동원에 대한 '보상'은 보통 사람들의 삶을 개선할 수 있는 국가 정책의 변화, 즉 권리 효과의 결과로 나타날 수밖에 없다. 지구화로 인해 국가의 주권이 많이 잠식당했지만, 국가는 지금까지도 여전히 인권의 중요한 보증자이자 침해자로서 권력을 유지하고 있는 실체이기 때문이다.

인권에 대한 여러 관점

한 번 더 요약하자면, 정치경제-발전사회학, 사회 운동론, 정치사회학은 권리 침해에 대한 불만을 발생시키는 상황을 따지는 '권리 조건', 인권 정전의 취지에 비추어 권리 침해에 대해 불만을 표출하는 과정을 뜻하는 '권리 주장', 그리고 논쟁과 투쟁의 결과로 정책이 달라져 구체적으로 권력 관계에 변화가 오는 것을 일컫는 '권리 효과'를 새롭게 파악할 수 있게 해주었다. 하지만 그 외 다른 사회학 영역, 예컨대 문화사회학이나 환경사회학 역시 모든 권리 논쟁이 거치게 되는 '권리의 순환' 과정을 잘 설명해준다. 예를 들어 문화사회학을 통하면, 일부 권위주의 정권의 경우처럼 의도적으로 문화 다양성을 억압했든, 혹은 소비 지상주의 사회의 경우처럼 의도하지는 않았지만 문화 다양성이 억압되었든 간에, 그것이 어떻게 불만으로 터져 나와 인권 정전에 부담이 되고 인권 공동체에 도전이 가해지는지를 잘 설명할 수 있다.

이와 비슷하게 환경사회학은 어떻게 환경 파괴가—광산 개발, 원유 시추, 벌목을 통해 자연 자원을 무자비하게 추출하는 사례처럼 고의적이든, 아니면 별 생각 없이 소비를 하는 사람들의 경우처럼 고의성이 없든 간에—기존의 인권 문헌의 내용을 넘어 사람들의 불만을 불러일으키는지를 밝힐 역량이 있다. 이처럼 문화사회학과 환경사회학은 남반구의 국가, 사람들, 집단, 지역 공동체에서 발생하는 **권리 조건과 권리 주장**, 이 양자에 관해 예리한 통찰을 제공한다. 이러한 사실은 문화, 환경, 대안적 발전의 영역을 다루는 3세대 집단 권리에 관해, 그리고 권리 꾸러미에 관해서도 우리의 이해를 높여준다. 3세대 권리가 개인과 집단 모두에게 영향을 끼치고, 주로 남반구의 빈곤과 전 세계 소비 지상주의의 악영향에 초점을 맞추기 때문에, 거의 필연적으로 권리 해결에 권리 꾸러미가 필요해지기 때문이다.

요약하자면 인권사회학자와 동료 연구자들은 활용할 수 있는 이론적·방법론적·실질적 자원을 동원하여 권리 침해에 대한 불만이 형성되고 구체화되는 과정부터 인권 동맹 세력의 동원과 국가 정책 실행까지의 전체 인권 순환 과정을 포착해야 할 것이다. 바로 이런 점이 현대 세계에서 인권에 관한 논쟁과 투쟁을 둘러싼 수많은 문제를 해결하기 위해 사회학이라는 새로운 학문적 자원을 창출해야 한다고 주장할 수 있는 근거가 된다.

권리 꾸러미의 역사적 기원

앞에서 말한 내용에 함축되어 있긴 하지만 완전히 설명되지 않은 질문으로 돌아가 보자. 권리 꾸러미를 구성하는 일이 왜 오늘날 더 많아졌는가. 달리 표현하자면, 현 시기가 어째서 특별한가. 이 질문에 답하려면 케인스주의/제3세계 개발주의와 포드주의 시대(1945~1970년대 초반)에서 신자유주의와 포스트-포드주의 시대(1970년대 초반~현재)까지의 역사적 흐름을 추적할 필요가 있다.(Frezzo, 2009년) 우리는 정치경제-발전사회학의 렌즈를 사용하여 두 단계에 걸친 미국 패권의 시대에 인권 영역에서 일어난 연속성과 불연속성을 찾을 수 있다. 이 시대에 미국은 전 세계를 주도하는 역할을 수행했다. 미국의 패권에 수많은 도전이 가해지고 있는 오늘날, 1945년에 시작된 전후 체제 — 이른바 '인권 혁명'이라 불리는 시대적 배경 — 의 등장, 진화, 쇠퇴, 그리고 변형을 되돌아볼 필요가 있다.

2차 세계대전 이후 세계 질서를 재건하는 과정에서 유엔은 인권의 보호자 위치에 올랐다.(Arrighi, 2010년) 요컨대 유엔은 탈식민, 민족 자결, 개발의 과정을 정당화하고 촉진했다. '탈식민'은 일차적으로 식민 지배로부터 정치적 단절, 그리고 부수적으로 식민 본국과의 경제적·문화적 분리를 뜻했다. '민족 자결'은 기본적 집단 권리의 실현으로 개념화되었다. '개발'은 국민의 물질적 복리를 개선하기 위한 계획적인 사회 변동으로 규정되었다. 탈식민, 민족 자결, 개발의 3대 과정은 냉전 질서라는 제한된 조건 내에서 '제3세계'의 의미를 규정했고 전 세계 차원에서 권력의 역학 관계를 바꾸었다.(Burke, 2010년)

신생 독립국들은 부유하고 국력이 우세한 나라들과 어깨를 나란히 한 것까지는 아니었지만 어쨌든 독립국이라는 지위의 혜택을 어느 정도 누릴 수 있었다. 더 나아가 신생 독립국들은 민족 자결권과 발전권의 의미를 구체적으로 주장하여 유엔 체제의 구조와 활동에 영향을 끼쳤을 뿐만 아니라, 〈자유권 규약〉, 〈사회권 규약〉, 〈스톡홀름 선언〉 등 인권 정전의 작성에서도 영향력을 발휘했다.(Burke, 2010년) 달리 말해 **인권 사상**에 관한 서구 전통의 영향과 **인권 제도**에 대한 미국과 여타 강대국의 영향에도 불구하고, 유엔 총회와 일부 유엔 기구들은 '제3세계주의'의 도가니 역할을 수행했다. 제3세계주의는 미국과 소련을 모두 비판했고, 빈곤 국가들 간의 협력을 주장했다.

다른 한편, 제1세계의 복지 국가들은 단체 교섭, 실업 급여, 장애 급여, 사회 보장, 그리고 경우에 따라서는 국립 의료 제도 같은 다양한 경제적·사회적 권리를 실행했다.(Esping-Andersen, 1990년) 이것은 노동 계급 운동과 노조, 노동당, 사민당, 사회당 같은 노동 지지 동맹의 압력 때문이기도 했고, 정책 결정의 합의를 이끌어낸 저변의 복잡한 정치적 역학이 작용했기 때문이기도 했다. 이러한 수급 권리는 경제 상황의 부침, 개인적 불운, 자연 재해의 영향을 줄이기 위해, 그리고 생애 주기 중 특히 아동기와 노년기에 속한 개인을 돕기 위해 고안되었다. 서유럽에서 노동조합과 정치적 스펙트럼에서 흔히 왼쪽에 속한 정당들이 이러한 조치들을 단순히 공공재 또는 선의의 정책으로만이 아니라, **경제적·사회적 권리**로 규정하는 데 성공했다. 이런 변화는 1961년의 〈유럽 사회권 헌장〉에 반영되었다.

미국에서도 이 같은 조치들이 제도화되긴 했지만 정치인이든 일반인이든 경제적·사회적 보장 조치를 **인권 자체**로 규정하는 경향은 없었다. 이 점은 단순히 용어의 차이에 불과한 것이 아니었다. 1930년대 뉴딜 시기에 수많은 입법 활동으로 성취한 내용을 포함하는 수급 권리를 단순한 공공재—정책 결정의 부침과 정책 동맹의 이합집산에 연동되어 변할 수 있는—로 여겼던 대중의 성향을 보면, 미국인들이 **원칙적 차원에서** 경제적·사회적 권리에 얼마나 큰 거부감을 느끼는지 알 수 있다. 만일 루스벨트 대통령이 의회에서 〈경제 권리 장전〉을 통과시킬 수 있었더라면 사정이 달라졌을 것이다.(Borgwardt, 2005년)

오늘날까지도 미국의 맥락에서는 경제적·사회적 권리가 여전히 논란이 되고 있다. 이와 대조적으로 소수 인종, 여성 인권, LGBT 권리 같은 시민권 분야에서 중요한 진전이 있었다. 미국과 일부 북반구 국가들에서는 시민권이 주요 법률의 형태로 실현되었고 이런 변화는 과거에 소외되었던 인구 집단을 자력화하여 그들이 새로운 권리 주장을 할 수 있도록 촉진함으로써 중요한 **권리 효과**를 불러일으켰다. 이것은 현재 계속 진행되는 과정이며, 이런 과정을 통해 최근 LGBT 공동체의 권리에서 극적인 진전을 이뤘다.

지난 30년 동안 그 이전에 성취한 경제적·사회적 권리가 신자유주의의 집중적인 견제의 대상이 되었다.(Bandelj and Sowers, 2010년) 이때 과거 제3세계라 불린 남반구와 과거 제1세계라 불린 북반구 국가들에서 사회 보장 프로그램을 삭감하는 '긴축 재정', 노동과 안전과 환경에 대한 규제 조치를 해제하는 '탈규제', 국가 소유 기업을 매각하는 '민영화', 자본 이동의 통제를 푸는 '금융 자유화', 수출품에 대한 보조금과 수입품에 대한 관세를 없애는 '자유 무역' 같은 신자유주의 정책들이 널리 시행되었다.

신자유주의가 경제적·사회적 권리에 이념적 공격과 현실적 고려라는 두 측면에서 가한 비판은 중대한 영향을 끼쳤다. 전 세계 여러 지역에서 불평등과 빈곤이 증가한 현실을 앞에 두고 비정부 기구와 사회 운동 조직 동맹들은 경제적·사회적 권리를 논리정연하게 요구할 수 있는 새로운 방안을 모색해 왔다. 더 나아가, 소수 집단의 문화와 민감한 생태계가 극심한 위협을 당하는 —전 세계 각지에 소비 지상주의가 확산된 탓이라고 볼 수 있는 —현실 속에서 인권 동맹 세력은 다른 유형의 권리가 발생시킨 결과로서 문화적 권리와 환경적 권리에 더욱 관심을 기울이기 시작했다. 그 결과 우리는 지구화 시대에 들어 권리 꾸러미의 등장을 목격하게 된 것이다.

권리 꾸러미가 왜 필요한가

지금까지 권리 꾸러미가 필요했던 사회적 조건을 알아봤으므로 이제 권리 꾸러미의 필요성을 이론적으로 추적해보자. 권리 꾸러미의 역할을 제대로 이해하려면 세 가지 세대별 권리의 분류 방식에 어떤 강점과 단점이 있는지 검토해야 한다. 이 책은 인권의 사회학적 관점을 종합적으로 안내하려는 목적으로 집필되었으므로 인권 영역에서 널리 알려진 두 가지 통념을 분석할 것이다.

한편으로, 이 책에서는 인권의 세대별 범주를 철저히 이해해야 한다고 강조한다. 이제 학자, 정책 결정자, 활동가들이 세대별 인권 분류 방식을 전처럼 엄격하게 따르지는 않지만, 이 틀은 인권의 분석, 교수법, 주창, 정치적 목적에 여전히 유용한 틀이다. 더 정확히 말해 세대별 권리의 분류 틀은 서로 다른 종류의 권리들을 이론화하는 데 쓸모가 있다. 예를 들어, 1세대 시민적·정치적 권리는 개인이 국가로부터 권리를 침해당하지 않도록 보호하고, 개인이 사회 활동과 정치에 온전히 참여할 수 있도록 보장한다. 2세대 경제적·사회적 권리는 경기 침체와 자연 재해로부터 개인을 보호하고, 최소한의 기본적 생활 수준을 보장하며 생애 주기별 개인의 기본 욕구를 충족시켜준다. 3세대 집단적 권리는 대규모 사회 집단, 각종 사회 구성체를 가로질러 존재하는 특정한 정체성 집단, 또는 소규모 지역 공동체에 문화적·환경적 편의 시설에 대한 접근을 보장한다.

다른 한편으로, 이 책에서는 세대별 권리 분류법의 한계를 논한다. 많은 학자, 정책 결정자, 활동가들이 이미 지적한 것처럼, 세대별 범주의 틀을 적용하면 1세대 시민적·정치적 권리가 역사적, 논리적, 도덕적으로 다른 종류의 권리보다 우월하다는 듯한 인상을 줄 뿐만 아니라, 인권이 한 종류의 권리에서 다른 종류의 권리로 직선적 발전을 하는 것처럼 오해될 소지가 있다. 앞에서 봤듯이 1세대 시민적·정치적 권리가 가장 중요한 권리인 것처럼 가정하거나, 세대별 권리의 틀만 고수하는 태도는 서구 중심주의의 잔재이다. 서구에서 발생한 계몽주의 시민 혁명이 그 후 전 세계에서 일어난 권리 주장의 어휘와 문법을 제공했다고 해서 서구 모델이 모든 국가, 사회, 사람들, 지역 공동체에 적용된다고 말할 수는 없다. 1세대 시민적·정치적 권리 덕분에 사회 운동의 권리 주장이 용이하게 일어날 수 있었다고 해서 시민적·정치적 권리가 없으면 인권의 진보가 없다고 말할 수도 없다. 원칙적으로 각국은 세대별 권리의 순서가 뒤바뀌어도 인권을 달성할 수 있으며, 그것의 성공 여부는 국내외의 여러 요인에 달려 있다.

권리 꾸러미에 관한 첫 번째 주장 — 세대별 인권 분류를 넘어서

지금부터 첫 번째 주장을 상세히 알아보자. 왜 인권의 사회학적 관점에서는 세대별 인권을 철저히 검토할 필요가 있다고 강조하는가.

자유의 이름으로 선포되고 1966년의 인권 정전 〈자유권 규약〉에 성문화된 1세대 시민적·정치적 권리에는 생명권, 적법 절차권, 투표권, 종교 자유권, 집회·결사·언론의 자유, 청원권 등이 포함되며, 다음 세 가지 목적을 지닌다. (1) 개인에 의한 침해 또는 국가에 의한 침해로부터 사람을 보호하고, (2) 개인에게 사회 활동과 정치 참여를 허용하며, (3) 개인이 국가로부터 방해받지 않고 자신의 재능과 정체성과 신념과 가치를 발견하고 발전시킬 수 있도록 한다.

평등의 이름으로 선포되고 1966년의 〈사회권 규약〉에 성문화된 2세대 경제적·사회적 권리에는 적절한 생활 수준을 누릴 권리, 생계권, 노조

가입권, 사회 보장권, 출산 휴가권, 학문 연구와 기술 진보의 혜택을 누릴 권리, 문화 생활에 참여할 권리 따위가 포함되며, 이 권리는 경기 변동, 불운, 자연 재해로부터 개인을 보호할 뿐만 아니라, 생애 주기, 특히 아동기와 노년기에, 기초 욕구를 충족해줄 수 있도록 고안되었다.

연대의 이름으로 선포되고 여러 인권 문헌, 예를 들어 흔히 인용되는 1972년의 〈스톡홀름 선언〉, 1992년의 〈리우 선언〉, 2007년의 〈원주민 권리 선언〉에 조금씩 규정되어 있으며, 넓은 스펙트럼을 지닌 3세대 집단 권리에는 삶의 적절한 조건에 관한 권리, 자연 자원의 접근성 확보 권리, 깨끗한 환경 권리, 조상 대대로 살아온 땅과 문화적 관습을 유지할 수 있는 원주민의 권리 등이 포함되며, 집단의 이익을 대변하고, 자연 경관을 보전하며, 집단의 전통을 유지한다.

요약하자면, 인권의 세대별 분류 틀은 학자, 정책 결정자, 유엔 기구, 비정부 기구, 사회 운동 조직, 그리고 일반 대중에게 체계적인 인권 개념을 심어주고 행동을 촉진해준다. 그러한 과정에서 세대별 분류 틀은 인권에 관한 논쟁을 벌일 수 있는 토대를 제공한다. 예를 들어, 개인 권리 대 집단 권리 논쟁, 보편주의 대 문화 다원주의 논쟁, 글로벌 관점 대 로컬 관점 논쟁 따위가 그것이다. 하지만 세대별 분류 틀이 이런 논쟁에 대한 해답을 직접 제공하지는 않는다. 따라서 인권 공동체의 구성원은 세 가지 세대별 인권을 넘어서는 새로운 아이디어를 내놓을 필요가 있다.

결국 인권 인식 공동체의 구성원 스스로 인권을 둘러싼 논쟁에서 구체적인 결론을 도출해야 한다. 이 책이 세대별 분류법을 넘어 권리 꾸러미의 영역으로 나아가는 합리적인 길을 제시해줄 수 있기를 필자로서 희망한다. 나아가 인권 담론이 권리 꾸러미로 전환될 수 있는 방법을 3세대 인권에서 찾아야 한다고 주장한다. 권리 주장을 하는 사람들은 문화적·환경적 재화를 권리에 포함시키기 위해 기존의 분류 틀을 넘어서 생각해야 할 뿐만 아니라, 집단과 개인 간의 관계도 깊이 따져봐야 할 것이다. 곧 살펴보겠지만 빈곤의 해결책으로 **대안적 발전** 개념을 수용해야 한다는 제안에서 이 점이 확실히 드러난다. 이때 대안적 발전이란 다양한 인권 침해가 중첩되는 '마디' 부분을 해결하려는 개념이라 할 수 있다.(Rahnema and Bawtree, 1997년; Peet and Hartwick, 1999년; Pieterse, 2004년)

권리 꾸러미에 관한 두 번째 주장 — 다양한 문제의 응축점인 빈곤

지금부터 두 번째 주장을 자세히 알아보자. 세대별 인권 분류법이 학문, 교수법, 주창 활동, 정책 결정의 도구로서 큰 가치가 있지만 일반적 범주를 가로질러 발생하는 인권 침해와 그것의 해결에는 큰 도움을 주지 못할 때가 있다. 현실 세계에서는 특정한 인권 침해 그리고 그것의 적절한 해결 방법이 구체적으로 어떤 인권 범주에 속하는지를 가리기 어려울 때가 많다.

예를 들어, 앞에서 봤듯이 옥스팜처럼 명망 있는 비정부 기구 그리고 WCD 패러다임을 제안하는 학자들은 빈곤을 사회 문제뿐만 아니라 인권 침해의 문제로도 개념화한다. 빈곤을 인권 침해의 문제로 규정한다는 말은 무슨 뜻인가. 옥스팜의 빈곤 퇴치 프로그램과 WCD 패러다임 제안에 함축되어 있는 내용은 다음과 같다. 즉, 빈곤 문제는 자본주의라는 전 지구적 시스템의 장기적 발전, 진화, 변동, 위기와 밀접하게 관련된 구조적 문제이므로 빈곤을 해결하려면 국가적 차원뿐 아니라 전 세계 차원에서도 구조적인 해법을 실행해야 한다. 왜 그렇게 많은 나라들이 빈곤 상태에 깊이 빠져들게 되는가. 전 세계 빈곤 문제에 관한 저명한 전문가의 말을 들어보자.

"어떤 나라가 가난한 데에는 여러 이유가 있을 수 있다. 그러나 그 중에서도 오늘날 유례없이 악화된 전 세계적 불평등과 연관된 역사적 상황이 중요하다. 즉, 지구화의 핵심적 측면인 세계 경제의 팽창으로 인해 부자 나라들이 가난한 나라들을 더욱 더 흔들 수 있게 되었고, 가난한 나라 국민을 이용하여 자기네 이익을 더 쉽게 가져올 수 있게 되었다는 사실이다."(Kerbo, 2006년)

전 세계 사회 운동가들이 인권 정전을 도덕적 나침반이나 준거점으로 활용하고 있으므로, 인권 정전은 빈곤과 관련된 사람들의 불만—기본 욕구의 박탈에 대한 불만뿐 아니라, 교육과 직업 훈련과 기타 사회적 계층 이동 수단에 대한 접근성 부재로 인해 생긴 불만을 포함한—을 구체화할 수 있는 플랫폼 역할을 한다. 유엔 기구, 비정부 기구, 사회 운동 조직, 지역 사회 단체들은 흔히 〈사회권 규약〉과 〈리우 선언〉을 인용하여 빈곤을 인권 침해로 규정하자는 주장을 편다. 빈곤을 인권 문제로 규정한다는 말은 전 세계 차원이든 중앙 정부 차원이든 지방 정부 차원이든 간에 정치적 권위를 지닌 주체가 그 문제를 반드시 해결해야 할 책임이 있음을 강조한다는 뜻이다. 이렇게 되면 빈곤을 줄이기 위한 사회 운동과 정책 결정의 토대가 구체적으로 마련될 수 있다.

나라마다 빈곤을 해결할 수 있는 역량이 서로 다르다는 것은 두말할 나위도 없다. 예를 들어, 북반구의 복지 국가는 남반구의 과거 개발주의 국가들보다 자국 관할권 내에서 빈곤을 줄일 수 있는 여력이 훨씬 더 크다. 더 나아가, 북반구 국가들은 남반구 국가들에 개발 협력 지원을 제공할 수 있는 역량도 있다. 따라서 빈곤을 권리에 기반한 접근 방식으로 해결해야 한다고 주장하는 사람들에게 중요한 과제는 빈곤 문제를 전세계 국가 정책 결정자들의 정식 의제에 포함시키는 일이 된다.

빈곤은 어떤 식으로 인권을 침해하는가. 어떤 사람이 빈곤 상태에 빠져 있으면 그 사람은 다음과 같은 것들을 누리지 못하게 될 가능성이 크다. 즉, 장수, 심신의 건강 유지, 교육과 직업 훈련과 정보 그리고 자신의 재능과 기술과 정체성을 계발하는 데 필요한 여러 선택지의 보유, 평화로운 환경(예를 들어 국가 간 전쟁이나 내전, 범죄가 없을 뿐만 아니라, 여러 형태의 편견과 차별과 배제와 괴롭힘 같은 구조적 폭력이 없는 환경) 등의 조건을 누리기 어려울 것이다. 인과 관계의 화살이 여러 방향을 가리킬 수 있겠지만, 빈곤 상태에 놓인 사람에게는 건강 장수를 누릴 기회, 인격의 온전한 발전을 추구할 수 있는 역량, 평화로운 삶을 누릴 능력이 극심하게 박탈될 것이 분명하다.

다시 말해 빈곤은 다양한 인권 문제가 중첩되는 **응축점**(condensation point)이라 할 수 있다. 심리분석가와 심리상담가들이 '응축점'이라는 용어를 여러 문제들이 수렴되는 하나의 이미지 혹은 상징으로 사용하는 것처럼, 인권사회학자도 '권리의 난제'―다중적 원인이 다중적 결과를 야기하는 문제—를 가리키기 위해 이 용어를 사용할 수 있을 것이다. 산업 활동과 사업 활동을 통해 엄청난 부가 창출되는 현실에서 어째서 여전히 빈곤이 존재하는가 하는 문제는 현대 세계에서 가장 중요한 '권리의 난제' 중 하나라고 할 수 있다.

빈곤은 인권의 난제

빈곤을 하나의 응축점이자 권리의 난제라고 이해한다면 그 다음에 어떤 논의가 뒤따라야 할까. 실제로 빈곤으로 인한 고통은 생계 지원, 사회 보장, 경제 위기와 자연 재해에서 보호, 생애 주기에 맞춘 지원 등을 포함하는 2세대 개인 권리를 넘어서, 정체성이나 사회적 지위에 상관없이 의사 결정 과정에 평등하게 참여할 권리를 포함하는 1세대 개인 권리, 그리고 문화 전통과 자연 자원 및 청정 환경에 대한 3세대 집단 권리까지 연결된다. 그렇다면 세대별 권리를 가로질러 발생하는 인권 침해라고 이해할 수 있는 빈곤 문제는 '빈곤 퇴치 권리' 꾸러미를 개발하여 실행해야 해결할 수 있다는 결론이 나온다.

빈곤 퇴치 권리 꾸러미를 제안하는 이유는 그것 자체로서 빈곤 문제를 해결할 수 있어서가 아니라, 빈곤이라는 난제를 하나의 의제로 세워 그것을 해결하기 위한 건설적인 논의를 벌이도록 격려하고 촉진하기 위해서이다. 흔히 개발 분야의 과제라고 여겨지는 기존의 빈곤 대책들은 의도와 구상은 좋았지만 진정한 실효성은 편차가 컸다. 권리 꾸러미의 관점에서는, 여러 나라에서 기존의 빈곤 대책들이 큰 성공을 거두지 못했던 이유가 정책 결정자들이 다음과 같은 사실, 즉 빈곤은 경제적·사회적 권리의 실현을 제한할 뿐만 아니라 시민적·정치적 권리와 문화적·환경적 권리까지 제한한다는 사실을 제대로 고려하지 않았기 때문이라고 가정한다.

빈곤을 줄이려면 세 가지 세대에 속한 권리 문제를 모두 해결해야 한다는 통찰은, 위협받고 있는 문화와 취약한 생태계에 해를 끼치지 않으면서 빈곤을 해결할 수 있는 방법을 찾기 위한 논의에 참여하는 유엔 기구, 비정부 기구, 사회 운동 조직, 지역 사회 단체들에게 무척 유용한 통찰임이 입증되었다. 문화 훼손과 환경 파괴 문제는 삼십 년에 걸친 케인스주의식 '따라잡기로서 개발' 정책, 그리고 그 후 삼십 년에 걸친 남반구의 신자유주의식 '채무 조정으로서 개발' 정책의 결과로 일어난 문제라는 사실이 최근에 크게 부각되었다. 달리 말해 연속적으로 시행된 두 종류의 개발 정책 탓에 문화와 환경이 큰 피해를 입었음이 드러난 것이다.(Rahnema and Bawtree, 1997년; Peet and Hartwick, 1999년; Pieterse, 2004년) 이러한 통찰은 국가의 정책 결정자들에게 특히 유용하다. 현실 세계에서 빈곤 퇴치 대책을 만들고 시행하고 집행할 책임이 국가 정부에 있기 때문이다.

요약하자면, 권리 꾸러미를 제안하면—이 책에서는 세 가지 서로 관련된 권리 꾸러미들을 제안한다.—인권 문제에 관련 있는 모든 주체들, 즉 권리를 침해당한 당사자, 지역 사회 단체, 사회 운동 조직, 비정부 기구, 국가 정책 결정자, 그리고 유엔 기구를 생산적인 대화의 장으로 불러 모을 수 있다는 것이 인권사회학자들 주장의 핵심이다. 어떤 권리 꾸러미 혹은 일련의 권리 꾸러미들이 사람들의 호응을 받아 국가 차원의 정책 형성에 실제로 기여할 것인지는 여러 요인에 달려 있는 문제이다. 이런 의미에서 이 책에서 '권리 효과'라고 명명한 개념 ─ 구체적인 정책 실행의 산출물 그리고 정책 실행의 결과로 발생한 권력 관계 와 사회 조건의 변화 ─ 은 정치사회학 분야에 풍부한 연구거리를 제공한다.

권리 꾸러미의 구성

지금까지 전 세계의 인권 지지 세력이 지구화에 따른 문제를 해결하기 위해 권리 꾸러미를 요구하기 시작했다는 사실을 확인했으므로, 이제 그것과 연관된 다음 질문으로 넘어가도 될 것이다. 시민 사회 또는 국가의 인권 지지 세력과 그 동맹 세력이 권리 꾸러미를 어떻게 구성하는가.

이 질문은 인권의 분석, 교수법, 주창 활동, 정책 결정에 중요한 의미를 지닌다. 옥스팜의 빈곤 퇴치 프로그램과 WCD 패러다임의 사례가 보여주듯, 권리 꾸러미의 구성은 세 가지 기본 단계로 이루어진다. 첫째, 풀뿌리 운동 또는 사회 운동 조직, 비정부 기구, 유엔, 연구자들이 기존의 권리로는 충분히 해결되지 않는 불만 사항을 확인한다. 둘째, 기존의 권리로 해소되지 않는 불만 사항이 두 개 이상의 인권 범주를 가로질러 존재한다는 점을 예시한다. 셋째, 각 인권 범주 내에서 작동할 수 있는 새로운 권리 주장을 구체적으로 제안한다.

원칙적으로 새롭게 등장하는 권리 꾸러미는 상향식, 또는 수평식, 또는 하향식으로 구성될 수 있다. 달리 말하면 다양한 차원에서 활동하는 여러 사회적 행위자들이 특정한 국가, 사회, 사람들, 집단, 지역 사회의 욕구를 포착하여 새로운 권리 꾸러미를 제안할 수 있다는 것이다. 권리 꾸러미가 일단 구성되면 그때부터 그것은 순환하기 시작한다. 권리를 침해당한 당사자가 어떤 권리 꾸러미를 요구하면 그 꾸러미는 여러 곳에서 논의되기 시작한다. 그 후 그 권리 제안은 주로 정부 차원에서 공식적으로 채택되거나 거부당한다. 요컨대 권리 꾸러미는 일반적인 권리와 마찬가지로 치열한 논란의 대상이 된다. 새로운 권리 꾸러미의 채택 또는 거부는 특정한 정치적·법적 맥락에서 **권력이 어떻게 균형을 이루고 있는가** 하는 점에 달려 있다.

어떻게 하면 권리 꾸러미가 수용될까. 실제로 각국은 다음과 같은 방식으로 권리 꾸러미를 제도화한다. 즉, 개인이나 집단을 보호하는 법률을 제정하거나 사회 보장 프로그램을 채택하거나, 사법부의 판결을 따르거나, 헌법을 개정하는 것이다. 예를 들어, 법률을 개정하여 농민과 원주민들이 자신의 의사 결정 방식에 따라 자급자족형 생계 공동체를 운영할 수 있도록 권리를 부여하거나(개인을 위한 1세대 시민적·정치적 권리), 문화생활을 누릴 수 있도록 해주거나(개인을 위한 2세대 문화적 권리와 집단을 위한 3세대 문화적 권리), 또는 경작지와 산림과 수자원과 자연 자원을 사용할 수 있도록 보장한다(집단을 위한 3세대 환경적 권리).

보충성 원리

남반구의 농민과 원주민들이 중앙 정부에 대해 상대적인 자치를 거론하는 것은 보충성(subsidiarity) 원리에서 우러나오는 요구이다. 보충성 원리는 가톨릭 사회 교리와 해방신학뿐만 아니라, 세계사회포럼과 라틴아메리카의 여러 사회 운동에서도 중요하게 다뤄진다. 이 원리는 로컬 차원의 직접민주주의, 문화 보호, 환경 보전과 긴밀하게 연결되어 있다.(Leite, 2005년)

이렇게 봤을 때, 가장 낮은 권력 차원에서 의사 결정을 내릴 수 있어야 한다고 주장하는 보충성 원리는 보편주의와 문화 다원주의를 화해시킬 수 있는 중요한 실마리를 제공한다.(Iber, 2010년) 이 책에서 그 가능성을 암시하긴 하지만, 보충성 원리가 '보편주의-문화 다원주의'를 화해시키는 데 기여할 수 있을 것인가 하는 문제는 사회과학에서 접근하든 철학에서 접근하든 간에 사회 이론과 정치 이론 영역에서 다룰 문제이다. 다만 이 책에서 다루는 인권사회학의 목적을 위해서는 전 세계에서 정의 운동을 펼치고 있는 수많은 사회 운동 조직과 비정부 기구의 노력을 언급하는 것만으로도 충분할 것 같다. 실제로 전 세계 정의 운동에 참여하는 행위자들은 무척 다양한 정치적·문화적 맥락을 감안하면서, 기존의 인권 정전을 새로운 방식으로 해석하여 북반구와 남반구 사이의 거리를 좁히려고 노력한다. 요컨대 보충성 원리는 새로운 전 지구적 거버넌스 구조가 필요함을 보여준다. 새로운 거버넌스는 아마도 국가의 일부 기능을 국가 차원에서 전 지구적 차원으로 이전하고, 일부 기능을 국가 차원에서 로컬 차원으로 이전하게 될 것이다. 추가적으로, 보충성 원리는 전 지구적 차원의 요구와 로컬 차원의 요구, 서구의 요구와 비서구의 요구, 다수파의 요구와 소수파의 요구를 화해시키는 권리 꾸러미가 필요하다고 강조한다. 보충성 원리는 기존의 사회 이론가와 정치 이론가들을 괴롭히겠지만 그 원리가 의미하는 바는 사회 운동에서 그간 축적된 인권의 '사회적 학습'에 유익한 도전을 부를 것이다.

사회 이론가와 정치 이론가들이 직면한 딜레마 중 국민 국가의 미래 문제가 있다. 국가의 기능을 국가 차원에서 전 지구적 차원으로, 그리고 로컬 차원으로 이전시켜 궁극적으로 '국민'의 의사 결정권을 해체하는 것이 과연 가능하고 바람직할 것인가. 현재 각국은 인권을 실현하는 자기만의 틀을 가지고 있으며, 전 세계가 각각 자체적인 정치와 법적 관할권을 보유한 193개 국가로 이루어져 있는데도 국가의 틀을 뛰어넘을 수 있을까. 지금 여기서 이 질문에 답하기는 어렵지만 지구화 시대를 맞아 국민 국가의 역할에, 의도하든 우연이든 간에, 변화가 올 것이라는 사실을 기억해야 한다. 더 나아가, '국가'는 앞으로도 인권의 궁극적인 중재자로 남겠지만, '국민'(또는 민족nation) 개념은 앞으로 인권의 확장에 방해가 될 수도 있다. 흔히 민족주의가 국민 국가 내의 인권 이행에 방해가 될 뿐만 아니라, 국가들 사이의 평화적인 관계 형성에도 방해가 될 수 있다는 증거가 많기 때문이다. 요약하자면, 새로운 인권 의제를 지지하는 사람들은 국가와 국민을 나눠서 인권을 생각할 수 있는 가능성을 따져봐야 할 것이다.

세 가지 권리 꾸러미

지금까지 권리를 침해당한 당사자에 의해서든, 아니면 그들의 지지자와 동조자들에 의해서든 간에(정부 내의 동조자를 포함하여), 권리 꾸러미가 만들어지는 방식을 살펴보았다. 이제부터는 이 책에서 빈곤, 불평등, 문화적 배제, 환경 훼손 등을 **인권의 문제**라고 강조하는 과정에서 미리 언급했던 몇 개의 권리 꾸러미에 주목하려 한다.

이 책은 얼핏 보아 서로 연관이 없어 보이는 위의 문제들이 사실은 지구화라는 현실을 맞아 근본적인 차원에서 서로 연결되어 있다는 가정에서 출발하여 다음 세 종류의 권리 꾸러미를 제안한다. (1) 건강하게 오래 사는 데 필요한 보호 권리와 수급 권리를 뜻하는 '건강 장수 권리' 꾸러미. (2) 자신의 재능과 정체성을 발견하고 발전시키는 데 필요한 보호 권리와 수급 권리를 뜻하는 '인격의 온전한 발달 권리' 꾸러미. (3) 전쟁, 범죄, 구조적 폭력이 없는 환경에서 살아가는 데 필요한 보호 권리와 수급 권리를 뜻하는 '평안할 권리' 꾸러미.

요컨대 이 세 가지 권리 꾸러미는 전 지구적, 국가적, 지역 차원에서 입법이 필요하지만, 그 중에서도 현재와 앞으로 꽤 오랫동안 국가 차원의 입법이 제일 많이 필요하다. 이들 권리 꾸러미는 빈곤, 불평등, 문화적 배제, 환경 훼손 등 상호 관련된 문제들을 해결하는 데 도움이 될 것이다. 또한 권리 꾸러미를 제대로 실현하려면 각국의 공조가 반드시 필요하므로, 이들 꾸러미는 이 세계를 더 나은 곳으로 만들기 위한 규제적 아이디어 혹은 규범적 제안으로 보아야 한다. 달리 말해 권리를 침해당한 당사자뿐만 아니라, 권리를 실현해 달라고 요구할 대상 국가 혹은 타국 정부도 권리 꾸러미를 논의하고 검토할 수 있다.

지역 사회 단체, 사회 운동 조직, 비정부 기구, 유엔 기구들 역시 권리 꾸러미를 토론하고 수정하여 전 세계의 정책 결정자들에게 제안할 수 있다. 권리 꾸러미를 국가가 이행하고 집행할 것인지, 어떻게 그렇게 할 것인지, 언제 할 것인지는 열린 질문으로 남겨 둘 수밖에 없다. 따라서 권리 꾸러미를 제안하는 것이 권리의 새로운 순환 과정을 시작하는 출발점이라고 여기면 된다. 또한 그 순환의 결과가 국가의 물질적 역량, 정치적 감성, 법률적 틀에 따라 달라질 뿐만 아니라, 권리 꾸러미가 특정한 문화 전통의 필터를 통해 여과될 필요가 있다는 것도 두말할 나위가 없다.

그렇다면 다음과 같은 질문이 나올 것이다. 어떤 목적을 위해 권리 꾸러미를 제안하는가. 필자는 이 권리 꾸러미를 제시하면서, 점증하는 빈곤과 불평등과 문화적 배제와 환경 훼손 같은 지구화의 문제점을 다룰 수 있는 구체적 방안을 내놓을 수 있기를 바랄 뿐만 아니라, 학생, 학자, 정책 결정자, 활동가 등 독자들이 스스로 권리 꾸러미를 제안하는 데 자극을 줄 수 있기를 바란다. 원칙적으로 지구상의 모든 시민이 그 과정에 동참할 수 있다. 어떤 권리 꾸러미가 권리 주장을 하는 사람과 정책 결정자들의 충분한 지지를 받아 국가 정책으로 승격될 수 있을지를 미리 예측하기란 불가능하다. 그러나 권리 꾸러미를 제안하는 행동이 늘어날수록 전 세계 시민들이 인권에 대해 생각하고 인권을 실천하는 방식이 변할 수 있을 것이다. 인권 의식에 거대한 변화가 일어날 수 있도록 돕는 것이 인권사회학의 주요 목적 중 하나이다. 물론 그러한 변화의 결과를 정확히 측정하는 일이 큰 도전이 되겠지만 말이다.

이런 점을 염두에 두고, 지금부터 권리 꾸러미를 하나씩 자세히 알아보자. 첫째, **'건강 장수 권리(right to longevity)'** 꾸러미는 평균 수명이 정체되거나 심지어 줄고 있으며 영유아 사망률도 높은 남반구 대부분 지역과 북반구 빈곤 지역의 문제를 해결하기 위한 수단으로 고안되었다. 건강한 먹거리, 안전한 상수도, 의복, 주거, 의료, 청정 환경에 대한 권리를 전제로 한다. 지구화의 가장 놀라운 역설 중 하나가 소비 지상주의가 확산되는 중에도 극빈이 사라지지 않고 지속되고 있다는 점이다.(McMichael, 2012년) 실제로 건강 장수 권리는 심신의 건강을 잘 유지하는 데 필요한 자원과 서비스를 강조하므로 전통적인 '생명권'을 훨씬 넘어서는 개념이다. 따라서 건강 장수 권리는 가난한 나라에서만이 아니라 미국같이 잘사는 나라에서도 의료 접근성의 향상이라는 요구와 연결될 수 있다. 미국의 경우 미흡하긴 해도 의료 접근권이 2010년의 〈오바마 케어〉를 통해 어느 정도 해결되었다.

둘째, **'인격의 온전한 발달 권리(right to the full development of the person)'** 꾸러미는 개인의 발견과 성장을 저해하는 요소를 제거하기 위한 수단으로 고안되었다. 가족이든 공동체든 그 외 사회 구성체에 의해서이든 좋은 양육 환경, 아동기에서 성인 초기까지의 철저한 교육, 직업 훈련, 현실성 있는 구직 전망, 정보, 여가 시간, 자신의 젠더와 성적 정체성, 문화적 정체성을 발전시킬 수 있는 기회에 대한 권리를 전제로 한다. 실제로 인격의 온전한 발달 권리는 개인이 번성할 수 있는 맥락과 제도의 창출을 강조하므로 전통적인 '의사 표현의 자유'를 훨씬 넘어서는 개념이다. 따라서 인격의 온전한 발달 권리는 유치원에서 대학까지의 교육과 디지털 격차를 좁혀서 정보에 대한 접근성을 높이라는 요구만이 아니라, 개인이 자신의 재능과 정체성을 발견하고 키울 수 있도록 장려하는 메커니즘의 확장을 요구하는 소리와도 연결될 수 있다.

셋째, '**평안할 권리**(right to peace)' 꾸러미는 심신의 안녕에 가해지는 가장 심각한 형태의 위협을 감소시킬 수단으로 고안되었다. 국가 간 전쟁과 내전, 제노사이드, 대규모 강간, 대규모 고문 같은 반인도적 범죄의 종식에 관한 '소극적 평화'만이 아니라, 인종 차별, 계급 차별, 성차별, 동성애 혐오, 외국인 혐오와 관련된 구조적 폭력의 극복을 뜻하는 '적극적 평화'를 전제로 한다.(Barash, 2010년) 실제로 평안할 권리는 전쟁이나 반인도적 범죄가 일어날 확률을 낮추기 위해서뿐만 아니라, 학교와 직장에서의 차별과 괴롭힘같이 편견의 영향을 줄이기 위한 정치적 정책과 제도의 창출을 강조하므로 전통적인 '개인의 안전 권리'를 훨씬 넘어서는 개념이다. 괴롭힘(bullying)의 경우, 주로 아동이 저지르긴 하지만, 그것이 인간의 존엄과 안전이라는 보편적 인권을 침해하는 행위라는 사실을 간과할 때가 많다. 그러므로 학교 안 괴롭힘에 관한 논의는 어린이들이 자신의 정체성을 찾고 그것에 안주할 수 있는 길을 찾는다는 의미를 함축하므로, 권리 꾸러미를 구성한다는 목적에서 무척 중요하다.

지금까지 논의한 세 가지 권리 꾸러미가 인권사회학에서 왜 중요한가. 앞서도 봤듯이 각각의 꾸러미에는 개인을 위한 1세대 시민적·정치적 권리, 개인을 위한 2세대 경제적·사회적 권리, 집단을 위한 3세대 문화적·환경적 권리가 유익한 방식으로 모두 담겨 있다. 더 나아가, 각 꾸러미는 인간의 물질적 욕구와 고유의 사회성을 인정하게끔 구성되어 있으며, 정부 간 기구, 국가, 국가와 유사한 기능을 수행하는 조직들(특히 극도로 취약한 국가들이 지배하는 지역에서 활동하는 비정부 기구들)이 수행해야 할 일련의 보호 권리와 수급 권리를 옹호한다. 이러한 조직 중에서 인권의 궁극적 중재자 역할을 하는 국가가 제일 중요하다. 역설적으로 국가는 인권의 가장 중요한 집행자이자 가장 극심한 침해자이기도 하다. 마지막으로, 이 꾸러미들—건강 장수 권리, 인격의 온전한 발달 권리, 평안할 권리—은 넓은 의미의 연속적인 권리들, 즉 현대 세계에서 상상할 수 있고 논의할 가치가 있으며 잠재적으로 성취 가능한 권리들을 확인해준다. 하지만 이 꾸러미들만 있는 건 아니다. 따라서 이 장의 목적 중 하나는 독자들에게, 관점과 관심과 목표가 서로 다른 의식 있는 개인, 활동가, 지역 사회 단체, 사회 운동 조직, 비정부 기구, 정책 결정자들이 권리 꾸러미를 새롭게 구성할 수 있음을 예시하는 것이다.

소결

이 장에서는 세대별 인권 분류법—유엔 체제, 유엔과 연관된 활동을 하는 비정부 기구들이 등장하고 성장하면서 처음에는 간접적으로, 나중에는 명백하게 주류가 된 분류법—의 결함을 보완하기 위한 수단으로서 권리 꾸러미 개념을 탐구했다. 소련과 동유럽 위성 국가들이 붕괴하고 인간 해방의 한 모델로 여겨졌던 국가사회주의가 불신을 받게 되면서 냉전이 종식되었다. 이와 함께 제3세계도 하나의 국제 정치 세력이었던 지위를 상실했다. 이렇게 국제 시스템에 일련의 변화가 오면서 학자와 실천가들이 인권을 개념화하고 분류할 수 있는 새로운 방안을 검토했고, 인권 사상과 실천에 관해 엘리트가 아닌 대중의 영향, 그리고 서구가 아닌 비서구의 영향에 특별히 주의를 기울이기 시작했다.

시간이 지나면서 남반구의 대중 동맹 세력이 인권을 지금까지와는 다른 방식으로 생각하기 시작했다는 점이 분명해졌다. 그런 변화의 배경에는 독재의 유산, 만연한 토지 불평등 문제, 원주민 문화의 주변화, 당대 신자유주의의 현실, 소비 지상주의가 문화 전통을 잠식하는 상황, 환경 훼손 등이 있었다. 더 나아가 사파티스타 연대 네트워크와 세계사회포럼의 사례에서 보듯 남반구 동맹들이 북반구의 인권 운동에 영향을 끼치기 시작했다. 남반구 인권 동맹 세력이 철학, 조직 구조, 전략, 전술, 인권을 개념화하는 방식에서 북반구 인권 운동에 끼친 영향은 일반적으로는 전 지구적 정의 운동, 개별적으로는 남유럽의 긴축 재정 정책이나 미국의 월가 점령 운동을 통해 잘 알 수 있다.

이 모든 대중 동원 운동은 '권리 꾸러미'라는 말만 쓰지 않았을 뿐, 내용상으로는 권리 꾸러미 개념을 충분히 활용했다. 요컨대 이러한 최근의 상황 변화로 인해 학자와 실천가들은 '권리 주장'이 세대별 분류법을 가로지를 수 있고, 또 가로질러야 한다는 점을 검토하게 되었다.

세대별 권리 분류법의 틀이 분석적·교수법적·정치적 장점을 갖추고 있다는 연구 결과가 많지만, 권리 꾸러미 만들기는 옛 권리들이 재해석되고 새 권리들이 발명되는 일차적인 과정이다. 이러한 과정은 인권의 언어가 얼마나 유동적인지, 그리고 권리가 역사적 시간대와 지리적 공간대에 따라 어떻게 축적되는지를 증명해준다. 달리 말해 권리 꾸러미는 인권의 역사성과 지리성을 보여주는 살아 있는 증거라 할 수 있다. 간단한 주장이든 복잡한 주장이든 모든 권리 주장은 특정한 시점에 특정한 정치적·문화적 맥락에서 표출된다. 따라서 특정한 권리 주장은 유통 기한이 있으며 다양하게 적용될 수 있다.

매우 넓은 범위의 인권 지지 세력들이 일반적인 권리 범주를 넘어서는 불만을 구체화하기 위해서뿐만 아니라, 국경을 넘어 국제적인 동맹을 형성하기 위하여 권리 꾸러미에 기댄다. 이러한 식으로 권리 꾸러미는 국가를 규제한다고 알려진 국제통화기금, 세계은행, 세계무역기구 같은 정부 간 기구와 마찬가지로, 정책을 위해 국가를 압박하는 비정부 기구 그리고 유엔 기구에 호소하는 동맹 세력을 한데 묶는 접착제 역할을 할 수 있다. 그러한 과정을 거쳐 경제적·사회적·문화적·환경적 보호 권리와 수급 권리의 형태를 띤 새로운 정책이 나오게 된다.

이 책을 통해 지금까지 봤듯이 인권은 역사적 시간대와 지리적 공간대에 따라 상당히 다양하게 나타나는, 대단히 논쟁적이고 문화적으로 코드화된 주장이라 할 수 있다. 그러므로 인권을 사회학적 관점으로 다룰 때에는 권리 주장과 관련된 토론, 투쟁, 문화적 쟁점, 역사, 지리를 모두 고려해야 한다. 2장에서 다뤘던 권리의 순환 이론이 시사하듯, 권리를 침해당한 여러 당사자들이 인권 정전을 응용하여 기존의 권리를 재해석하고 새로운 권리를 발명하며, 과거의 분류법에 의문을 제기하고, 마침내 새로운 분류법을 창조하기도 한다. 인권 동맹 세력들은 이러한 권리 순환을 통해 인권에 관해 **상상할 수 있고 실행할 수 있는** 범위를 확장한다.

지금까지는 계몽주의 이후에 등장한 여러 권리의 사례를 다루었다. 이렇게 출현한 새로운 권리들은 인지적으로 상상할 수 있는 권리가 되었을 뿐만 아니라, 정책적으로 이행할 수 있는 권리가 되었다. 예를 들어, 여성을 위한 재생산 권리, 동성 결혼과 결혼에 따르는 각종 권리를 포함한 LGBT 권리, 그리고 토지와 수로와 자연 자원과 자기 결정에 관한 원주민 권리 등을 들 수 있다. 또한 새로운 정체성 주장을 표출하기 시작하면 새로운 권리 범주가 만들어질 것이라고 합리적으로 추정할 수 있다.

다음과 같은 질문, 즉 권리의 토대가 인간 본성에 기초하는지(예를 들어 신체가 고통을 느끼고, 인간의 정신이 본래 취약하며, 가족과 공동체와 사회를 구성하려는 성향이 있다는 식의 설명), 아니면 그저 인류 관습의 부산물인지(예를 들어 여러 문명이 서로 다층적으로 교류하면서 대단히 긴 시간 속에서 권리 개념이 협상되고 축적되었다는 식의 설명) 같은 질문은 일단 미뤄 두자. 권리의 토대가 무엇이든 간에 인권이 비직선적인 진화 과정을 거쳐 발전한다는 점은 분명하다.(Turner, 2006년; Gregg, 2012년) 고대부터 유럽 계몽주의를 거쳐 식민 지배와 그 이후, 인권의 전체 역사를 통해 나타나는 우여곡절과 진보와 퇴보를 추적하는 것이 학습을 위해 유용하긴 하겠지만, 이 책에서는 2차 세계대전 이후에 나타난 인권의 규범, 정책, 법률, 조약 문헌 그리고 1945년 미국 패권의 등장을 주로 강조했다.(Lauren, 2003년; Ishay, 2008년; Moyn, 2012년)

특히 이 책에서는 지난 40여 년간의 여러 사건과 변화들을 강조했다.

- 1970년대에 케인스주의와 제3세계 개발주의가 붕괴하면서 발생한 위기

후에 세계 경제가 완전히 변모한 점, 그리고 북반구에서 남반구로 산업
이 이전되는 가운데 등장한 포스트-포드주의의 노동 체제.

• 1989년과 1991년 사이에 발생한 냉전 종식, 동유럽과 소련의 붕괴 이후
에 재편된 국가 간 시스템.

• 개인 컴퓨터, 인터넷, 휴대폰 같은 의사소통 방식의 근본적인 변화
와 함께 발생한 전 지구적 사회 또는 전 지구적 공공 영역의 급속한 성
장.(Appelbaum and Robinson, 2005년; McMichael, 2012년)

이런 변화들이 모여 인권 정전을 다시 생각해보아야 할 필요성이 생겨
났다. 최근의 변화, 예를 들어 남아프리카의 아파르트헤이트 체제의 무
혈 종식, 다민족 유고슬라비아 국가의 유혈 분리 독립, 르완다 제노사이
드, 9·11과 그 외 여러 테러 사건들, 아프가니스탄 전쟁과 이라크 전쟁,
아랍의 봄을 촉발한 사회 운동, 리비아 사태에 대한 나토 개입, 시리아
내전 등이 다음과 같은 쟁점에 관해 엄청난 논란을 불러일으켰다. 즉, 비
폭력 갈등 해소 대 폭력적 갈등 해결, 경제적·정치적 제재 조치, 인도적
개입, 인권 침해를 감시하고 해결책을 강구하는 비정부 기구의 역할, 전
지구적 거버넌스에서 유엔의 위치를 둘러싼 논쟁이 벌어졌던 것이다. 앞
으로도 많은 도전이 제기되겠지만, 인권 침해를 찾아내고, 그것을 대중
에게 알리며, 그 문제를 해결할 수 있는 우호적인 조건이 형성될 것이라
기대할 수 있다.

토론을 위한 질문들

- WCD 패러다임은 대안적 발전을 여성 권리, 문화적 권리, 환경적 권리와 어떻게 연결하는가.

- 이 장에서 다룬 세 가지 권리 꾸러미 — 건강 장수 권리, 인격의 온전한 발달 권리, 평안할 권리 — 를 깊게 생각해보라. 이 꾸러미들이 실행된다면 어떤 문제들이 해결될 것인가. 이 꾸러미들이 실행되더라도 어떤 문제들이 여전히 남을 것인가.

- 세 가지 권리 꾸러미를 실행하더라도 여전히 남아 있을 문제를 해결하기 위해 스스로 새로운 권리 꾸러미를 만들어 제안해보라. 다음 단계를 밟도록 하라. 첫째, 기존의 권리로는 충분히 해결되지 못하는 불만을 확인한다. 둘째, 기존의 권리로 해소되지 않는 불만이 두 개 이상의 인권 범주를 가로질러 존재한다는 점을 예시한다. 셋째, 각 인권 범주 내에서 작동하는 새로운 권리 주장을 구체적으로 발명한다.

결론

인권사회학을 위한 의제

서로 연관된 주제인 인권, 평화, 발전 — 남반구의 빈곤을 경감하기 위한 프로젝트를 뜻하는 — 에 대해 부연 설명을 하면서 이 책의 결론을 내리면 좋을 것 같다. '소극적으로' 그리고 '적극적으로' 규정할 수 있는 평화는 6장에서 상술한 권리 꾸러미 중 하나인 '평안할 권리'에 속한다. 반면에 발전 권리와 발전의 결과라 할 수 있는 과도한 개발에 의한 문화·환경 파괴로부터 보호받을 권리는 3세대 인권에서 별도로 검토했다. 하지만 발전이라는 개념을 2차 세계대전 이후의 시기 그리고 지구화 시기에 발생한 발전의 폐해를 복구하는 것까지 합쳐서 재구성한다면 발전 자체를 하나의 권리 꾸러미로 볼 수도 있을 것이다. 그렇게 본다면 '발전 꾸러미(development bundle)' 역시 이 책에서 제시한 세 가지 권리 꾸러미들 — 건강 장수 권리, 인격의 온전한 발달 권리, 평안할 권리 — 에 추가할 수 있을 것이다.

발전 꾸러미와 여타 권리 꾸러미들 사이에 어떤 연관성이 있는지 살펴보자. 본질적으로, 남반구에서 제대로 된 발전 프로젝트를 시행한다면, 그것은 식량, 공중 보건, 의료 등을 개선하여 인구 집단의 건강 장수를 증진할 뿐만 아니라, 국가 간 전쟁과 내전의 방지와 구조적 폭력의 감소를 통하여 평화를 모색해야 할 것이다. 모든 사람이 학문 연구와 기술 진보의 혜택을 누릴 권리가 있다고 한 〈사회권 규약〉 15조의 규정에서도 발전에 대한 인권적 접근을 제안할 수 있다. 따라서 우리는 발전을 세 가지 관점에서 바라볼 수 있을 것이다. 학문의 관점에서는 WCD 패러다임과 아마르티아 센의 연구가 있다.(Sen, 1999년) 비정부 기구의 관점에서는 옥스팜의 빈곤 퇴치 프로그램이 있다. 정부 간 기구의 관점에서는 유엔 발전 그룹(UN Development Group)이 있다.

과거 개발의 이름으로 초래된 폐해를 감안하면 새로운 발전 프로젝트는 과거의 주류 개발 프로그램에서 해 왔던 것보다 훨씬 높은 수준의 대중 참여를 이끌고, 투명성, 일관성, 책무성을 실천해야 한다. 그러한 목표를 위해, 발전권을 높이려는 주체들은 과학 기술 전문성의 사용과 남용, 실증주의 대 상대주의, 보편주의 대 예외주의에 관한 토론, 그리고 경제·사회·문화·환경적 권리가 결실을 맺을 수 있도록 사회 보장 프로그램을 시행하는 국가의 역할에 관한 토론에 성실히 참여할 필요가 있다.

인권과 평화 그리고 발전

지금부터는 인권, 평화, 발전이 중첩되는 쟁점을 고려해보자. 이 책에서는 인권사회학의 청사진을 제시하기 위해 정치학, 인류학, 지리학의 통찰을 간접적으로 활용했다. 더 나아가 이 책은 학제 간 분야인 평화 연구에서 가장 중요하다고 보는 다음 논점에 동의한다.

즉, 학자와 연구자는 현실 세계에 존재하는 구조적 폭력을 줄이기 위해 유엔 기구, 비정부 기구, 사회 운동 조직과 대화를 나누어야 할 **도덕적·실천적** 필요가 있다. 보통 '구조적 폭력(structural violence)'이라는 용어는 계급적 위치, 정체성, 개인의 신념, 특정 집단의 구성원 지위, 특정 공동체 거주에 기반한 제도화된 불평등 유형을 가리킨다.(Barash, 2010년) 여러 학문 분야 출신으로 이루어진 평화 연구 학자들은 학문의 발전을 위해서뿐만 아니라, 현실 세계에서 **적극적 평화**를 증진하기 위하여 전 지구, 국가, 지역 차원에서 구조적 폭력이 이루어지는 메커니즘을 밝힌다. 요컨대, 적극적 평화를 얻기 위해서는 전쟁, 사회 갈등, 착취, 차별, 박해, 배제의 가능성을 줄일 수 있는 사회 구조와 제도의 설립이 필요하다. 적극적 평화를 위해서 비폭력적 갈등 해소, 문화적·생태적 다양성 존중, 그리고 인권 규범의 준수도 반드시 요구된다.

평화 연구자들은 **분석 활동과 주창 활동**을 결합하기 위해 유엔 관리, 비정부 기구 직원, 사회 운동 조직 지도자들과의 대화에 참여한다.(Barash, 2010년) 이런 여러 주체들은 권력과 예산, 권한, 이념적 지향, 지지 기반 등이 서로 다르므로 현실 세계에서 어떻게 적극적 평화를 성취할 것인가를 놓고 흔히 의견이 갈리곤 한다. 그렇지만 그런 식의 지속적 대화는 평화와 정의를 추구할 수 있는 규범을 공고화하는 데 도움이 된다.

평화 연구자들과 마찬가지로 인권사회학 연구자들도 학부 학생, 대학원 학생들의 교육과 지도를 통해서뿐만 아니라, 대학과 지역 사회와 일반 대중에 대한 봉사 활동을 통해 자신의 연구를 실천으로 전환한다. 인권사회학자는 규범적 지향, 이론적·방법론적 도구, 또는 개인적 관심사와 상관없이 연구, 교육, 봉사 간의 연관성을 강조한다. 따라서 이 책은 사회학적 연구를 인권 관련 교과와 봉사 활동에 활용하기 위해서, 그리고 강의실과 봉사 현장에서 관찰한 내용을 연구에 반영하기 위해 쓰였다. 요컨대 미국의 대학가에서 인기 있는 교수법적 관점이 된 '봉사 학습'의 정신을 살려서 이 책 역시 인권 교육에서 터득한 통찰을 많이 반영했다.

사회과학과 인간의 가치

인권사회학자들은 좋은 사회를 만들기 위해 인종, 계급, 젠더, 성적 지향, 민족적 기원 같은 사회 불평등, 그리고 빈곤, 도시 낙후, 범죄, 환경 파괴 같은 사회 문제를 연구했던 선배 사회학자들의 성과 위에서 두 가지 접근 방식 사이의 중간 노선을 취한다. 인권사회학자들은 한편 사회학은 자연과학을 모방하고 가치 중립성을 지켜야 한다고 주장하는 실증주의의 유산에 도전한다.(Frezzo, 2011년) 이들은 실증주의에 맞서, 과학적 엄밀성이 반드시 가치 중립성을 전제로 하지는 않으며, 객관성이라는 것도 따지고 보면 연구 목적이 특정한 가치관을 반영하는 가정에 기반을 둔다는 사실을 숨긴 것이라고 주장한다.

따라서 인권사회학자는 학문적 절차를 존중하면서도—예를 들어, 고도로 정식화되어 있는 양적·질적·비교 역사적 방법론을 준수하면서도—사회 조건을 향상시키려는 가치를 회피하지 않는다. 이런 점은 특히 정책 영역에서 활동하는 사회학자들에게서 분명히 드러난다. 이들은 기존 프로그램의 효과를 분석할 때 단순히 분석만 하는 것이 아니라, 더 효과적인 정책 토론에 기여하겠다는 지향을 품고 연구에 임한다. 복지 제도, 의료, 교육, 교정 체계 등에 관한 사회학적 연구는 인권에도 중요한 의미를 지니는, 정책적 연구의 좋은 사례들이다.

다른 한편 인권사회학자들은 사회학이 다양한 개별 문화들을 존중해야 하므로 보편주의를 멀리해야 한다는 관념인 도덕적 상대주의의 계보를 거부한다.(Frezzo, 2011년) 인권사회학자들은 도덕적 상대주의를 반대한다. 또한 보편주의를 위한 공통의 토대—자연적인 것이든 사회 구성적인 것이든—를 발견할 수 있을 뿐만 아니라, 사회학 연구가 단순히 스토리텔링에 빠져서는 안 된다고 주장한다. 한 번 더 강조하지만 인권사회학자들이 **질적인 연구 방법**뿐만 아니라, 엄밀한 **양적인 연구 방법**도 활용하고 있는 현실이 이 점을 입증할 것이다.

더 나아가, 인권은 서로 분야가 다른 학문들이 상호 협력하여 결실을 낼 수 있는 좋은 사례가 된다. 인류학자들은 그 성향과 학문적 훈련으로 인해 비서구권의 문화와 공동체들의 주장에 특히 민감하다. 미국인류학회(American Anthropological Association, AAA)는 2006년 학회 산하에 인권 분과 위원회를 조직했다.* 조직 목적은 다음과 같다. "인권을 증진하고 보호한다. 인류학적 관점으로 인권의 범위를 확장한다. 미디어, 정책 결정자, 비정부 기구, 민간 영역의 의사 결정자들에게 영향을 끼치고, 그들을 교육한다.ˮ 미국인류학회의 설명은 전문 인류학자들이 인권 인식 공동체의 일원으로서 할 수 있는 역할이 있음을 이야기한다. 이들은 정책 결정자, 비정부 기구, 일반 대중 사이에서 인권에 관한 인류학적 관점을 확산시키는 데 관심을 보인 것이다. 미국인류학회의 사례가 말해주듯, 권리에 초점을 둔 인류학자들은 보편주의와 문화 다원주의 사이의 긴장 그리고 과학적 엄밀성과 인본주의적 가치 사이의 질문에 답할 수 있는 자격을 갖춘 전문가들이라 할 수 있다.

다시 사회학으로 관심을 돌려보자. 대다수 현대 사회학자들은 완전한 실증주의도, 완전한 도덕적 상대주의 쪽도 아니지만 사회학 내에는 아직도 두 경향성의 잔재가 남아 있다.(Turner, 2006년) 그 때문에 인권사회학자들은 과학과 가치관과 대학의 사명에 대해 자신의 분명한 입장을 밝히라는 요구를 받아 왔다. 국제사회학회(ISA)의 ‘인권과 전 지구적 정의 분과ˮ와 미국사회학회(ASA)의 ‘인권 분과ˮ가 여러 해 동안 노력해 온 덕분에 오늘날 인권사회학이 사회학의 정식 분과 학문으로서 공식적 지

* 유엔에서 〈세계 인권 선언〉을 작성하고 있던 1947년 6월 24일 미국인류학회가 ‘인권에 관한 성명서ˮ를 유엔 인권위원회에 제출했다. 미국인류학회는 이 성명에서 세계의 모든 문화권에 내재된 고유한 규범과 가치는 객관적 기준으로 평가할 수 없으며, 모든 인간은 자신이 속한 사회의 규범과 가치를 따를 때만 행복할 수 있다고 지적했다. 또한 유엔에서 제정하려는 〈세계 인권 선언〉이 아무리 인류 전체의 이름으로 발표된다 해도 그것은 서구와 미국의 가치관이 밑바탕에 깔린 일방적 선언이 될 것이라고 경고했다. 이 성명은 이른바 ‘문화 상대주의ˮ의 관점에서 ‘보편주의적ˮ 인권을 반대했던 최초의 공개적·학문적 비판이었다. 그 후 반세기 만인 2006년 미국인류학회가 인권을 지지하기로 방향을 선회한 것은 인류학과 보편 인권의 화해라는 측면에서 특기할 만한 사건이었다. 다음을 보라. The Executive Board, American Anthropological Association. 1947. ˮStatement on Human Rights.ˮ *American Anthropologist* 49(4): 535-543.

위를 얻는 데 성공했다. 일종의 지식 운동이 성장했음을 반영하는 결과이다. 그 결과 다수의 인권사회학 참여자들이 학문의 과학성에 대한 의지와 인권의 규범적 원칙 수용—의사 결정 과정에 대중 참여를 늘리는 원칙을 포함한—을 결합할 수 있었다. 특정 정당의 정강이나 특정 사회운동 조직의 프로그램, 혹은 심지어 특정한 형태의 민주주의 모델을 지지하지 않더라도, 대중 참여라는 인권적 가치만큼은 사회학자가 지지할 수 있다는 뜻이다. 이때 민주주의의 해석과 이행에 관한 세부 사항은 대중의 결정에 맡기면 된다.

그렇다면 우리가 논해야 할 점이 무엇인가. 많은 사회학자들이 실증주의와 도덕적 상대주의의 양 극단을 피하기 위해, 어떤 가치의 중요성을 인정하는 '과학적 성격(scientificity)'이라는 개념을 따른다. 그러면서 사회학자들은 다음과 같은 가치를 추구하는 인류학자, 지리학자, 그 외 여러 학자들과 뜻을 같이한다. (1) 인류를 위한 학문적 연구와 기술적 진보의 결실을 거둔다. (2) 학문과 기술의 오남용으로부터 인류를 보호한다. 이와 동시에 인권사회학자들은 고도의 문화적 예외성을 허용하는 융통성 있는 보편주의를 받아들인다. 그들은 그러한 과정 속에서 '보편적 가치'라는 것이 선험적인 것이 아니라 여러 문화권 사이에서 토론하고 협상해야 하는 유동적인 것임을 기꺼이 인정한다. 더 나아가, 현실 속에서 논할 수 있고 옹호할 수 있는 수준의 보편주의가 되려면 특정한 문화의 필터를 통해 여과된 사상이 나와야 한다. 그러므로 우리에게 필요한 것은 보편주의와 문화 다원주의 사이 공존의 틀을 구축할 수 있는 문화 간, 국가 간 '프로젝트'일지도 모른다.

그러한 프로젝트는 유엔의 개혁과 그에 따르는 국가 간 시스템의 변혁을 요구할 것이므로 정책 결정자와 그 지지 세력들 사이에 폭넓은 합의가 필요할 뿐만 아니라, 프로젝트의 취지에 동조하는 단체와 활동가들의 수십 년에 걸친 힘든 노력이 요구될 것이다. 하지만 그런 프로젝트를 **상상**하는 것만으로도 가치가 있다. 현재의 유망한 궤도를 따라 미래의 최고점을 짐작해보는 일, 다시 말해 '현실에 근거한' 유토피아를 상상하는 일이 인권사회학의 중요한 부분이기 때문이다.

발전을 다시 생각한다

적극적 평화를 찾으려면 보편주의와 문화 다원주의를 화해시킬 수 있는 방법뿐만 아니라, 남반구의 빈곤과 문화적 주변화와 환경 훼손의 상호 연계된 문제를 해결할 수 있는 방법에 대해서도 체계적으로 사유해야 한다. 이 논리를 확장하면 발전의 의미를 다시 생각해야 한다고 할 수 있다. 발전이란 한 국가나 공동체의 물질적 복리를 개선하기 위해 계획된 사회 변화를 시행해야 한다는 생각이다. 유엔 총회에서 남반구의 수많은 대표들이 찬성하여 최근에 선포된 발전권은 국가에 따라, 문화적 맥락에 따라 매우 다양하게 해석된다. 달리 말해 국가가 달라지면 발전의 개념 정의 자체가 다르게 나온다.(Appelbaum and Robinson, 2005년; McMichael, 2012년) 발전이란 도로, 교량, 터널, 발전소와 전선, 정수장, 무선 전화 중계탑, 광섬유 케이블 같은 공공 인프라의 확장을 뜻하는가, 아니면 의료와 공중 보건의 개선을 뜻하는가. 또는 식량 증산을 극대화하기 위해 산업화된 농업에 초점을 맞추는 것이 발전인가. 발전을 위해 국가가 치러야 할 거래의 대가는 무엇인가. 주류적 발전, 대안적 발전, 또는 그 외 다른 형식의 발전이 지역 사회의 삶의 방식과 연약한 생태계에 어떤 영향을 끼치는가. 발전이라는 운명적 결정을 누가 내릴 것인가. 정부 간 기구, 혹은 각국 정부, 혹은 국민들 스스로인가. 합리적인 학자, 정책 결정자, 활동가, 보통 사람들 모두 이 질문에 대해 공통된 합의 없이 각자 다른 해답을 내놓을 것이다. 그러나 발전의 문제를 체계적인 방식으로 풀어 가는 일은 인권 공동체의 의무이다.

공교롭게도 사회학에서 다루는 '인간 발전' 개념은 남반구의 주민, 문화, 경관, 환경적 조건을 연구해 온 학문 분야인 문화인류학과 사회지리학으로부터 원용한 개념이다. 비정부 기구와 유엔 기구들은 이들 분야가 개척해 온 연구를 반영하여 전 세계 국가들이 처한 조건을 객관적으로 평가하기 위해 인간 개발 지수*를 활용한다. 미국의 사회과학연구협의회(SSRC)도 미국 내의 지역, 주, 군, 도시의 인간 개발 지수를 측정하는 연구를 계속 진행하고 있다.* 이러한 학문적 활동은 빈곤 그리고 빈곤과 관련된 의료와 교육 접근성 미비 같은 문제들을 해결하기 위한 정책 입안에 큰 잠재력이 있다. 발전에 관한 최근의 사회과학적 사유 — 한 국가의 물질적 조건을 향상하기 위하여 사회 인프라, 보건과 위생, 엄선된 핵심 산업들, 농업 등에 투자하는 것을 '발전'으로 이해하는 — 는 인권의

인간 개발 지수(Human Development Index) 유엔개발계획(UNDP)이 매년 각국의 교육 수준, 기대 수명, 교육, 1인당 소득 등을 조사해 각 나라의 선진화를 평가하는 통계 지수이다. 인간의 행복과 발전이 소득 수준보다는 소득을 어떻게 사용하느냐에 달려 있다고 본다.

* https://www.measureofamerica.org

이론과 실제뿐만 아니라, 전 지구적 거버넌스에 관해 현재 계속되고 있는 토론에서도 중요한 의미를 지닌다.

전 지구적 거버넌스

인권 공동체는 국가 간 국제 협력, 외교, 통상, 법 집행을 위한 제도적 틀인 전 지구적 거버넌스의 기원, 진화, 미래에 크게 주목하고 아이디어를 창안해 왔다. 전 지구적 거버넌스 기관들은 새로운 발전 프로젝트를 실행할 업무를 맡게 될 것이다.(Monbiot, 2004년) 이러한 기관에는 유엔, 국제통화기금, 세계은행, 세계무역기구 같은 기존의 기구들과 세계 의회(World Parliament), 전 지구적 발전 기금(Global Development Fund), 전 지구적 공정 무역 기구(Global Fair Trade Organization), 그리고 전 지구적 환경 기구(Global Environmental Organization)같이 구상 단계에 있는 기구들이 모두 포함된다. 전 지구적 거버넌스는 오랫동안 국제 관계, 국제법 학자들의 영역으로 여겨져 왔지만 학자가 아닌 언론인, 비정부 기구 직원, 사회 운동 조직 지도자들도 중요한 아이디어를 많이 제시했다.

권리 조건, 권리 주장, 권리 효과

비정부 기구에서 현재 진행하고 있는 두 가지 프로젝트, 즉 옥스팜의 다면적 빈곤 퇴치 프로그램과 국제앰네스티가 벌이는 경제적 · 사회적 · 문화적 권리 실현을 위한 다층적 캠페인은 발전을 비판적으로 다시 구상하는 방향, 그리고 전 지구적 거버넌스의 제도 개혁 또는 전 지구적 거버넌스를 위한 보조적 제도 도입의 필요성을 일깨운다.(Wilkinson, 2005년) 더 나아가, 젠더, 문화, 환경에 관한 연구 활동을 주로 하는 WCD 패러다임 역시 비슷한 방향을 암시한다. 마지막으로, 이 책에서 확인한 세 종류의 권리 꾸러미—건강 장수 권리, 인격의 온전한 발달 권리, 평안할 권리—가 결국 '발전' 이슈로 수렴된다는 점을 기억해야 한다. 그런데 정치경제-발전사회학은 권리 조건을 분석하여 인권사회학에 큰 기여를 해 왔지만, 사회 운동론의 주제인 권리 주장 연구나 정치사회학의 주제인 권리 효과 연구에서는 큰 역할을 하지 못한다.

요약하자면, 우리는 권리의 세 가지 측면을 다 함께 설명할 수 있어야 한다. 즉, (1) 경제, 정치, 사회, 문화, 환경 등의 '권리 조건' (2) 개량적이든 변혁적이든 상관없이 모든 '권리 주장' (3) 사회 운동 조직과 정당 및 국가 정책 사이의 관계 변화이든 아니면 시민 사회 내에서의 권력 관계 변화이든 상관없이 모든 '권리 효과'를 연구해야 한다.

예를 들어, 빈곤 문제는 옥스팜이 보여준 것처럼 개인과 집단의 영양, 공중 보건, 주거, 의료 등 경제적 · 사회적 권리를 쉽게 침해할 뿐만 아니라, 시민적 · 정치적 권리와 문화적 · 환경적 권리까지도 잠식하곤 한다. 그렇지만 빈곤 문제는 인권사회학자들에게 하나의 '응축점'일 뿐이다. 원칙적으로 권리에 초점을 맞추는 사회학자들은 연구 의제를 넓혀 가는 과정에서 수많은 응축점을 확인할 수 있을 것이다.

연구 의제

여기서 무엇을 더 찾아봐야 할 것인가. 인권의 사회학적 분석은 어떻게 진행되면 좋을까. 인권사회학자가 아닌 연구자라면 — 과학적 연구 방법 대 가치 추구의 관계에 대해 이 책과 동일한 가정에서 출발하든 그렇지 않든 간에 — 이 책에서 제시한 내용을 어떻게 발전시킬 수 있을까. 필자는 이런 질문들에 잠정적인 답변을 내놓기 위해, 급속히 확대되고 있는 인권사회학 분야에서 개척할 수 있는 몇 가지 진로에 초점을 맞춰 논의의 장을 제안하고 싶다. 신생 학문들은 다 비슷한 사정이겠지만 인권사회학 역시 아래 두 입장 사이에서 중도를 취해야 할 것이다.

먼저 권리에 초점을 맞춘 사회학자들은 지금까지 많이 다루지 않았던 영역으로 연구 범위를 넓힐 수 있을 것이다. 이런 연구 영역에는 서구의 복지 국가와 구 동구권 국가 그리고 남반구의 구 발전 국가에서 예산 삭감으로 인해 타격을 받았던 보건/의료, 교육과 그 외 여러 사회적 욕구 충족 활동 등이 포함된다. 다음으로 권리에 초점을 맞춘 사회학자들은 핵심 이론과 개념과 실체적 쟁점을 중심으로 해 인권사회학 분야를 학문적으로 견고하게 다질 수도 있을 것이다. 그 이유는 현재 인권 개념이 전 사회적으로 무척 널리 퍼져 있어서 신생 학문 분야의 지적 영향력이 대중적 담론에 의해 희석될 우려가 있기 때문이다.

'응용 연구 분야의 확장' 대 '학문적 공고화'라는 양대 입장의 중간 바다를 항해해 나가기 위해, 필자는 가까운 미래에 인권사회학이 집중할 수 있는 네 개의 연구 의제를 제안한다. 지면 사정과 명료성을 감안하여 필자는 연구 의제를 더 넓게 확장하려는 유혹—다양한 사회 문제를 해결해야 하는 정부의 노력과 관련이 있는 분야에서 자연스럽게 생길 수 있는—을 되도록 억제하려 한다.

첫째 의제는 이 책에서 다룬 학문 분야(즉, 정치경제-발전사회학, 사회 운동론, 정치사회학) 외의 접근 방식, 특히 문화사회학과 환경사회학도 다음과 같은 경험적 연구를 산출하는 데 유용하다는 점을 확인한다. (1) 집단 정체성 및 생명을 유지해주는 자원에 대한 집단적 접근성의 문제를 놓고 가난하고 착취당하고 주변화되고 위협받고 취약한 형편에 놓인 주민, 집단, 각종 공동체들이 권리에 초점을 맞춘 불만을 제기하게 되는 조건. (2) 권리를 침해당한 당사자들이 국가 정책 결정자에게 명확하게 자기 주장을 내놓을 때 기존의 인권 정전을 어떻게 고찰하고 해석하는지에 관한 실제적 과정.

둘째 의제는 권리를 주장하게 되는 조건을 이루는 문화적·환경적 요인들을 깊게 고려할 필요가 있음을 인정하면서, 인권이 등장하고 논쟁의 대상이 되고 진화하고 실행되고 집행되는 것을 설명하는 '권리 순환에 관한 결정적 이론'을 만들어야 한다고 촉구한다.

셋째 의제는 권리 순환의 이론화와 함께, 원래 국제 기구를 연구하는 학자들이 제시했던 인권 인식 공동체에 대한 분석을 확장하여 지역 공동체 단체와 사회 운동 조직들로 이루어진 대중 세력과, 주로 비정부 기구들로 이루어진 그 동맹 세력이 인권 정전을 해석하고 수정하는 역할을 포착한다.

마지막 의제는 권리에 초점을 맞춘 사회학자들에게 경제적·사회적 권리의 제공자인 복지 국가의 기원, 진화, 쇠퇴, 미래에 관한 문제에 더욱 직접적으로 개입하여 노동자 보호와 지원, 의료, 교육 등을 연구할 것을 촉구한다. 지금부터 네 가지 인권 연구 의제를 자세히 알아보자.

첫 번째 의제 — 문화사회학, 환경사회학, 법사회학

이 책은 학생, 학자, 일반 대중에게 인권을 사회학적으로 분석하는 법을 안내하기 위해 기획되었지만, 인권사회학이라는 신생 학문을 세 가지 접근 방식을 중심으로 해서 이론적으로 공고화하려는 학문적 시도라고 할 수 있다. 세 가지 접근 방식은 이렇다. 첫째, 정치경제-발전사회학은 사람들이 인권 침해를 당해 불만이 터져 나오게 되는 상황, 즉 '권리 조건'을 탐구한다. 둘째, 사회 운동론은 사회 운동 조직과 비정부 기구 동맹이 인권 정전에 따라 불만을 권리의 언어로 번역하려고 노력하는 것을 뜻하는 '권리 주장'을 조명한다. 셋째, 정치사회학은 인권 투쟁으로 국가 정책, 프로그램, 제도들이 바뀐 결과인 '권리 효과'를 설명한다. 요컨대 각 접근 방식은 각각의 특정한 개념과 연결되어 있고, 그 개념은 권리가 순환되는 과정에서 어느 **한 특정 순간**을 확인하고 설명하도록 고안되었다.

원칙적으로 위와 같은 접근 방식 외에 다른 식의 접근 방식을 제시할 수도 있었을 것이다. 예를 들어, 앞에서 보았듯이, 문화 파괴가 어떻게 권리 투쟁으로 이어지는지를 입증할 잠재력을 지닌 **문화사회학**, 그리고 생태 훼손 문제가 어떻게 권리 투쟁을 촉발하는지를 다루는 **환경사회학**은 권리 조건과 권리 주장에 큰 기여를 할 수 있다. 또한 법률, 법원, 기타 법제도가 어떻게 권리의 이름으로 사회적 행위자들의 행동을 촉진하고 제한하는지를 밝힐 수 있는 **법사회학**은 권리 주장과 권리 효과에 통찰을 더해준다.

이 책에서는 서술의 초점과 명료성을 유지하기 위해 이러한 접근 방식들을 가볍게 언급하기만 하고 깊게 설명하지는 않는다. 예를 들어, 5장에서 문화적·환경적 보전에 대한 관심을 남반구의 대안적 발전 프로젝트에 반드시 포함해야 할 당위성이 있다고만 언급했다. 그렇지만 인권사회학자들은 인권의 적절한 분석을 위해 문화사회학, 환경사회학, 법사회학을 활용하는 방안을 더 연구할 필요가 있다.

두 번째 의제 — 인권 순환 이론

전체적으로 이 책에서 중요하게 다뤘던 위의 세 가지 접근 방식은 인권의 순환에 관해 아직 미완성의 이론을 제시한 데 불과하다. 세 가지 접근 방식을 한 번 더 살펴보자. 정치경제-발전사회학은 거시 경제적 정책과 물질적 조건에 더욱 주목한다. 사회 운동론은 사회 운동 조직과 비정부 기구 동맹의 조직 구조, 전략, 전술, 프레임 기법을 예리하게 분석한다. 정치사회학은 정당의 작동 방식과 국가 정책 결정자의 행동에 관해 중요한 통찰을 제공한다.

권리 순환 이론을 구성하는 요소들은 다음과 같다. 어떤 조건에서 풀뿌리 세력과 그 지지 세력들이 불만을 품게 되고 그것을 풀기 위해 방법을 찾기 시작한다. 이들은 기존의 인권 정전—그것의 장점과 한계가 있지만—에 비추어 자신의 불만을 구체화하여 그것을 권리 주장으로 변환해서 내놓는다. 이렇게 제시된 권리 주장은 기존의 인권 정전을 어느 정도 수긍이 되게끔 재해석한 것이거나 혹은 인권 정전으로부터 유추한 것인데, 이런 권리 주장은 정부 기관이나 대중의 공론장 등 여러 곳에서 토론된다.

특정한 상황이 조성되면 권리 주장이 국가 정책 결정자들의 지지를 받게 된다. 정책 결정자들은—이념적 확신이든, 인도적 배려이든, 전략적 이유이든, 아니면 대중 세력을 포섭하겠다는 마키아벨리적인 계산이든 간에—이런 권리 주장을 법제화한다. 마지막으로, 그렇게 해서 만들어진 법과 제도가 일정 기간 지속되었을 때 그것의 결과, 즉 '권리 효과'가 분명히 드러난다. 예를 들어, 법률, 정책, 프로그램, 제도 덕분에 어떤 보호 권리나 수급 권리가 생기면 권리를 침해당한 당사자들의 고통이 줄거나 서로 다른 세력들 간의 권력 관계가 변한다.

권리 순환은 한 번으로 끝나지 않고 계속 반복된다. 권리 주장은 다양한 사회적 행위자들 사이에서 '상향적'으로, '수평적'으로, 또는 '하향적'으로 일어난다. 또한 권리 주장은 국제 비정부 기구나 유엔 기구들의 중재를 통하거나 또는 통하지 않고 국경을 넘나들며 순환하기도 한다. 요컨대 인권의 순환은 구조화되어 있으면서 동시에 개방적인 과정이다.

이 책에서 소개한 인권 순환 이론은 부분적으로는 확산 이론에 대한 반박으로서, 부분적으로는 자원 동원론, 프레임 이론, 정치적 기회 이론, 사회적 결과론에 대한 보완으로 제시되었는데, 완성된 이론을 공식화했다기보다는 순환 이론의 요소들을 제시한 정도였다. 인권사회학자들의 다음 과제는 아마 인권 순환의 일반 이론을 창안하는 것이 되지 않을까 싶다. 그런 일반 이론을 만들어낸다면 서로 다른 정치 체제(민주주의이든 권위주의이든), 그리고 북반구와 남반구의 다양한 문화적 상황에 맞출 수 있는 범용성 높은 이론이 될 수 있다. 어쨌든 인권 이론가라면 인권의 등장, 투쟁, 실행, 집행에 관한 일반적 유형을 구분하고 묘사하고 설명할 수 있으리라 생각한다. 인권 순환의 일반 이론은 인권을 실행할 수 있는 틀에 관한 국가 간, 문화 간 연구를 늘려 초국적 규범에 관한 연구와 전 지구적 거버넌스에 관한 연구의 간극을 좁힐 수도 있을 것이다.(Wilkinson, 2005년)

세 번째 의제 ─ 인권 인식 공동체

여러 다양한 사회적 행위자가 개입하고, 인권 정전의 핵심 통찰을 해석하고 응용하는 데 서로 협력하기도 하고 경쟁하기도 하면서 이루어지는 '인권 순환 과정'을 보면 인권 공동체를 철저히 분석할 필요가 제기된다. 왜냐하면 인권 공동체가 인권의 영역에서 규범을 중재하는 중요한 행위자이기 때문이다. 유엔 관리와 비정부 기구 직원들은 오랫동안 인권의 증진을 위해 헌신하는 학자, 정책 결정자와 그 외 여러 참여자를 지칭하는 데 '공동체'라는 용어를 사용해 왔다. '공동체'라는 용어는 마치 각성된 세계 시민들이 신비로운 인권 마을에 모여 권리 주장을 중재하는 것 같은 느낌을 불러일으킨다. 하지만 그런 은유적 표현은 권리에 초점을 맞춘 지식이 생산되고 전파되는 과정을 설명한다는 과업에 미흡할 뿐만 아니라, 다양한 권력 블록이 포함되어 있고, 서로 경합하는 지지 기반을 대변하는 네트워크 속에 필연적으로 내재되어 있는 논쟁, 모순, 모호성을 포착한다는 과업에서도 미흡하다.

인권에 관계된 전체 네트워크를 정확히 묘사하기 위하여 이 책은 국제 조직론과 국가 간 협력에 관한 연구에서 빌려 온 '인식 공동체' 개념을 활용했다. 이 분야의 저명한 학자인 하스가 지적했듯이 인식 공동체는 공통의 규범적 원칙과 목표를 공유하고, 학문적 연구가 정책적 결과를 산출하는 데 영향을 끼치는 과정을 이해하고, 타당한 지식의 속성에 함께 동의하고, 특히 국가 차원에서 성공적인 결과가 나오기를 함께 바라는 전문가들―학자, 정책 결정자를 비롯한 여러 참여자―로 구성되어 있다.(Haas, 1992년)

사실상 하스는 인권 인식 공동체를 구체적으로 설명할 수 있는 장을 마련했다고 할 수 있다. 이 책은 하스가 개발한 틀의 바탕에서, 권리에 초점을 맞춘 인식 공동체가―학자와 정책 결정자들이 중요한 역할을 하고 있긴 하지만 그것을 넘어―전 세계에서 권리를 침해당한 당사자들의 **사회적 학습** 결과를 어떻게 기존의 인권 개념에 포함시켰는지를 설명했다. 모든 나라에서 인권 영역에서 활동하는 특정 집단의 사회적 학습이 인권의 개념 자체를 바꿔놓을 뿐만 아니라, 그렇게 해서 형성된 새로운 인권을 위한 정책, 법률, 제도까지 바꾸곤 한다. 요컨대 이 책에서는 인권 인식 공동체의 정의를 수정하여, 인권의 작동 방식을 엄밀하게 설명해야 하는 사회과학의 요구, 그리고 인권을 통해 이 세계를 더 나은 곳으로 바꾸고자 하는 규범적 지향 두 가지 모두를 충족하려 했다. 그렇다면 인권사회학에서는 권리에 초점을 맞춘 인식 공동체에 관해 새로운 이론을 고안해야 할 것이다.

네 번째 의제 — 복지 국가

어떤 정치사회학자라도 동의하겠지만, 미국이든 서유럽이든, 빈곤 퇴치, 의료, 교육 등 정책을 결정하기 위해 우선 복지 체계에 관하여 광범위한 연구를 먼저 하면 정책 결정에 활용 가능한 통찰을 얻는 데 큰 도움이 된다.(Esping-Andersen, 1990년; Pierson 외, 2013년) 여기서 복지 체계란 경제를 조절하여 인구 집단이 경험하는 삶의 위험을 낮추기 위해 설계된 일련의 제도를 의미한다. 따라서 이 책은 권리에 초점을 맞춘 사회학자들에게 복지 체계의 등장, 진화, 쇠퇴, 그리고 가능한 대체 방법에 대해 현재 진행되고 있는 논의에 개입할 것을 촉구한다. 또한 이 책은 불필요한 시간 낭비를 피하기 위해 신중한 제안도 할 것이다.

인권사회학자들이 정책 결정에 즉각적인 영향을 끼치는 방식으로 복지 체계 논의에 개입할 수 있을지, 또한 그렇게 함으로써 시민들에게 보호 권리와 수급 권리와 사회적 재화를 어떻게 실제로 배분해줄 수 있을지를 명확하게 규정하는 일이 반드시 필요하다. 그렇다면 이런 질문이 제기된다. 복지 체계 연구에 인권사회학자가 기여할 수 있는 바가 정확히 무엇인가. 이 질문에 대한 답변은 논쟁이 어떤 식으로 프레임되느냐에 달려 있다. 복지 체계 논쟁을 어떻게 프레임할 것인가 하는 문제는 결코 언어적 표현의 문제만은 아니다. 복지 체계 논쟁의 프레임 문제는 정책 결정에 관한 사회학적 연구에 중요한 인식론적 의미를 지닌다. 이 점은 다양한 정당과 민주 제도들이 서로 경합하는 국가의 경우에 특히 중요하다.

앞에서 이미 설명한 내용을 한 번 더 강조하자면, 신자유주의적 플랫폼—일부 엘리트 경제학자들이 '시장 근본주의'라고도 부르는—에서 가장 중요한 요소 중 하나가 정부의 사회적 지원 역할이 줄어드는, 이른바 '국가의 후퇴'가 광범위하게 확산되는 것이다. 그런데 이러한 현상은 역으로 빈곤층, 노동자, 아동, 노인, 병약자 등을 위한 사회 보장 프로그램이 단순히 사회적 재화로서가 아니라, 인권의 실현으로서 시행되어야 할 필요성을 일깨웠다. 사회 프로그램을 단순히 사회적 재화로만 여기면 정책 결정자의 자의적 판단 혹은 경제 상황의 변동에 따라 혜택을 줄 수도 있고 빼앗을 수도 있게 된다.

이 차이는 대단히 중요하다. 사회 보장이나 실업 급여나 양곡 지원 제도 등 어떤 사회 프로그램을 인권의 실행이라고 말하는 순간 그 프로그램은 그것과 유사한 조치 또는 그보다 더 나은 조치로 대체하지 않는 한 철폐할 수 없다는 뜻이 된다. 권리에 초점을 맞춘 프로그램과 통상적인 일반 정책 간의 차이를 밝히는 것이 사회과학적 연구로도 중요하고 규범적 이유로도 중요하겠지만, 이 책의 목적을 위해서는 전자만을 강조해도 충분할 것이다.

그러나 권리를 침해당한 당사자와 그 동맹 세력이 어떤 사회 프로그램을 인권으로 개념화하는가 하는 사례를 연구하는 것도 필요하겠지만, 복지 국가의 정책 결정자가 그런 방향으로 정책을 실행하는 움직임을 연구하는 것도 필요하다. 이것은 미국과 유럽의 복지 체계의 차이점이기도 하다. 정치사회학자와 비교정치학자들의 오래된 연구 주제이기도 하지만, 복지 국가들 가운데 '선구자'이면서도 '이단아'라는 역설적 지위에 있는 미국의 사회 지원 정책은 인권사회학의 연구 주제로도 중요하다.

지금까지 말한 연구 의제들은 이 책에서 다룬 이론, 개념, 실제 사례에 근거를 두고 있으며, 여러 주제들—복지 국가, 구 사회주의권, 구 발전 국가의 정책 결정 과정, 전 지구적 거버넌스, 정부 간 기구와 국가와 비정부 기구와 사회 운동 조직 사이의 복잡하고 모순적인 상호 작용을 조절하는 초국적 규범의 역할 등—에 사회학적 분석이 유용하다는 점을 보여주기도 하지만, 인권사회학이라는 신생 학문 분야에서는 이 의제만이 전부가 아니다. 이 책에서 설명했듯이 인권의 사회학적 관점은 다양한 사회 문제들의 원인, 결과, 정책 해결책을 검토하는 데 유용한 렌즈 역할을 한다.

　다행스럽게도 다양한 배경을 지닌, 전 세계 대학에서 활동하는 사회학자들이 사회 문제를 인권의 관점에서 해결하려고 노력하고 있다. 이런 노력을 통해 사회학자들은 인권사회학을 자율적인 학문 영역으로 승격시키는 데 기여할 뿐만 아니라, 엄밀한 사회과학적 연구 절차와 인본주의 가치에 대한 의지를 결합하려는 비전을 전파하는 데에도 기여할 것이다. 사회학적 관점의 효용성에 관한 수많은 사례를 다룬 한 연구서는 어째서 사회학의 전 분야가 인권을 분석하는 과제에 기여할 수 있는지를 보여준다.(Burunsma 외, 2012년) 신생 학문인 인권사회학의 자기 성찰과 자기 비판 능력을 감안하면, 이 학문이 글로벌 관점 대 로컬 관점, 지구화 시대에 국민 국가의 정책 결정 기능, 보편주의 대 문화 다원주의 같은 지속되는 딜레마를 해결하는 데 필요한 연구 역량을 지녔다고 할 수 있을 것이다.

마지막 생각

이 장에서 우리는 사회과학적 엄밀성을 추구하는 의지와 인본주의적 가치를 화해시키는 건설적 도전에 대해 논의했다. 그리고 그러한 도전에 직면할 수 있는 연구 의제들을 검토했다. 이제 세계 각국에서 인권의 성격, 범위, 정책적 적용, 그리고 권력 효과에 관해 더 많은 대중이 논의에 참여해야 할 필요성을 잠시 고려하면서 끝을 맺도록 하겠다.

지역 공동체에 기반한 단체와 사회 운동 조직들이 기여한 바가 보여주듯이 인권을 둘러싼 인식 공동체는 일반 대중이 인권 논의에 적극적으로 참여할 때 큰 도움을 받을 수 있다. 일반 대중은 인권 인식 공동체를 깨우쳐줄 수 있는 방대한 지식을 보유하고 있을 뿐만 아니라, 스스로 권리가 침해된 당사자이든 그렇지 않든 간에 인권에 관한 논의의 결과로부터 영향을 받게 된다.

예를 들어, 단일 보험자가 부담하는 국립 의료 프로그램이 없는 나라에서 일반 대중이 국제앰네스티나 여타 비정부 기구가 즐겨 쓰는 표현인 "최고 수준으로 달성할 수 있는 건강" 개념을 보편적 인권으로 규정하라고 정책 결정자들을 압박한다면 그것은 매우 큰 차이를 낳을 것이다. 이와 유사하게, 수준 높은 무상 교육을 위한 재정 지원이 없는 나라에서 시민들이 비정부 기구들이 사용할 법한 표현인 "최고 수준으로 달성할 수 있는 교육" 개념을 보편적 인권으로 강조한다면 그것은 매우 효과적인 압력이 될 것이다. 마지막으로, 빈곤과 문화 쇠퇴와 환경 파괴로 고통받는 곳에서, 옥스팜의 빈곤 퇴치 프로그램에서 사용할 법한 표현인 "문화 보존과 청정 환경"을 보편적 인권으로 주창한다면 역시 매우 큰 효과를 낼 것이다.

종합해보면, 의료, 교육, 문화, 환경 보전에 대한 이런 권리들은 빈곤과 경제 불평등과 문화적 배제와 환경 파괴라는 상호 연관된 문제에 대한 대응이라 할 수 있다. 이렇게 서로 긴밀하게 얽혀 있는 권리들은 그에 상응하는 국가의 '**입법 꾸러미**(bundles of legislation)'를 요구한다. 대중의 압력만이 그러한 꾸러미로 가는 길을 낼 만한 능력이 있다.

민주주의 권리를 지닌 시민으로서 모든 사람은 전 지구, 국가, 지역 차원에서 인권 정전의 심의, 해석, 실행에 참여할 **권리**가 있다. 이 책이 독자들과 그들의 공동체가 '민주주의 권리'를 목적 그 자체로서만이 아니라, 더 나은 세계로 나아가는 데 필요한 목표 달성의 수단으로서도 진지하게 받아들이도록 초대하는 역할을 할 수 있기 바란다.

토론을 위한 질문들

- 다양한 인권 문제가 중첩되는 응축점의 사례를 들고 그것이 왜 인권의 난제를 이루는지 설명하시오.
- 지속 가능한 발전을 위해 우리 사회에서 어떠한 권리 꾸러미가 구성되어야 할지 생각해보시오.
- 권리의 순환(조건-주장-효과)을 촉진하거나 방해하는 요소들을 구체적인 사례를 들어 설명하시오.
- 인권사회학이 인권의 이론적 측면과 실천적 측면에 기여할 수 있는 고유한 특징이 무엇인지 생각해보시오.

인권사회학은 신생 학문이어서 아직 정전이라고 할 만한 표준적 문헌들을 갖추지 못했다. 그렇지만 인권을 사회학적으로 연구하고 가르치는 데 필요한 바탕을 마련한 책들이 나와 있다. 지면 관계상 여기서는 논문을 제외하고 지난 수년간 인권사회학의 범위를 설정하는 데 영향을 끼친 도서 몇 권을 소개하려 한다. 따라서 독자들은 아래에 소개하는 책들이 결코 완전한 목록은 아니라는 사실을 기억해야 한다. 여기에 소개된 저자들은 이 책들 외에도 여러 형태로 인권에 관한 연구물을 출판했다. 더 나아가 이 목록에 포함되지 않은 더 많은 저자들이 ─ 스스로 인권사회학자라고 부르든 그렇지 않든 간에 ─ 인권사회학 분야를 공고하게 만드는 데 직간접적으로 공헌했다. 목록은 출간 시기 순으로 정리되어 있다. 온전한 서지 사항은 〈참고문헌〉을 보라.

Turner, *Vulnerability and Human Rights*, 2006.
인간의 취약성이 인권이 필요한 근거라고 주장한 획기적인 책이며, 인권의 사회학적 관점의 토대가 된 저서로 평가된다.

Blau and Moncada, *Human Rights: A Primer*, 2009.
인권 영역의 주요 이론, 개념, 실제 쟁점을 사회학적으로 분석했다. 서로 다른 종류의 권리들이 분리할 수 없게 연결되어 있다는 점을 확인할 수 있는 이론적·실제적 틀을 제시한다.

Blau and Frezzo, *Sociology and Human Rights: A Bill of Rights for the Twenty-First Century*, 2011.
세 가지 목표를 지닌 책이다. 첫째, 하나의 독립된 학문 분야로서 인권사회학의 윤곽을 그린다. 둘째, 세대별 권리를 각각 조명한다. 셋째, 미국의 맥락에서 이론적, 실제적으로 인권의 최신 개념을 소개한다.

Armaline 외, *Human Rights in Our Own Backyard: Injustice and Resistance in the United States*, 2011.
세 가지 측면에서 인권사회학을 규정한다. (1) 권리에 초점을 맞춘 지식, 정책, 법률, 제도, 조직, 실천에 관한 논쟁과 투쟁의 총체성을 포착한다. (2) 인권의 진행 방향에 영향을 끼치는 대중 세력의 역할을 논한다. (3) 미국에서 인권의 특정한 지위를 조명한다.

Cushman, *The Handbook of Human Rights*, 2011.
사회학적 연구를 다룬 장들이 포함되어 있지만 정치학과 같은 사회과학, 역사학과 철학과 같은 인문학의 연구 성과도 담고 있다. 인권이 이론적, 방법론적, 실제적으로 다원적인 연구 분야임을 밝힌다.

Burunsma 외, *The Handbook of Sociology and Human Rights*, 2012.
사회학에서 급격하게 높아진 인권에 대한 관심을 검토한다. 미국사회학회의 모든 분과 활동이 인권과 연결된다는 점을 밝힌 연구물들을 모았다.

Armaline 외, *The Human Rights Enterprise: Political Sociology, State Power, and Social Movements*, 2014.

국가, 사적 이해, 조직화된 운동 사이에 권력 투쟁이 일어나는 장소로서 인권을 사회학적으로 고찰하여 인권을 이해할 수 있는 개념 틀을 제시한다.

이 책에서는 국제사회학회(ISA)의 인권과 전 지구적 정의 분과와 미국 사회학
회(ASA)의 인권 분과에서 여러 해 동안 인권사회학을 정규 분과 학문으로 공
식화하려고 심혈을 기울여 온 노력에 힘을 보태기 위해, 비정부 기구와 유엔 기
구들의 활동과 지금까지의 사회과학 연구 성과를 반영하여 기존의 인권 관련
용어들을 수정했을 뿐만 아니라, 학생, 학자, 정책 결정자, 활동가, 일반 대중이
사용할 수 있는 인권의 새로운 용어와 이론적 도구를 소개했다. 원칙적으로 말
해 새 용어들은 권리에 초점을 맞춘 인식 공동체에 속한 현재와 미래의 참여자
들에게 도움이 될 수 있는 잠재력을 품고 있으므로, '권리의 난제'들을 이해하
고 해결할 수 있도록 하고, 현재 인권 정책이 인권의 이행에 성공했는지 실패했
는지를 점검할 수 있게 하며, 지구화 시대에 등장한 다양한 집단이 제기하는 다
양한 요구를 충족시키기 위한 새로운 정책을 제안할 수 있도록 도와준다. 따라
서 〈용어 설명〉에서는 이 책에서 다루는 극히 중요한 용어들에 대해 명료성과
정확성을 담아 간결한 정의를 제시한다.

인권(Human Rights)

명료성과 정확성을 위해 사회학자들은 인종, 계급, 젠더, 성적 지향, 국적,
종교, 장애, 나이 또는 기타 정체성의 특징과 무관하게 전 세계 모든 사람

이 '보유'하는 일련의 보호 권리(protections)와 수급 권리(또는 수급 자격 entitlements)를 인권으로 간략하게 규정한다. '보호 권리'란 국가나 다른 사회적 행위자들이 개인이나 집단에 해를 끼치지 못하도록 권력을 제한하는 것이고, '수급 권리'란 국가나 다른 정치적 권위체가 개인과 집단에 제공하는 사회 보장 프로그램과 관련 법률을 뜻한다. 보통 인권은 세 범주로 분류된다. 1세대 시민적·정치적 권리는 권리 침해로부터 보호, 정치에서 대의(representation)와 사회 활동의 참여를 '개인들에게' 보장한다. 2세대 경제적·사회적 권리는 의료, 교육, 복지 프로그램 등을 '개인들에게' 보장한다. 3세대 문화적·환경적 권리는 서로 나눌 수 없는 문화적·환경적 재화에 접근할 수 있는 권리를 '집단들에게' 보장한다.

인권 정전(Human Rights Canon)

유엔 기구들, 각국 정부, 비정부 기구, 사회 운동 조직(Social Movement Organizations, SMO), 지역 사회 단체와 기타 사회적 행위자가 자신들이 수행하는 캠페인, 프로그램, 정책, 제도, 널리 통용되는 규범과 관련된 구체적 행동을 정당화할 때 도덕적·정치적 기준으로 활용하는 국제 조약, 선언, 발표 같은 권위 있는 문헌들을 통칭하는 용어다. 인권 정전(正典)에는 1948년의 〈세계 인권 선언〉, 1965년의 〈인종 차별 철폐 협약〉, 1966년의 〈시민적·정치적 권리에 관한 국제 규약〉(자유권 규약), 1966년의 〈경제적·사회적·문화적 권리에 관한 국제 규약〉(사회권 규약), 1979년의 〈여성 차별 철폐 협약〉, 1984년의 〈고문 방지 협약〉, 1989년의 〈아동 권리 협약〉, 1990년의 〈이주노동자 권리 협약〉, 2006년의 〈장애인 권리 협약〉, 2006년의 〈강제 실종 보호 협약〉과 그 밖의 인권 관련 국제 조약들, 그리고 1972년의 〈인간 환경에 관한 스톡홀름 선언〉, 1986년의 〈발전권 선언〉, 1992년의 〈환경과 개발에 관한 리우 선언〉, 2007년의 〈원주민 권리 선언〉 같은 각종 유엔 문헌들이 포함된다. 권리를 침해당한 당사자, 이들을 돕는 단체, 그리고/또는 이들에 공감하는 엘리트들은 인권 정전을 해석하여 그것을 권리 주장의 근거로 삼는다. 이러한 권리 동맹들은 현존하는 인권 문헌의 장점과 한계를 지적함으로써 인권 정전의 내용, 해석, 실행에서 변화를 추구한다.

인권 공동체(Human Rights Community)

인권을 중심에 두고 형성된 두 집단을 의미한다. 첫째, 현실 세계에서 인권 증진을 위해 사회과학적 전문성과 다른 여러 형태의 지식을 활용하는 학자, 유엔 관리, 비정부 기구 직원, 국가 정책 결정자와 여러 전문가들의 초국적 네트워크를 뜻한다. 이 책에서는 '인식 공동체(epistemic community)' 개념을 활용하여, 인권을 중심으로 삼아 형성된 초국적 네트워크에 참여하는 전문가들이 공유하는 지식의 과학성, 가치, 그리고 정책 목표의 개념화를 검토한다. 둘째, 더 나아가 이 책은 '사회적 학습(social learning)' 개념을 활용하여, 사회 운동 조직과 지역 사회 단체 등 일반 대중 세력이 인권 정전을 재해석하거나 그리고/또는 그것을 변화시키기 위해 노력함으로써, 반대로 전문적 인식 공동체가 인권에 대한 인식을 바꾸도록 힘을 가하는 역할을 검토한다.

권리 꾸러미(Rights Bundles)

인권의 세대론적 경계를 가로지르는 규범적 제안. 권리를 침해당한 당사자, 그들과 연대하는 이들, 정책 결정자, 또는 인권에 관심이 있는 시민들로 이루어진 인권 공동체의 구성원이 만들어 가는 새로운 인권 범주를 일컫는다. 인권의 세대론이란, 개인의 자유를 증진하려는 1세대 시민적·정치적 권리, 개인의 평등을 확장하려는 2세대 경제적·사회적 권리, 집단들의 연대를 표출하려는 3세대 문화적·환경적 권리를 모두 포괄하는 개념이다.

이 책에서 사용하는 '권리 꾸러미'는 물권법의 학술 개념에서 차용한 용어인데,

부동산을 법적으로 소유할 때 소유자에게 귀속되는 서로 연결된 권리들, 즉 권리의 묶음을 가리키는 의미로 사용한다.(Klein and Robinson, 2011년) 권리 꾸러미란 유기적으로 연결된 여러 권리를 가리키며, 현존하는 인권 정전의 결함을 보완할 뿐만 아니라, 정책 결정자에게 새로운 영감을 북돋기 위해 고안되었다. 이 책에서는 현존하는 인권 정전이 인권의 준거점으로 여전히 유효하지만, 지구화 시대에 부합하는 방식으로 재구성되어야 한다고 주장하기 위해 세 종류의 권리 꾸러미를 제시한다.

첫째, '건강 장수 권리(the right to longevity)' 꾸러미는 몸과 마음의 건강을 유지하기 위해 필요한 영양 상태, 공중 보건, 보건 의료와 기타 법적 권한을 뜻한다. 둘째, '인격의 온전한 발달 권리(the right to the full development of the person)' 꾸러미는 자신의 재능과 관심과 정체성을 스스로 발견하고 개발하기 위해 필요한 교육과 직업 훈련, 정보, 여가 시간에 대한 권리, 자기 삶의 방식을 선택할 수 있는 권리를 뜻한다.

셋째, '평안할 권리(the right to peace)' 꾸러미는 전쟁으로부터 자유로울 뿐만 아니라, 제도화된 인종주의, 계급 구조, 성차별, 동성애 혐오, 외국인 혐오 등에서 비롯되는 구조적 폭력으로부터도 자유로운 공간에서 살아갈 권리를 뜻한다.

권리 순환(Rights Circulation)

이 책은 인권이 제안에서 실행까지 우여곡절을 겪으며 진화하는 것을 설명하기 위해 시론적 차원에서 '권리 순환 이론'을 제시한다. 권리 순환 이론이 이 책에서 중요하게 다뤄지고 있지만, 인권사회학자들은 이 이론을 더욱 구체적으로 발전시킬 필요가 있다. 권리 순환 이론은 권리의 순환 과정에서 핵심적인 단계들을 다룬다.

첫째, 권리가 침해되었다는 인식과 권리 침해에 따른 불만 상황이 조성될 수 있는 특정한 '권리 조건' — 그것이 경제적이든, 문화적이든, 환경적이든 또는 그 외 다른 조건이든 간에 — 이 존재한다. 둘째, 권리가 침해되었을 때 인권 정전에 비추어 그 상태를 인지 가능하고 행동 가능한 '권리 주장' — 예를 들어, 문화적·환경적 재화를 보호하기 위한 발전 정책 — 으로 변환하는 단계가 있다. 마지막으로 국가 정책을 이행하고 집행함으로써 구체적인 '권리 효과'를 도출하는 단계가 있다.

권리 조건(Rights Conditions)

권리를 침해당한 당사자가 자신의 고통을 권리 주장의 형태로 공권력에 요구할 수 있게끔 해주는 경제적·정치적·사회적·문화적·환경적 원인과 토대를 뜻한다. 이 책은 주로 정치경제-발전사회학의 접근을 활용하여, 빈곤과 저개발과 경제 불평등이 권리 조건을 형성하는 데 중요한 역할을 한다고 강조한다. 그러나 이 책은 경제적 요인만 권리 조건의 일차적 역할을 한다고 전제하지는 않는다. 오히려 정당 정치나 입법부 동맹과 관련된, 명백히 정치적인 요인도 무척 중요할 뿐만 아니라 대다수 권리 주장이 다중적인 원인 때문에 발생한다고 말할 수 있는 근거도 존재한다. 따라서 이 책은, 예를 들어 극빈과 끝없는 소비라고 하는 소비 지상주의의 쌍둥이 문제를 풀 수 있는 해법으로 '발전권'에 특별히 주목하면서, 문화적 배제와 환경 파괴가 이러한 문제에서 권리 주장을 촉발하는 측면을 탐구한다. 이 책은 그런 탐구 과정에서 문화와 환경 다양성에 대한 위협이 새로운 권리 주장을 발생시키는 원인 조건이 된다는 점을 밝히기 위해 문화사회학과 발전사회학이 유용한 역할을 할 수 있음을 지적한다.

권리 주장(Rights Claims)

권리를 침해당한 공동체, 집단이나 사람들 그리고 그들과 연대하는 지역 사회 단체, 사회 운동 조직, 비정부 기구 또는 유엔 기구들이 인권이라는 언어를 통해 국가 정책 결정자나 그 외 합법적인 정치적 권위체에 제기하는 요구를 뜻한다. 일반적으로 권리 주장은 현존하는 인권 정전의 재해석, 또는 새로운 권리의 발명을 전제로 한다. 보통 권리 주장의 목적은 정책 결정자들에게 새로운 입법을 촉구하거나 영감을 제공하는 데 있다. 권리 주장을 평가하기 위해 이 책은 주로 사회 운동론에서 발전시킨 접근법을, 부분적으로는 법사회학의 접근법을 활용한다.

권리 효과(Rights Effects)

제기된 권리 주장에 대해 국가 당국자가 새로운 법규를 입안하고 제정하고 실행함으로써 그 주장을 받아들였을 때 자력화되는 집단이 생기는 반면, 동시에 새로운 법규로부터 소외되는 집단도 생긴다. 이 과정은 제로섬 게임은 아니지만, 한 집단에 어떤 권리를 부여하면, 그것은 경합하는 집단 사이의 관계, 그리고 권리 주장자와 국가의 관계를 필연적으로 변화시킨다. 이렇게 감지할 수 있는 권력 관계의 변화를 권리 효과라 한다. 정책 결정 과정의 가변성 때문에 권리 효과가 후퇴할 수도 있고, 아니면 권리 효과가 새로운 권리 조건을 창출해서 더 '높은' 차원에서 새로운 논쟁과 투쟁이 발생하기도 한다. 권리 효과를 평가하기 위해 이 책에서는 주로 정치사회학 분야에서 발전시킨 접근법을 활용한다.

권리의 난제(Rights Puzzles)

정책 결정자를 난관에 빠뜨리는 동시에 인권 이론과 실천에서 매우 중요한 의미를 지닌, 지속적이고 풀리지 않는 사회 문제를 뜻한다. 예를 들어 '빈곤', '불평등', '정체성'과 '문화 쇠퇴'와 '환경 파괴'에서 비롯된 제도화된 차별 따위가 권리의 난제에 해당한다. 사회과학의 다른 분과 학문들과 마찬가지로 사회학자들은 학문적 훈련과 성향으로 인해, 사회적 난제를 풀고 싶어 한다. 난제는 여러 형태로 나타날 수 있다. 따라서 권리에 초점을 맞추는 사회학자들은 특정 사회 문제가 특정한 권리의 난제로 개념화되어야 하는지 그 이유를 기술하고, 왜 그 문제를 통상적인 방법으로 해결할 수 없는지를 설명하고, 국가 정책을 어떻게 잘 실행하고 일관되게 집행하면 그 문제를 해결할 수 있을지를 증명해야 한다.

민주주의 권리(Right to Democracy)

대중이 국민 국가 차원에서 의사 결정 과정에 참여한다는 의미에서 민주주의 권리는 흥미롭게도 인권 정전의 주요 문헌 — 예를 들어 〈세계 인권 선언〉, 〈자유권 규약〉, 〈사회권 규약〉 — 에 암묵적으로만 나와 있다. 이 누락은 실수가 아니다. 그것은 유엔 체제를 창설했던 서구와 비서구 국가들, 자본주의와 사회주의 국가들 간의 불안정한 타협을 반영할 뿐 아니라 이 문헌들을 제정했던 주체들이 서구식 민주주의 관념을 비서구권에 강요하지 않으려 — 또는 강요하는 것처럼 보이지않으려 — 했던 진심 어린 의도를 반영한 측면도 있었다. 따라서 흔히 〈국제 인권 장전(IBHR)〉이라고 일컬어지는 이 세 문헌은 투표할 권리와 적극적 시민권의 중요성, 그리고 정부의 책무와 투명성을 가볍게만 언급했다. 그러나 대다수 북반구 국가에서 시행하는 것처럼 시민들이 자신의 의사 결정을 대행할 대표를 선출하는 대의민주주의이든, 또는 소규모이긴 하지만 브라질의 무토지 농민 운동이나 멕시코의 사파티스타 그룹에서 시행하는 것처럼 참여자들이 집합적으로 모든 결정을 내리는 직접민주주의이든 간에, 민주주의 권리가 온전하게 논의되기 시작한 것은 지구화 시대에 접어든 이후의 일이었다. 이 책에서는 민주주의 권리를 발전 권리와 긴밀하게 연관된 권리로 이해한다. 이에 따르면 어떤 발전 프로젝트에서든 의사 결정 과정에서 대중의 참여가 늘어나면 유럽 중심주의, 엘리트주의, 경제 만능주의, 문화적 둔감성, 환경 무감수성을 피할 수 있을 것으로 본다.

발전 권리(Right to Development)

지역 사회 단체, 사회 운동 조직, 비정부 기구, 유엔 기구들이 흔히 서로 다르게 정의하곤 하는 발전권은 제3세계(나중에 남반구라고 불린)의 생활 수준을 높이기 위해 그 지역 정부들을 지원하려는 개념이면서 1945년 이후의 국제적 노력을 비판하는 개념이기도 하고, 그것을 구현하려는 지향이기도 하다. 문화적 · 환경적 파괴 없이 국민들의 물질적 상황을 개선하려는 사회 변화 계획으로 규정되는 대안적 발전론의 지지자들은 여러 발전 전략 중에서도 가치 있어 보이는 몇 가지 전략—예를 들어, 녹색 농어업, 사회 인프라 확충, 공중 보건, 보건 의료—을 취사선택하는 방안을 논의해 왔다. 옥스팜(OXFAM) 같은 명망 있는 개발 NGO의 빈곤 퇴치 프로그램과 이와 지향이 유사한 학문적 활동과 비슷하게, 이 책에서는 문화적 · 환경적 무관심을 극복해야 할 뿐만 아니라, 의사 결정 과정에서 대중의 참여를 높이는 것도 중요하다고 강조한다. 이런 관점은 민주주의를 확장하고 투명성과 책무성을 높이면 문화적 배제가 줄고 취약한 생태계 파괴가 제한될 것이라는 전제에 기댄다.

인권사회학(Sociology of Human Rights)

사회학적 이론과 연구 방법을 통해 다음 사항들을 탐구하려는 새로운 학문 분야이다. 첫째, 권리 침해를 당한 당사자와 그들과 연대하는 집단이 권리 주장을 제기하게 되는 경제적 · 정치적 · 사회적 · 문화적 · 환경적 조건. 둘째, 정부와 기타 정치적 권위체가 권리에 초점을 둔 정책을 실행하는 방식. 셋째, 인권 관련 입법과 제도가 다양한 사회적 행위자들 사이의 권력 관계를 변화시킴으로써 나타나는 정치적 효과. 현재까지 인권사회학은 이론적으로나 방법론적으로 다원적인 영역이어서 다양한 이론 학파들과 질적, 양적, 비교역사적 조사 방법을 포괄하고 있다. 이 책에서는 인권을 둘러싼 논쟁과 투쟁에 관한 세 가지 사회학적 접근—정치경제-발전사회학, 사회 운동론, 정치사회학—을 주로 다루고 있지만, 다른 접근, 예를 들어 문화사회학이나 환경사회학 역시 주요하게 다뤄질 수 있을 것이다.

보편주의 대 문화 다원주의(Universalism versus Cultural Pluralism)

보편주의는 전 세계적으로 구속력 있는 단일한 인권의 틀을 이행하는 것을 지지하는 규범적 입장인 반면, 문화 다원주의는 비서구, 소수 민족, 원주민의 문화 전통 보호를 수용하는 규범적 관점을 택한다. 인권의 이론과 실천에서 무척 까다로운 딜레마의 하나가 다음과 같은 질문이다. 즉, 보편주의와 문화 다원주의의 상이한 규범적 욕구를 어떻게 화해시킬 것인가. 달리 말해 어떻게 하면 일정한 권리들을 실행하고 집행하는 보편적 인권 레짐을 구축하면서도, 문화 다양성을 보존하고 키울 수 있을 것인가. 이 책에서 보여주듯이 이 딜레마를 해결하려면, 어떤 권리를 보편화할 것인지를 정할 뿐만 아니라, 어떤 문화 전통을 보호할 것인지를 정할 수 있는 일종의 '여과 장치'를 마련해야 한다. 그 개념 정의상, 문화적·환경적 편익에 대한 3세대 집단적 권리를 놓고 벌어지는 논쟁과 투쟁은 보편주의와 문화 다원주의 쟁점에 직접적으로 영향을 끼친다. 이 문제를 해결하기 위해 권리를 침해당한 남반구 사람들과 북반구의 비정부 기구 동맹들이 인권 사상을 재정립하는 데 매우 중요한 아이디어를 발전시켰다.

Amenta, Edwin. 1998. *Bold Relief: Institutional Politics and the Origins of Modern American Social Policy*. Princeton, NJ: Princeton University Press.

Amenta, Edwin, Neal Caren, Elizabeth Chiarello, and Yang Su. 2010. "The Political Consequences of Social Movements." *Annual Review of Sociology* 36: 287–307.

American Anthropological Association. Committee on Human Rights: http://hdr.undp.org/en/statistics/hdi

American Association for the Advancement of Science, Science and Human Rights Coalition: http://srhrl.aaas.org/coalition/index.shtml

American Sociological Association, Section on Human Rights: http://www.asanet.org/sections/humanrights.cfm

Amin, Samir. 2010. *Eurocentrism*. New York: Monthly Review Press.

Amnesty International. Human Rights Reports: http://www.amnesty.org/en/human-rights/human-rights-by-country

Amnesty International: http://www.amnesty.org/en/economic-social-and-cultural-rights

Anderson, Carol. 2003. *Eyes off the Prize: The United Nations and the African American Struggle for Human Rights, 1945-1955*. Cambridge: Cambridge University Press.

Appadurai, Arjun (1996). *Modernity at Large: Cultural Dimensions of Globalization*. Minneapolis, MN: University of Minnesota Press.

Appelbaum, Richard P. and William Robinson, eds. 2005. *Critical Globalization*

Studies. New York: Routledge.

Armaline, William T., Davita Silfen Glasberg, and Bandana Purkayastha. 2014. *The Human Rights Enterprise: Political Sociology, State Power, and Social Movements*. Cambridge: Polity Press.

Arrighi, Giovanni. 2010. *The Long Twentieth Century: Money, Power and the Origins of Our Times*. London: Verso.

Avalon Project. Declaration of the Rights of Man and of the Citizen: http://avalon. law.yale.edu/18th_century/rightsof.asp

Bandelj, Nina and Elizabeth Sowers. 2010. *Economy and State: A Sociological Perspective*. Cambridge: Polity Press.

Barash, David P., ed. 2010. *Approaches to Peace: A Reader in Peace Studies*, 2nd edn. Oxford: Oxford University Press.

Bennholdt-Thomsen, Veronika and Maria Mies. 2000. *The Subsistence Perspective: Beyond the Globalized Economy*. London: Zed Books.

Bessis, Sophie. 2003. *Western Supremacy: the Triumph of an Idea?* Translated by Patrick Camiller. London: Zed Books.

Bhavnani, Kum-Kum, John Foran, and Molly Talcott. 2005. "The Red, the Green, the Black, and the Purple: Reclaiming Development, Resisting Globalization." In *Critical Globalization Studies*, ed. by Richard P. Appelbaum and William I. Robinson. New York: Routledge.

Blau, Judith and Mark Frezzo, eds. 2011. *Sociology and Human Rights: A Bill of Rights for the Twenty-First Century*. Thousand Oaks, CA: Sage Publicaitons.

Blau, Judith and Keri Iyall Smith, eds. 2006. *The Public Sociologies Reader*. Lanham, MD: Rowman and Littlefield.

Blau, Judith and Alberto Moncada. 2009. *Human Rights: A Primer*. Boulder, CO: Paradigm Publishers.

Blau, Judith, David Brunsma, Alberto Moncada, and Catherine Zimmer. 2008. *The Leading Rogue State: The U. S. and Human Rights*. Blouder, CO: Paradigm Publishers.

Blaut, J. M. 1993. *The Colonizer's Model of the World: Geographical Diffusionism and Eurocentric History*. New York: Guilford Press.

Borgwardt, Elizabeth. 2005. *A New Deal for the World: America's Vision for Human Rights*. Cambridge, MA: Belknap Press.

Bronner, Steven Eric. 2004. *Reclaiming the Enlightenment: Toward a Politics of Radical Engagement*. New York: Columbia University Press.

Brunsma, David, Keri Iyall Smith, and Brian Gran, eds. 2012. *The Handbook of Sociology and Human Rights*. Boulder, CO: Paradigm Publishers.

Brysk, Alison, ed. 2002. *Globalization and Human Rights*. Los Angeles, CA: University of California Press.

Burke, Roland. 2010. *Decolonization and the Evolution of International Human Rights*. Philadelphia, PA: University of Pennsylvania Press.

Claude, Richard. 2002. *Science in the Service of Human Rights*. Philadelphia, PA: University of Pennsylvania Press.

Clausen, Rebecca. 2011. "Cooperating Around Environmental Rights." In *Sociology and Human Rights: A Bill of Rights for the Twenty-First Century*, ed. by Judith Blau and Mark Frezzo. Thousand Oaks, CA: Sage Publications.

Cushman, Thomas. 2011. *The Handbook of Human Rights*. New York: Routledge.

Deflem, Mathieu. 2005. "Public Sociology, Hot Dogs, Apple Pie, and Chevrolet." *The Journal of Professional and Public Sociology* 1(1), Article 4.

Deflem, Mathieu and Stephen Chicoine. 2011. "The Sociological Discourse on Human Rights: Lessons from the Sociology of Law." *Development and Society* 40(1): 101-15.

Desai, Ashwin. 2002. *We Are the Poors: Community Struggles in Post-Apartheid South Africa*. New York: Monthly Review Press.

Donnelly, Jack. 2003. *Universal Human Rights in Theory and Practice*, 2nd edn. Ithaca, NY: Cornell University Press.

Esparza, Louis. 2011. "Ensuring Economic and Social Rights." In *Sociology and Human Rights: A Bill of Rights for the Twenty-First Century*, ed. by Judith

Blau and Mark Frezzo. Thousand Oaks, CA: Sage Publications.

Esping-Andersen, Gøsta. 1990. *The Three Worlds of Welfare Capitalism*. Princeton, NJ: Princeton University Press.

Falcon, Sylvanna. 2008. "Invoking Human Rights and Translational Activism in Racial Justice Struggles at Home: US Antiracist Activists and the UN Committee to Eliminate Racial Discrimination." *Societies without Borders* 4(3): 295–316.

Frezzo, Mark. 2009. *Deflecting the Crisis: Keynesianism, Social Movements, and US Hegemony*. Cologne: Lambert Academic Publishing.

Frezzo, Mark. 2011. "Sociology and Human Rights in the Post-Development Era." *Sociology Compass* 5(3): 203–14.

Frick, Marie-Luisa. 2013. "Universal Claims and Postcolonial Realities: The Deep Unease over Western-Centered Human Rights Standards in the Global South." In *Human Rights in the Third World: Issues and Discourses*, ed. by Subrata Sankar Bagchi and Arnab Das. Lanham, MD: Lexington Books.

Giugni, Marco. 1998. "Was it Worth the Effort? The Outcomes and Consequences of Social Movements." *Annual Review of Sociology* 24: 371–93.

Glendon, Mary Ann. 2002. *A World Made New: Eleanor Roosevelt and the Universal Declaration of Human Rights*. New York: Random House.

Golash-Boza, Tanya. 2012. *Immigration Nation: Raids, Detentions, and Deportations in Post-9/11 America*. Boulder, CO: Paradigm Publishers.

Goodale, Mark. 2006. "Towards a Critical Anthropology of Human Rights." *Current Anthropology* 47(3): 485–511.

Goodwin, Jeff and James M. Jasper. 2009. *The Social Movement Reader: Cases and Concepts*, 2nd edn. Oxford: Blackwell Publishing.

Gordon, Neve, ed. 2004. *From the Margins of Globalization: Critical Perspectives on Human Rights*. Lanham, MD: Lexington Books.

Gregg, Benjamin. 2012. *Human Rights as a Social Construction*. Cambridge: Cambridge University Press.

Haas, Peter M. 1992. "Introduction: Epistemic Communities and International Policy Coordination." *International Organization*, 46(1): 1–35.

Hajjar, Lisa. 2005. "Toward a Sociology of Human Rights: Critical Globalization Studies, International Law, and the Future of Law." In *Critical Globalization Studies*, ed. by Richard P. Appelbaum and William I. Robinson. New York: Routledge, pp. 207–16.

Held, David. 2004. *Global Covenant: The Social Democratic Alternative to the Washington Consensus*. Cambridge: Polity Press.

Human Rights Education Associates: http://www.hrea.org/index.php?base_id=273&language_id=1

Iber, Simeon Tsetim. 2010. *The Principle of Subsidiarity in Catholic Social Thought: Implications for Social Justice and Civil Society in Nigeria*. New York: Peter Lang Publishers.

International Sociological Association, Thematic Group on Human Rights and Global Justice: http://www.isa-sociology.org/tg03.htm

Ishay, Micheline R. 2008. *The History of Human Rights: From Ancient Times to the Globalization Era*. Berkeley, CA: University of California Press.

Jenkins, J. Craig. 1983. "Resource Mobilization Theory and the Study of Social Movements." *Annual Review of Sociology* 9: 527–53.

Kerbo, Herold R. 2006. *World Poverty: Global Inequality and the Modern World System*. New York: McGraw-Hill.

Khagram, Sanjeev, James V. Riker, and Kathryn Sikkink, eds. 2002. *Restructuring World Politics: Transnational Social Movements, Networks, and Norms*. Minneapolis, MN: University of Minnesota Press.

Klein, Daniel B. and John Robinson. 2011. "Property: A Bundle of Rights? Prologue to the Property Symposium." *Econ Journal Watch* 8(3): 193–204.

Lauren, Paul. 2003. *The Evolution of International Human Rights: Visions Seen*. Philadelphia, PA: University of Pennsylvania Press.

Leite, José Corrêa. 2005. *The World Social Forum: Strategies of Resistance*.

Chicago, IL: Haymarket Books.

Levine, Rhonda. 1988. *Class Struggle and the New Deal: Industrial Labor, Industrial Capital, and the State*. Lawrence, KS: University of Kansas Press.

Marriage Equality USA: http://www.marriageequality.org/

McAdam, Douglas. 1985. *Political Process and the Development of Black Insurgency, 1930-1970*. Chicago, IL: University of Chicago Press.

McMichael, Philip. 2012. *Development and Social Change: A Global Perspective*, 5th edn. Los Angeles, CA: Sage Publications.

Messer, Ellen. 1997. "Pluralist Approaches to Human Rights." *Journal of Anthropological Research* 53(3): 293-317.

Monbiot, George. 2004. *Manifesto for a New World Order*. New York: New Press.

Moyn, Samuel. 2012. *The Last Utopia: Human Rights in History*. Cambridge, MA: Belknap Press.

Nandy, Ashis. 1995. *The Savage Freud and Other Essays on Possible and Retrievable Selves*. Oxford: Oxford University Press.

Naples, Nancy and Manisha Desai. 2002. *Women's Activism and Globalization: Linking Local Struggles and Transnational Politics*. New York: Routledge.

National Archives and Records Administration. Constitution: http://www.archives.gov/exhibits/charters/constitution.html

National Archives and Records Administration. Declaration of Independence: http://www.archives.gov/exhibits/charters/declaration_transcript.html

Nepstad, Sharon Erickson. 2011. *Nonviolent Revolutions: Civil Resistance in the Late 20th Century*. Oxford: Oxford University Press.

Nichols, John T., ed. 2007. *Public Sociology: The Contemporary Debate*. New Brunswick, NJ: Transaction Publishers.

Nimtz, August. 2002. "Marx and Engels: The Prototypical Transnational Actors." In *Restructuring World Politics: Transnational Social Movements, Networks, and Norms*, ed. by Sanjeev Khagram, James V. Riker, and Kathryn Sikkink. Minneapolis, MN: University of Minnesota Press.

Oxfam International: http://www.oxfam.org/en/about/why

Pearce, Tola Olu. 2001. "Human Rights and Sociology: Some Observations from Africa." *Social Problems* 48(1): 48-56.

Peet, Richard and Elaine Hartwick. 1999. *Theories of Development*. New York: The Guilford Press.

Pierson, Christopher, Francis G. Castles, and Ingela K. Naumann, eds. 2013. *The Welfare State Reader*. Cambridge: Polity Press.

Pieterse, Jan Nederveen. 2004. *Development Theory: Deconstructions/ Reconstructions*. London: Sage Publications.

Piven, Frances Fox and Richard A. Cloward. 1978. *Poor People's Movements: Why They Succeed, How They Fail*. New York: Vintage Books.

Piven, Frances Fox and Richard A. Cloward. 1998. *The Breaking of the American Social Compact*. New York: New Press.

Rahnema, Majid and Victoria Bawtree, eds. 1997. *The Post-Development Reader*. London: Zed Books.

Rawls, John. 1999. *A Theory of Justice*. Cambridge, MA: Harvard University Press.

Rist, Gilbert. 2009. *The History of Development: From Western Origins to Global Faith*. London: Zed Books.

Sen, Amartya. 1999. *Development as Freedom*. New York: Anchor Books.

Sen, Amartya. 2009. *The Idea of Justice*. Cambridge, MA: Belknap Press.

Shiva, Vandana. 1988. *Staying Alive: Women, Ecology and Survival in India*. London: Zed Books.

Shiva, Vandana. 1997. *Biopiracy: the Plunder of Nature and Knowledge*. Cambridge, MA: South End Press.

Shiva, Vandana. 2005. *Earth Democracy: Justice, Sustainability, and Peace*. Cambridge, MA: South End Press.

Sjoberg, Gideon, Elizabeth A. Gill, and Norma Williams. 2001. "A Sociology of Human Rights." *Social Problems* 48(1): 11-47.

Skocpol, Theda. 1995. *Protecting Soldiers and Mothers: The Political Origins of*

Social Policy in the United States. Cambridge, MA: Belknap Press.

Smith, Jackie. 2007. *Social Movements for Global Democracy*. Baltimore, MD: Johns Hopkins University Press.

Snow, David and Robert D. Benford. 2000. "Framing Processes and Social Movements: An Overview and Assessment." *Annual Review of Sociology* 26: 611–39.

Social Science Research Council. Measure of America: https://www. measureofamerica.org

Soohoo, Cynthia, Catherine Albisa, and Martha F. Davis. 2009. *Bringing Human Rights Home: A History of Human Rights in the United States*. Abridged edition. Philadelphia, PA: University of Pennsylvania Press.

Stout, Kathryn, Richard Dello Buono, and William J. Chambliss, eds. 2004. *Social Problems, Law, and Society*. Lanham, MD: Rowman and Littlefield.

Tilly, Charles. 2007. *Democracy*. Cambridge: Cambridge University Press.

Tilly, Charles and Leslie Wood. 2009. *Social Movements, 1768–2008*. 2nd edn. Boulder, CO: Paradigm Publishers.

Toussaint, Laura. 2011. "Promoting Cultural Rights." In *Sociology and Human Rights: A Bill of Rights for the Twenty-First Century*, ed. by Judith Blau and Mark Frezzo. Thousand Oaks, CA: Sage Publications.

Turner, Bryan. 1993. "Outline of a Theory of Human Rights." *Sociology* 27(3): 489–512.

Turner, Bryan. 2006. *Vulnerability and Human Rights*. University Park, PA: Pennsylvania State University Press.

United Nations Development Group: http://www.undg.org

United Nations Development Program. Human Development Reports: http://hdr. undp.org/en/statistics/hdi

United Nations. Universal Declaration of Human Rights: http://www.un.org/en/ documents/udhr/

United Nations. Vienna Declaration: http://www.ohchr.org/en/professionalinterest/

pages/vienna.aspx

Vasak, Karel. 1977. "Human Rights: A Thirty-Year Struggle: The Sustained Efforts to Give Force of Law to the Universal Declaration of Human Rights." *UNESCO Courier* 30: 11.

Vrdoljak, Ana, ed. 2013. *The Cultural Dimension of Human Rights*. Oxford: Oxford University Press.

Wallerstein, Immanuel. 2011. *The Modern World-System IV: Centrist Liberalism Triumphant, 1789–1914*. Berkeley, CA: University of California Press.

Waters, Malcolm. 1996. "Human Rights and the Universalization of Interests: A Social Constructionist Approach." *Sociology* 30(3): 593–600.

Wilkinson, Riordan, ed. 2005. *The Global Governance Reader*. London: Routledge.

World Social Forum. 2013. Charter of Principles: http://www.fsm2013.org/en/node/204

Zerubavel, Eviatar. 1996. "Lumping and Splitting: Notes on Social Classification." *Sociological Forum* 11(3): 421–33.

인권사회학의 도전 – 인권의 통합적 비전을 향하여

2020년 2월 24일 초판 1쇄 발행

- 지은이 ──────── 마크 프레초
- 옮긴이 ──────── 조효제
- 펴낸이 ──────── 한예원
- 편집 ─────── 이승희, 윤슬기, 양경아, 유리슬아
- 본문 조판 ─────── 성인기획
- 펴낸곳 **교양인**
  우 04020 서울 마포구 포은로 29 202호
  전화 : 02)2266-2776 팩스 : 02)2266-2771
  e-mail : gyoyangin@naver.com
  출판등록 : 2003년 10월 13일 제2003-0060

이 도서의 국립중앙도서관 출판예정도서목록(CIP)은 서지정보유통지원시스템 홈페이지(http://seoji.nl.go.kr)와 국가자료공동목록시스템(http://www.nl.go.kr/kolisnet)에서 이용하실 수 있습니다.(CIP제어번호: CIP2020006525)